クンダリニー・ヨーガの心理学

The Psychology of KUNDALINI YOGA

C・G・ユング［著］
by Carl Gustav Jung

S・シャムダサーニ［編］
edited by Sonu Shamdasani

老松克博［訳］
translated by Katsuhiro Oimatsu

創元社

英語版まえがき

一九三二年一〇月三日から同八日にかけて、インド学者ヴィルヘルム・ハウエル (Wilhelm Hauer) は、チューリッヒの心理学クラブ[*1]で英語とドイツ語による六回の講義を行なった。タイトルは「ヨーガ、特にチャクラの意味をめぐって」(“Der Yoga, im besondern die Bedeutung des Cakras”) であった。ユングはこれを承けて、クンダリニー・ヨーガ (Kundalini yoga) の心理学的解釈を四回にわたって講じた。

メアリー・フット[1]は秘書エミリー・ケペルの速記録から、このハウエルの英語講義、ユングの一〇月一二、一九、二六日の英語講義、ユングの一一月二日のドイツ語講義（キャリー・F・ベインズによる英訳）を集めて、『クンダリニー・ヨーガ――J・W・ハウエル教授による講義とC・G・ユング博士による注解の記録』(*The Kundalini Yoga: Notes on the Lecture Given by Prof. Dr. J. W. Hauer with Psychological Commentary by Dr. C. G. Jung*, Zürich, 1933) という謄写印刷の私家版を作った。フットは編者まえがきのなかで、ハウエル、ユング両者の校正を受けたと明記している。

リンダ・フィールツとトニー・ヴォルフ[*2]が編集したドイツ語版は『J・W・ハウエル教授による一〇月三～八日の講義の記録』(*Bericht über das Lecture von Prof. Dr. J. W. Hauer. 3-8 October*, Zürich, 1933) と題されており、この本の背には、英語版とは意味合いを異にする『タントラ・ヨーガ』(*Tantra Yoga*) というタイトルが付されている。このドイツ語版は、ユングの英語講義のドイツ語訳の他に、ハウエルのドイツ語講義、トニー・ヴォルフが一九三二年三月一九日にクラブで行なった講義「ゲーテにおけるタントラ象徴」(“Tantrische Symbolik bei Goethe”) の記録、[2] ユングが一九三二年一〇月七日に行なった講義「タントラ象徴の西洋的類例」(“Westliche Parallelen zu den Tantrischen Symbolen”) の記録を含んでいる。

ユングの諸々の講義は、注記なしの要約版として、『スプリング——元型的心理学とユング派の思索の雑誌』(*Spring: Journal of Archetypal Psychology and Jungian Thought*, 1975, 1976) に掲載された。今回のこの非要約版は、メアリー・フットの最初の版にもとづいている。[*3] ハウエルの講義については、最後の英語講義を除いて収録されていない。この最後の講義は、ユングも出席しており、彼自身の講義への橋渡しの役を担う。ほかならぬこの講義が、ハウエルのアプローチとユングのアプローチの関係を明らかにしている。ユングが講義のなかでハウエルによる解説に言及している場合、注に当該の内容を示しておいた。

さらに本書は、ハウエルのドイツ語講義におけるユングのコメントをフィールツ、ヴォルフ版から、また一九三〇年の講義「インドの類例」(“Indische Parallelen”) の概要をオルガ・フォン・ケーニッヒ・ファクゼンフェルト編『C・G・ユングのドイツ語セミナーの記録、チューリッヒ－キュスナハト、一九三〇年一〇月六〜一一日』(*Bericht über das Deutsche Semiar von C. G. Jung, 6-11. Oktober 1930 in Küsnacht-Zürich*, Stuttgart, 1931) から、各々カテリナ・ローウォルドとミヒャエル・ミュンヒョウの英訳で収載している。[*4] 併せて、ハウエル、ユングの注解の題材となったタントラ文献、ジョン・ウッドラフ卿 (Sir John Woodroffe) 訳「六つのチャクラの説明」(Ṣaṭ-cakra-nirūpaṇa) も載せておく。これはウッドラフ著『蛇の力』[*5] (*The Serpent Power*) 第一五版 (Madras, 1992) より転載した。(特に断らないかぎり、引用はこの版からと考えられたい)。紙幅の関係で、彼の詳細な解説は割愛した。

編集するに際して、断りなしの変更は、句読点、綴り、文法に関する小さな修正にとどめた。その点でスプリング版には助けられた。サンスクリットの術語の綴りについては、ほとんど例外なくフット版のものを踏襲した。「六つのチャクラの説明」およびその他の引用文献におけるサンスクリットの綴りは、原典におけるかたちを残してある。

ソーヌ・シャムダサーニ

原注

1 メアリー・フットに関しては以下を見よ。Edward Foote, “Who was Mary Foote,” *Spring: An Annual of Archetypal Psychology and Jungian Thought* (1974): 256-68.

2 彼女の講義は、クンダリニー・ヨーガの象徴学によるゲーテ作品の解釈を含むもので、以下の著書に全文にわたって掲載された。*Studien zu C.G.Jungs Psychologie*, Zürich: Daimon, 1981, 285-318.

ドイツ語版まえがき

本書は、C・G・ユングによるクンダリニー・ヨーガの心理学に関するセミナーのドイツ語版である。この版は、ソーヌ・シャムダサーニの編集により一九九六年に出されたアメリカ版［英語版］にもとづいている。彼の序文、注、そして付録として加えられたテクストのおかげで、ユングのセミナーは、インド学者ヴィルヘルム・ハウエルの先行する講義の文脈にうまくつながっているし、とりわけユングの第一講にすんなりと入っていけるようになっている。

C・G・ユングが一九三二年一〇月一二、一九、二六日に英語で行なったセミナー、およびヴィルヘルム・ハウエルが一〇月八日に同じく英語で行なったセミナー（付録3）は、メアリー・フット編のタイプ稿『クンダリニー・ヨーガ』[1]にもとづくもので、このドイツ語版のために翻訳された。一方、ユングが一一月二日にドイツ語で行なったセミナー、およびハウエルのドイツ語による講義のなかで述べたコメント（付録2）は、リンダ・フィールツとトニー・ヴォルフのドイツ語によるタイプ稿『タントラ・ヨーガ』からのものである。アメリカ版には、これら両テクストに忠実な英訳が付されている。付録1（「インドの類例」）についても同様である。これは最初は、オルガ・フォン・ケーニッヒ・ファクゼンフェルトが一九三二年に編集し、『ドイツ語セミナーの記録』(*Bericht über das Deutsche Seminar*)として出版された。

サンスクリットの表記は、ある簡略化された方式に従っている[*1]——ただし、「六つのチャクラの説明」[2]（付録4）は例外で、ジョン・ウッドラフによる訳のドイツ語版における表記を踏襲している。

また、ウルリッヒ・ヘールニ氏が多くの情報を通して援助して下さったこと、C・G・ユング遺産管理協会が未公開の草稿、書簡からの原文引用を許して下さったことに対して、弊社よりお礼を申し上げたい。

原注

1 このタイプ稿およびすぐ後に記してあるタイプ稿の詳細については、英語版のまえがきを見よ。

2 この簡略化のうち、最も重要なものは以下の通りである。すなわち、c を ch に、ṇ を n に、ṛ を ri に、ṃ を m または n に、そして ś および ṣ を sh と表記している。母音に関するちがいは、長く延ばして発音されるものにある。いくつかの明確な概念については、長音の符号を省略している（たとえば、Kundalinī を Kundalini に)。

以下も参照されたい。*Lexikon der östlichen Weisheitslehren*, verfaßt und herausgegeben von I. Fischer-Schreiber, F.-X. Ehrhard, K. Friedrichs und M. S. Diener, Bern: Scherz-O. W. Barth, 1986, ix.

セミナーのメンバー

以下のリストは、オリジナルの輪転機印刷本に名前が出てくる人たちと、参加していたことがわかっている人たちをあげたものである。その本には姓しか出てこない。ここでは、できるかぎり、居住している国名ともども姓名をあげてある。実際の参加者はもっとずっと多かった（三九ページを見よ）。こうした人たちの多くに関する伝記的事項の詳細が、最近、ポール・ビショップによって集められている。[1]

アレマン氏、フリッツ（スイス）
ベイルウォード夫人
バウマン氏、ハンス（スイス）
バーカー博士、カルヴァー（英国）
ベインズ夫人、キャリー・F（米国）
バーティン博士、エリノア（米国）
クロウリー夫人、アリス・ルイソーン（米国）
デル氏、スタンリー・W（米国）
ディーボルド夫人
フィールツ夫人、リンダ（スイス）
フット、メアリー（米国）
ハナー嬢、バーバラ（英国）
クラーネフェルト博士、ヴォルフガング（ドイツ）
メーリッヒ夫人、ローゼ
マイアー博士、C・A（スイス）
ライヒシュタイン博士、タデウス（スイス）
ソウヤー夫人、キャロル・フィッシャー（米国／スイス）
ショウ博士、ヘレン（英国／オーストラリア）
シグ夫人、マルタ・ベディングハウス（スイス）
シュピーゲルベルグ博士、フリードリッヒ（ドイツ）
シュピーゲルベルグ夫人（ドイツ）
ティーレ嬢
トリューブ博士、ハンス（スイス）
ヴォルフ嬢、アントニア（スイス）

原注

1　以下を見よ。Paul Bishop, "The Members of Jung's Seminar on *Zarathustra*," *Spring: A Journal of Archetype and Culture* 56 (1994): 92-112.

略語一覧

Analytical Psychology = *Analytical Psychology: Notes of the Seminar Given in 1925 by C. G. Jung*. Edited by William McGuire. Princeton (Bollingen Series XCIX) and London, 1989.

Briefe I-III = C. G. Jung, *Briefe* in 3 Bänden, herausgegeben von Aniela Jaffé in Zusammenarbeit mit Gerhard Adler. Olten: Walter, 1971. (*C.G.Jung Letters*. 2 vols. Selected and edited by Gerhard Adler in collaboration with Aniela Jaffé; translated by R.F.C.Hull. Princeton (Bollingen Series XCV) and London, 1973 and 1975.)

ETG = *Erinnerungen, Träume, Gedanken von C. G. Jung*, aufgezeichnet und herausgegeben von Aniela Jaffé, Olten: Walter, 1971. （河合隼雄、藤縄昭、出井淑子訳『ユング自伝――思い出・夢・思想』みすず書房、一九七二／七三）

ETH = Jung-Manuskripte, Wissenschaftshistorische Sammlungen, Eidgenössische Technische Hochschule, Zürich.

GW = C. G. Jung, *Gesammelte Werke* in 20 Bänden, herausgegeben von Lilly Jung-Merker, Elisabeth Rüf und Leonie Zander, Olten: Walter, 1971ff. (*The Collected Works of C. G. Jung*. 21 vols. Edited by Sir Herbert Read, Michael Fordham, and Gerhard Adler; William McGuire, executive editor; translated by R.F.C.Hull. New York and Princeton (Bollingen Series XX) and London, 1953-83.)

HS = Wilhelm Hauer, "Yoga, Especially the Meaning of the Cakras." In Mary Foote, ed., *The Kundalini Yoga: Notes on the Lecture Given by Pfof. Dr. J. W. Hauer with Psychological Commentary by Dr. C. G. Jung*. Zürich, 1932.

Interpretation of Visions = C. G. Jung, *Interpretation of Visions: Notes of the Seminar in Analytical Psychology, Autumn 1930 - Winter 1934*, ed. Mary Foote. 11 vols. Zürich. （氏原寛、老松克博監訳、角野善宏、川戸圓、宮野素子、山下雅也訳『ヴィジョン・セミナー』創元社、二〇〇四）

Modern Psychology 3 and *4* = *Modern Psychology. The Process of Individuation*. Vols. 3, *Eastern Texts. Notes on the Lectures Given at the Eidgenössische Technische Hochschule, Zürich, by Prof. Dr. C. G. Jung, October 1938 - March 1940*, and 4, *Exercita Spiritualia of St. Ignatius of Loyola*. 2d ed. Zürich, 1959.

Tantra Yoga = *Bericht über das Lecture von Prof. Dr. J. W. Hauer. 3-8 October*. Edited by Linda Fierz and Toni Wolff. Zürich, 1933.

クンダリニー・ヨーガの心理学　目次

分析心理学におけるクンダリニー・ヨーガの意義

老松克博

はじめに

カール・グスタフ・ユングの分析心理学に少なからぬ関心をお持ちの方でも、「クンダリニー・ヨーガ」となってくると、いささか眉をひそめられるのではないかと思う。この「クンダリニー」を含むタントラ・ヨーガには、どこか怪しげな雰囲気が漂っているからである。しかし、誤解してはいけない。ユングはクンダリニー・ヨーガの象徴学を通して、真摯に意識の発達を論じたのだ。ヨーガ研究の歴史的側面については編者ソーヌ・シャムダサーニの「序」に任せ、本稿では、クンダリニー・ヨーガを概観しながら、その分析心理学における意義を明らかにしていきたい。

本書を正攻法で「第一講」から読みはじめると、たいへん理解しにくい。なにしろ、いきなり「クレシャ・ドゥヴェサ」、「クレシャ・アスミター」なのだから。はじめに必要なのは、こうしたサンスクリットの解読ではない。クンダリニー・ヨーガの概観である。そこでまず、本書全体を理解するためのキー・ワードとして、いくつかの基本的概念を説明しておこう（本書を読み進んでいけば、しつこいくらいに説明してあることだが）。

最低限、知っておくべき概念には、サトル・ボディ、チャクラ、ナーディ、クンダリニー（シャクティ）などがある。読者のみなさんには、本書のどこよりも先にこの拙稿からお読みいただくことをお勧めしたい。

クンダリニー・ヨーガとは何か

　まずは「サトル・ボディ」だが、これは微細身《みさいしん》と訳すのが普通で、要するに、「見えない、もうひとつの体」を意味する。五感で感知できる肉体（グロス・ボディ、すなわち粗大身）ではなく、ときにはそれとぴったり重なって存在しうる、いわばイマジネーションでできた体である。肉体とちがって朽ちはてることがないため、その実現、成就は、解脱にほかならない。イマジネーションでできていると言っても、サトル・ボディはある一定の構造を備えており、けっして恣意的に創作されたものではないことに注意する必要がある。

　インドの伝統においては、このサトル・ボディは、主としてチャクラとナーディからできている。ナーディ（脈管、通路）の最大のものは、脊椎に沿って走るスシュムナーであり、その内腔をクンダリニーが上昇していく。クンダリニーはシヴァ神の妃。シャクティ（シヴァの性力）とも呼ばれ、脊椎下端に蛇の姿で眠っているが、やがて行者の修行により目覚め、遠く隔てられた夫シヴァのもとへと昇っていくのである。その上昇の過程で、クンダリニーは次々とチャクラ（輪、蓮華、エネルギー・センター）を通過し、開花させていくことになる。主なものは、下から順に、ムーラーダーラ（位置は会陰）、スヴァディシュターナ（膀胱ないしは内性器）、マニプーラ（太陽神経叢）、アナーハタ（心臓）、ヴィシュッダ（咽喉）、アージュニャー（眉間）、サハスラーラ（頭頂）である。

　チャクラには各々、特定の物質的、元素的な属性があり、ムーラーダーラは土（地）、スヴァディシュターナは水、マニプーラは火、アナーハタは空気（風）、ヴィシュッダは空《くう》（エーテル）、すなわち地水火風空という五大の順に並んでいて、アージュニャーより後は非物質的、非元素的となる。各チャクラが開花すれば、その属性に応じた秘められた能力が目覚めてくるのだが、ついにクンダリニーがサハスラーラに至れば、シヴァとの結合が成就され、行者は解脱するという。

　ムーラーダーラにはじまる各チャクラの最も重要な特徴を、ユングに従って心理学的観点から簡単にまとめておこう。土のムーラーダーラ（「根本の支え」の意）は最も下位にあるチャクラで、心理学的には大地、つまり、この現実の世界に相当する。ここでクンダリニーは眠っている。すなわち、神々に関すること、心の内奥の世界は、いまだ微睡《まどろ》みのなかにあり、リアリティを獲得してはいない。

自我がほんとうの心の世界に開かれるのは、次のチャクラ、スヴァディシュターナ（「自身の本質」の意）においてである。ここは水のセンターであるだけに、主たる機能は洗礼、水をくぐっての「死と再生」だと言ってもよい。この世の現実の背後にある新しい世界の広がりは、ここでの洗礼によってはじめて感じられるようになる。もっとも、そうした可能性とは裏腹に、海のような大量の水に象徴される圧倒的な無意識に呑み込まれてしまう危険もある。

次のマニプーラ（「宝石あふれる町」の意）は、粗大身における太陽神経叢（腹腔神経叢）という原始的な神経センターに一致して、臍くらいの高さにある。太陽神経叢は腸の運動や知覚を司っていて、「腸《はらわた》が煮えくり返る」という言い回しからも窺われるように、このチャクラは熱い情動との関係が深い。それはまた、腹腔という暗黒の空間における一点の「太陽（神経叢）」でもあり、腹部の感覚（空腹、飢餓感など）をめぐる原初の意識の萌芽と見なすことができる。とはいえ、ここでの自我や意識はまだ幼い。「私（自我、意識）には情動がある、私は情動を持っている」というのではなく、「情動に私がある、情動が私を持っている」のである。

今述べたこととも関係するのだが、このチャクラにおける大きな心理学的特徴のひとつは、神秘的融即である。これは原始的な自他未分化の心性を意味する。より臨床的な術語で言えば、投影同一視、取り入れ同一視が強く働いていて、真の意味での「個人」は存在していない。すべてが集団的な一体感に左右されている状態である。「個人」の出現は、次なるチャクラ、風のアナーハタの開花を待たなければならない。

アナーハタ（「触れずして発せられる音」の意）は、粗大身との位置関係で見ると、それまでの腹部の諸チャクラとは一線を画す。なぜなら、横隔膜を超えて胸腔のなか、息と風の領域に入っているからである。これは腹部の、いわば地下世界から、横隔膜という地平線の上に太陽が昇ってきたことを表す。「個人」の意識の世界である。換言すれば、ここではついに「自己（セルフ）」の姿が見えてくるのだ。「自我」ではない。「自己」である。ウパニシャッドはそれをプルシャ、「小よりも小さく、大よりも大きい」ものと呼ぶ。自我は集合的な価値観を離れ、みずからを圧倒的に超える内奥の力、自己の存在を知る。しかし、ここには、そうした大いなるものとつい同一化して自我肥大（インフレーション）に陥ってしまう、という危険も潜む。肥大して浮き上がったものは、いつか必ず破裂して落ちるのだ。

続くヴィシュッダ（「清浄」の意）は、咽喉のチャクラであることからもわかるように、言葉、ロゴスと関係が深い。あるいは、エーテル（真空を満たすとされるサトルな物質）に代表されるような、観念、心的現実の世界と言ってもよい。すなわち、観念や心的現実が、「にすぎないもの」ではなくなり、それだけでもはや証明不要な、自明の真実として価値づけられるのである。ユングの表現を借りれば、「主体水準の夢解釈」に近い。つまり、いっさいが、自我とは別の客観的なものとして存在するのではなく、広がった意識の一部となってくる。一元論的な主体（そう呼んでよければ）のあり方になってくる、とも表現できよう。

さて、その上のアージュニャー（「使命」の意）、サハスラーラ（サハスラは「千」の意、「千弁の蓮華」）になると、きわめて抽象的な非物質的、非元素的領域に達し、ユングによれば、個人も、個人の経験も存在しなくなってしまう。そのため、心理学的な立場から論じることのできる内容は、事実上もう残っていない。

サトル・ボディという元型的観念の広がり

以上が、インド的なサトル・ボディの構造と内容である。チャクラとナーディでできているこのサトル・ボディはもちろん眼には見えないし、触ることもできない。しかし、古くから多くのヨーガ行者によって、経験的にその確実性と真実性が認められてきたのである。すでに述べたように、けっして恣意的な創作と見なすべきではない。しかも、このような永遠の身体にまつわる観念は、あのインドの風土に特有というわけではなく、実は世界中、至るところに存在しているのである。

いくつか例をあげよう。私たちに比較的なじみのあるところでは、いわゆるツボ、つまり経絡と経穴というのがある。ご存知のように、それらは、通常の西洋医学的解剖学の眼では見ることができない。にもかかわらず、鍼麻酔が臨床応用されているという事実からもわかる通り、一定の実際的効果を発揮することが認められている。経絡は一般に気の通路だと説明されるが、そもそも「気」ということで言うならば、中国にはさらに深く広いサトル・ボディの伝統があった。

それは現在では気功として知られている部分が多いのだが、気功の基本とされる「気を練る」、「気を育てる」という行為は、中国唯一の土俗宗教である道教に根ざしている（道教と言っても、老荘のそれとは本質的にちがう）。なかでも、煉丹術と呼ばれる特殊な技術は、中国的なサトル・ボディの生成と扱いを主眼としていた。大きく分けると、煉丹術には外丹と内丹がある。

前者は、不老不死ないしは不老長生の秘薬たる丹（仙丹、金丹）を化学的に合成することを目指すもので、今に残る文献としては『抱朴子』[2]などが代表的である。煉「丹」術という言葉からわかるように、この伝統においては水銀（丹砂）の役割が重要であった。西洋の錬金術のように黄金を製造しようとする場合もあったが、あくまでも、それが不老不死につながるという前提に立ってのことである。[3]いずれにせよ、外丹は、朽ちない体、不壊の体、つまりはサトル・ボディの獲得を目標としていた。

一方、後者、すなわち内丹は、実際に物質を用いるということをせず、瞑想、イマジネーションを駆使して解脱を目指す。ユングが中国学者リヒャルト・ヴィルヘルムと共同研究した『太乙金華宗旨』（『黄金の華の秘密』[4]）は、そうした道教の瞑想書のひとつであった。その挿し絵を見れば一目でわかる通り、瞑想のなかで練られる気は、見えない胎児としてイメージされ経験されており、やはりここでもサトル・ボディの獲得が追求されていることに疑いの余地はない。このサトル・ボディは「金剛の体」と呼ばれる。


ところで、広い意味での錬金術の伝統は、今述べたように中国にもあったし、もちろんインドにもあったが、やはり西洋や北アフリカのそれがよく知られていて、近代化学の基礎になったという点での影響力も大きかった。ユングは西洋の錬金術を熱心に研究し、『心理学と錬金術』[5]では、錬金術が錬金術師の心の変容（個性化）の過程を物質の変容の過程に投影したものであったことを明らかにしている。

いや、もう一歩、踏み込んで言うとしたら、こうでなければならないはずである。ユングは物質に投影された心を研究したと言うよりも、心とも体（物質）ともつかぬ領域、あるいは心でも体でもある領域を探求したのだ、と。ユングはこうした領域を、類心的無意識、身体的無意識などと呼ぶ。これは、イマジネーションでできた体としてのサトル・ボディに重なる概念である。

錬金術師自身、必ずしも錬金術によって物質としての黄金ができると考えていたわけではなく、中国で言えば内丹に相当する仕事、すなわちイマジネーションをもっぱらとしていた者も少なくない。興味深いことに、錬金術師は、その作業の目標である「賢者の石」（これで触れれば、卑金属が貴金属に変わる）の製造を、王と女王の結合による両性具有者の誕生というイメージとして経験していた。これは、ユングが「転移の心理学」[6]で引用している『賢者の薔薇園』という錬金術書の挿し絵を見るとわかりやすい。要するに、「賢者の石」も一種のサトル・ボディなのである。

その証拠に、一部の錬金術師たちは、この石のことを「グロリファイド・ボディ」、すなわち「栄光の体」と呼んでいた。一般に「グロリファイド・ボディ」というのは、磔刑を経て復活したキリストの身体を指す言葉である。あるいは、最後の審判の後に甦るキリスト者の永遠の身体をもそのように呼ぶ。これが肉体、粗大身でないことは、あらためて言うまでもない。

かくして、クンダリニー・ヨーガは、サトル・ボディという元型的観念の広がりのなかの一部として捉えられなくてはならない。インド的な脚色にいたずらに幻惑されずに、より普遍的な次元でその本質を見ていく必要がある。当然ながら、私たちは、日本文化のなかにあるサトル・ボディ探求の伝統も視野に入れておくべきだろう。ここではわずかなヒントしか述べられないが、たとえば、クンダリニー・ヨーガと同じ流れに属するタントラ仏教（真言宗、天台宗）はサトル・ボディと直接的なつながりを持っていることになるし、禅や武術の修行、能、茶道などの技芸もこれと無関係ではあるまい。

ヨーガを見るユングの視点

ユングは何の目的でクンダリニー・ヨーガを研究したのだろうか。従来、指摘されてきたのは、シャムダサーニの序が「ユングの東洋への旅」と題されていることからも推測できるように、東洋の精神的伝統のなかに西洋のそれとの共通点を見出し、もって集合的無意識および元型という自身の仮説にさらなる証明を与えること、そして、西洋では失われた宗教的実践のなかに心理療法の本質を探求すること、などであった。一言でまとめるなら、サトル・ボディの心理学の確立のため、となるだろう。しかしながら、この思惑の持つほんとうの重みを理解するには、もう少し知っておかなければならないことがある。

　まずはユングのセミナーの流れについてである。インド学者ヴィルヘルム・ハウエルを招いての「クンダリニー・ヨーガ・セミナー」は、ユング単独で行なっていた「ヴィジョン・セミナー」[7]の途中で開催された。一九三二年のことである。「ヴィジョン・セミナー」というのは、一九三〇年から三四年まで続けられた、ある女性アナリザンドのアクティヴ・イマジネーションに関するセミナーであった（ユングはイマジネーションのことを「ヴィジョン」とも呼ぶ）。ユングはそれ以前にも、「子どもの夢」[8]、「夢分析」[9]といった長期に及ぶセミナーを開いていたし、また「ヴィジョン・セミナー」以降も、「ニーチェのツァラトゥストラ」[10]という足かけ六年にわたるセミナーなどを行なっている。

　こうした一連のセミナーの流れから明らかになるのは、一九三〇年以降のユングにとってのアクティヴ・イマジネーションの重要性である。それは、「ヴィジョン・セミナー」が足かけ五年という長期に及んでいるから、というだけにとどまらない。「ニーチェのツァラトゥストラ」も、いわばニーチェのアクティヴ・イマジネーションを読み解く試みだったのだから、ユングのイマジネーション熱は、彼の五〇代半ばから六〇代半ばにかけて、少なくとも一〇年にわたって激しく燃え続けていたことになるのだ。さらに、晩年の大著、『心理学と錬金術』、『結合の神秘』[11]が錬金術的サトル・ボディ研究にもとづくものであり、今から述べるように、それもまたアクティヴ・イマジネーションと密接なつながりがあるということを考えれば、ユングのアクティヴ・イマジネーションへの思いは、その後、生涯途切れることがなかった、と言えるのである。

アクティヴ・イマジネーションというのは、ユング独自の分析技法である。ここでは細かいことは述べられないが、イマジナーは、どんなイメージからでもよいから、とにかく自由にイマジネーションを膨らませていく。指示も課題もない。ただし、唯一のルールとして、「アクティヴに」という原則がある。つまり、こちらの思惑とちがって勝手な動きを見せるイメージの自律性を尊重しつつ、自我はできるかぎり意識的にそれと関わっていかなければならないのである。

たとえば、イマジネーションのなかで、ひどく傷ついた小鳥を見つけたとしよう。そのとき、私（自我）はどうすればよいだろう。無視して通り過ぎるか、手当をするか、誰かを呼ぶか、獣医に連れていくか、それともひと思いに殺してやるか……。何かをするにせよ、しないにせよ、「よし、私はこれにする」と意識的に選択し決定するのである。すると次には、イメージ（鳥）の方がそれに応えてくる。抵抗するとか、身を任せるとか、というかたちで。こうしたやりとりの繰り返しによって、意識（自我）と無意識（イメージ）との直接の折衝がなされ、どこかの一線で和解が成立して、両方の主張を取り入れたという意味での心の全体性の実現へと近づいていくのである。[12]

この「クンダリニー・ヨーガ・セミナー」においても、ユングは何度か、さりげなく、同時に進行中の「ヴィジョン・セミナー」のことに言及している。両セミナーの参加者はほとんど同じだったから、その場ではそれで充分に通じているのだが、後で記録を読む私たちは、アクティヴ・イマジネーションというきわめて重要な伏線があることをしっかりと意識しながら読まなければ、このセミナーの実態から離れてしまう。

そして、実際、後で紹介するように、ユングは「ヴィジョン・セミナー」のなかでしばしばクンダリニー・ヨーガの象徴学を援用し、複雑きわまりないイマジネーションをすっきり解釈してみせている。このような点を抜きにして、ユングの「クンダリニー・ヨーガ・セミナー」は語れない。「クンダリニー・ヨーガ・セミナー」が「ヴィジョン・セミナー」のなかに挟み込まれるようにして開催されたことはすでに述べたが、おもしろいことに、ユングのクンダリニー・ヨーガに関するドイツ語のセミナーは、「ヴィジョン・セミナー」とほぼ時を同じくして一九三〇年にはじまっている。これがけっして偶然でないことは、もうおわかりいただけると思う。

では、そのアクティヴ・イマジネーションに関連して、なぜクンダリニー・ヨーガが選ばれたのだろう。ここで、各チャクラがさまざまな水準の意識の局在と関係がある、という事実を思い出してほしい。先の説明のなかでは、たとえばマニプーラに関して、主として空腹感、飢餓感をめぐって機能する原初的な意識の局在であることを指摘しておいた。意識が頭にだけあると考えるのは、私たちの偏見である。意識がそのようにお腹にあったり、胸（ハート）にあったりする例は、古今東西、そう珍しくない。だからこそ、ミイラを作る古代エジプト人にとって、脳ミソなどは、すっかり掻き出して捨ててしまうべきものにすぎなかったのである。

ユングは錬金術の作業を、つまり（クンダリニー・ヨーガと同様の）サトル・ボディ生成の作業を、個性化の過程だと見た。個性化とは、全体性の実現に向かう過程であり、意識の拡大の過程である。この場合の「意識の拡大」は、けっして現実的な次元でのそればかりを意味してはいない。いわゆる変性意識状態なども含む、多様な次元における意識の広がりが想定されている。このとき、クンダリニー・ヨーガにおけるチャクラの体系は、さまざまな意識の局在というかたちで、そのことをわかりやすく示してくれる。単に意識のリニアな発達段階の図式としてではない。むしろ、さまざまな種類の意識が同時に存在しており、それら諸々の意識でもって広漠とした無意識をくまなく照らしていく。そうした作業をユングは個性化と呼んだのである。

このように、クンダリニー・ヨーガはアクティヴ・イマジネーションと切り離して見ても意味がない。たしかにユングのヨーガ研究に関しては、東洋と西洋の統合という視点から見ることもできるし、心理療法と宗教の異同という視点から見ることもできるだろう。しかしながら、どちらの視点に立っても、決定的に足りないものがある。より臨床的、分析的な立場からは、アクティヴ・イマジネーションこそが、ユングのヨーガ研究を理解するための最大にして不可欠の鍵だと言えよう。従来、夢に比べてその重要性が看過されがちだったアクティヴ・イマジネーションではあるが、ユングの心理学の本質はむしろそちらに顕著なのである。

ヴィジョンとチャクラの象徴学

では、ユングは、アクティヴ・イマジネーションの解釈にクンダリニー・ヨーガをどう用いているだろうか。以下に、『ヴィジョン・セミナー』から引用してみよう。ちなみに、「クンダリニー・ヨーガ・セミナー」を挟んだ、まさしくその直前、直後の時期に「ヴィジョン・セミナー」で論じられていたのは、二重の黄金の輪のなかに赤ちゃんがいるというイメージで、シャムダサーニが第一講の原注3で簡単にふれている。その場面でもわずかながらチャクラの象徴学に言及されてはいるのだが、その少し先の次のような箇所のほうが、ユングによるチャクラの象徴学の応用がわかりやすいだろう。

私はもう一度その断崖に行って、工場が並ぶ谷を見下ろした。

虚空に、大きな光に包まれたものの姿が見える。彼はその挙げた腕に、燃える弓を持っていた。星々が彼の頭から降った。彼の下半身は蛇で、その下端は騒然とした大地まで達していた。

この光景を見つめていると、私の胸から小さな炎がにわかに噴き出して、その像と融合しようとした。その像は消え失せた。炎は大地に落ち、あちこちの通りに沿って流れていった――細い火の糸となって。そのとき、眼下には、火の糸を踏み消そうとしている、蟻に似たたくさんの小さな生き物たちが見えた。私はまた断崖から離れ、ひとり座って静観していた。(Jung, C.G., *Visions: Notes of the Seminar Given in 1930-1934* (2vols.), Princeton University Press, 1997.)

このイマジネーションに対する解釈は以下のようなものであった。まずは工場についてだが、ユングは、この少し前に噴火する火山のヴィジョンがあったことなどもふまえて、ここでの工場は制御された火を意味すると見抜いている。一般に、燃えさかる火は、チャクラの体系のなかではマニプーラに渦巻く情動との関係が特に深い。「腸《はらわた》の煮えくり返るような」という言い回しを例にあげて説明しておいたとおりである。ただし、同じ火でも、工場となると事情が少しちがう。工場では、火の巨大なエネルギーが制御され、安心できる別の諸形態に変えられているからである。

そうした事情は、自我が谷間の工場群を眼下に見ているという状況にも読み取れる。すなわち、自我はマニプーラと同一化しておらず、横隔膜の上のアナーハタ・チャクラにいるものと考えてよい。すでに説明したように、アナーハタでは自他未分化な神秘的融即の状態から解放されており、自我は孤高を保つことができる。「もう一度その断崖に行って」とあるところからすると、これは、繰り返し行なわれた試行錯誤の末に獲得された境位なのかもしれない。

では、そこに現れたこのキメラ的な怪物は何者なのだろうか。上半身は光に包まれて、燃える弓を掲げ、星を降らせている。これが太陽神であるらしいことは、多少とも神話をひもといた経験があれば容易にわかるだろう。そして下半身は蛇。ユングの連想したものは、ミトラ教の大いなる「時」の神、デウス・レオントケファルスであった(実は、ユング自身、みずからのヴィジョンのなかでこの神と化したことがある)[13]。この神はその名前のごとくライオンの頭をしており、下半身に蛇が巻きついた姿をしている。たてがみのあるライオンの頭は、遠い昔から、周囲に炎をまとった太陽と同一視されてきた。ライオンと蛇。この両者は、天と地、あるいは夏と冬という、いわゆる「対立し合うもの」の代表格である。

こうした対立し合うものは、本来なら相容れず、同居しえない。それをやすやすと同居させているこの存在は、やはり尋常のものではないのだ。ユングの術語では、これを自己（セルフ）と呼ぶ。それは心の中心に秘められた力であり、対立を統合して全体性を実現する超越機能を持っている。ここで思い出してほしい。ウパニシャッドが、アナーハタではプルシャ（すなわちセルフ）の姿を垣間見る、と語っていたことを。この怪物こそ、あの「小よりも小さく、大よりも大きい」ものである。

問題は、イマジナーの胸の炎だろう。ユングの解釈では、これは彼女の欲情、情動の炎である。私自身は「胸の」という点も考慮して、これを彼女の個人的なセルフ（アートマン）の現れと見たいのだが。しかし、いずれにせよ、その炎が超個人的なセルフ（ブラフマン、プルシャ）たる神とつい融合しようとしたことはいただけない。アナーハタにおけるインフレーションの危険性については、すでに述べておいた。

インフレーションによって肥大し、ふわふわと浮き上がった自我は、いずれ墜落せざるを得ない。ここで起こったのは、まさにそのとおりのことである。セルフの姿は消え去った。谷間（マニプーラ）に落ちた残り火も、蟻のような小動物に消されようとしている。蟻は地下の水の在処を知っていると信じられており、水のチャクラ（スヴァディシュターナ）や土のチャクラ（ムーラーダーラ）と関係が深い。そして、発達した神秘的融即にもとづいて、まったく集合的に整然と行動する生き物である。

心理学的には、一種の退行が生じたことはまちがいない。しかし、まずもって重要なのは、私たちの心にはこうしたさまざまな意識の局在があって、自我がそれらの間をかくも頻繁に、かくも瞬時に往来している、という事実である。クンダリニーないしチャクラの体系は、そのような諸意識の属性を教えてくれるものなのだ。もちろん、ここでの退行の原因は、ついインフレーションに陥ってしまったという、自我の「アクティヴ」さの弱まりにあった。しかし、同じ退行でも、ご存知のように、創造的に行なわれるものもある。そうであるためには、自我の往来を極力「アクティヴ」に行なわなければならない。

おわりに

以上見てきたように、ユングのクンダリニー・ヨーガ理解は、常にアクティヴ・イマジネーション的な意味での自我の「アクティヴ」さを念頭に置いてなされている。この点を忘れてはならない。タントラ・ヨーガの文献自体は、古代インドのものである以上、現代を生きる自我がその種のイメージに触れる際に持つべき態度については何も教えてくれないのだ。慎重に自我の働きを見据えながらでなければ、分析であれ、ヨーガの修行であれ、ドラッグ体験と変わりないものになってしまう。

ユングは西洋人がヨーガを実践することに批判的であった。それは現代の日本人も無視できないところだと私は思う。もちろんヨーガの実践そのものがいけないわけではない。そこで安易に自我を捨ててしまうことがいけないのだ。ユングが自身のイマジネーション技法の名前に、他の言葉ではなく、ただ一言「アクティヴ」とだけ冠したことの意味を、心の探究を目指す者なら繰り返し吟味してみるべきなのである。

注および文献

1　さらなる詳細については以下を参照されたい。老松克博『サトル・ボディのユング心理学』トランスビュー、二〇〇一

2　葛洪『抱朴子』（本田済訳注『抱朴子　内編』平凡社、一九九〇）

3　三浦國雄『不老不死という欲望』人文書院、二〇〇〇

4　Jung, C.G., Wilhelm, R. (1929), *Das Geheimniss der goldenen Blüte, ein chinesische Lebensbuch*, Walter-Verlag, 1973.（湯浅泰雄、定方昭夫訳『黄金の華の秘密』人文書院、一九八〇）

5　Jung, C.G. (1944), *Psychologie und Alchemie, Gesammelte Werke von C. G. Jung (GW) 12*, Walter-Verlag, 1972.（池田紘一、鎌田道生訳『心理学と錬金術Ⅰ／Ⅱ』人文書院、一九七六）

6　Jung, C.G. (1946), Die Psychologie der Übertragung, *GW 16*, Walter-Verlag.（林道義、磯上恵子訳『転移の心理学』みすず書房、一九九四）

7　Jung, C.G. (ed., Douglas, C.), *Visions: Notes of the seminar given in 1930-1934* (2vols.), Princeton University Press, 1997.（氏原寛、老松克博監訳『ヴィジョン・セミナー』創元社、近刊）

8　Jung, C.G. (hrsg., Jung, L, Meyer-Grass, M.), *Kinderträume*, Walter-Verlag, 1987.（氏原寛監訳『子どもの夢Ⅰ／Ⅱ』人文書院、一九九二）

9　Jung, C.G. (ed., McGuire, W.), *Dream analysis: Notes of the seminar given in 1928-1930*, Princeton University Press, 1984.（入江良平、細井道子訳『夢分析Ⅰ／Ⅱ』人文書院、二〇〇一／二〇〇二）

10　Jung, C.G. (ed., Jarrett, J. L.), *Nietzsche's Zarathustra: Notes of the seminar given in 1934-1939* (2vols.), Princeton University Press, 1988.

11　Jung, C.G. (1955/1956), *Mysterium Coniunctionis: Untersuchungen über die Trennung und Zusammensetzung der seelischen Gegensätze in Alchemie, GW 14*, Walter-Verlag, 1968.（池田紘一訳『結合の神秘Ⅰ／Ⅱ』人文書院、一九九五／二〇〇〇）

12　詳しくは、たとえば以下を参照されたい。
老松克博『アクティヴ・イマジネーション――ユング派最強の技法の誕生と展開』誠信書房、二〇〇〇
Hannah, B., *Encounters with the soul: Active imagination as developed by C. G. Jung*, Sigo Press, 1981.（老松克博、角野善宏訳『アクティヴ・イマジネーションの世界』創元社、一九九九）
Spiegelman, J.M., 河合隼雄（町沢静夫、森文彦訳）『能動的想像法――内なる魂との対話』創元社、一九九四
Johnson, R., *Inner work: Using dreams and active imagination for personal growth*, Harper & Row, 1986.

13　Jung, C.G. (ed., McGuire, W.), *Analytical psychology: Notes of the seminar given in 1925*, Princeton University Press, 1989.

序 ユングの東洋への旅

ソーヌ・シャムダサーニ

一九三〇年一月二六日、インド全土で集会が開かれ、次のようにはじまる固い決意が示された。

> 我々は、自由を持つこと、苦労の果報を楽しみ生活必需品を所有することが、他国の人たちの場合と同様、インド人にとっても絶対の権利だと信じる。そのようになれば、インド人は成長するための十全な機会を持つことができるだろう。我々はまた、いかなる政府であれ、国民からこれらの権利を奪い圧迫を加えるなら、国民はその政府を作り直すか廃する権利も有すると信じる。インドの英国政府は、インド人から自由を奪ってきただけでなく、大衆からの搾取にその基礎を置き、インドを経済的、政治的、文化的、精神的に荒廃させてきた。我々は、インドが英国とのつながりを断って、プルナ・スワラジ、つまり完全な独立を勝ち取らなければならないと信じる。

市民の不服従が宣言され、ガンディは塩の行進[*1]を開始し、ネルーは投獄された。

五月三〇日、ミュンヘン。ユングは、亡くなった仲間、中国学者のリヒャルト・ヴィルヘルム[*2](Richard Wilhelm)を偲ぶなかで、この劇的なできごとに共鳴していた。

> 東洋に目を向けてみると、ひとつの圧倒的な運命が現実のものになりつつあります……。私たちは東洋を政治的に征服しました。みなさんは、ローマが近東を政治的に征服したときに何が起こったか、ご存知ですか。東洋の精神がローマに侵入してきたのです。ミトラ[*3]はローマの軍神となりました。……こういうことは考えられないでしょうか。つまり、同じことは今日でも起こっており、私たちは、キリスト教徒の迷信に驚いた教養あるローマ人と同じくらい、ものが見えていないのではないか、と。……私たちの無意識が東洋の象徴でいっぱいなのを私は知っています。東洋の精神は、ほんとうに門前まで来ているのです。……今年、ドイツの心理療法家の学会にヴィルヘルムとインド学者のハウエルが招かれ、ヨーガをめぐって講演を行なったのですが、私はこの事実を、現代という時代を表すきわめて意義深いしるしだと思います。[2] それが何を意味するか、考えてみてください。そのとき、苦しんでいるがゆえに影響を受けやすい人たちを直接診なければならない臨床医は、東洋の癒しのシステムにしっかりとふれることになるのです。[3]

この壮大な類比は、ユングが、西洋心理に東洋思想が与える衝撃の画期的な政治的、文化的意義をどう見ていたかを示しており、彼がクンダリニー・ヨーガと出逢うための舞台を準備した。

一九六〇年代、ユングはニュー・エイジ運動[*4]にグルとして認められた。なぜなら、とりわけ、東洋思想の研究を推進し、普及を助け、その現代心理学的な説明をもたらす役割を担ったからである。東洋に旅をする者たちから、彼は先達と認められていた。同時に、ユングがこのような関心を抱いたことは、反体制文化によるその流用とも相俟って、多くの人たちから、彼の心理学が神秘主義的な反啓蒙主義である証拠だと見なされた。

ヨーガと新しい心理学

深層心理学の勃興は、歴史的には、ヨーガの諸文献の翻訳および普及と並行していた。[4] どちらにも、話題性を備えた異国風の目新しさがあった。新たに登場したグルやヨーガ行者は、似たようなクライエントをめぐって心理療法家との競争を繰り広げた。似たようなクライエントというのは、西洋の哲学、宗教、医学が提供するのとはちがう助言を求めた人たちのことである。それゆえ、両者の比較は、思いもよらないことではありえなかった（なかんずく、潜在的な客層にとっては）。東洋思想と西洋思想の比較をめぐっては膨大なものがすでに書かれていたが、[5]

新たな深層心理学の出現は、新しくてより頼もしい比較の基準を告げ知らせるものであった。というのも、深層心理学は西洋思想のやる気を損なう制限から自由になり、治療実践が変容を引き起こす力に基礎を置いて、内的体験の見取り図を作ろうとしていたからである。これとよく似た「理論」と「実践」の協調が、西洋思想のくびきからは独立していっそうの発展を遂げてきたヨーガの諸文献には具現されているように見えた。さらに、心理療法の機関が採用した治療の初期構造が、その社会的な組織のあり方をヨーガのそれに近づけたのである。これによって、新しいかたちの比較心理学への可能性が開かれた。

　早くも一九一二年に、ユングは『リビドーの変容と象徴』(*Wandlungen und Symbole der Libido*) のなかで、ウパニシャッド[*5] (*Upanishads*) とリグ・ヴェーダ[*6] (*Rig Veda*) の一節に対する心理学的解釈を提示した。[6] このことが分析の実践とヨーガの実践の比較の可能性を開いたのではあるが、おそらくはじめてはっきり比較がなされたのは、F・I・ウィンターの「ヨーガの体系と精神分析」[7] においてであったろう。彼はフロイトとユングの論文に述べられたものとしての精神分析を、パタンジャリ (Patanjali) の『ヨーガ・スートラ』[*7] (*Yoga Sutras*) と対比させた。ユングの仕事は、彼自身がそうする前に、すでにヨーガと比較されつつあったのである——そして、彼が国際精神分析協会による庇護を離れて以来、ずっと切り開こうとしていた「心理学の新しい道」は、東洋的アプローチと西洋的アプローチとのこの上なく実り豊かな交差点になろうとしていた。

　ユングの東洋思想との出逢いについて説明しようとすると、ヘルマン・カイザーリング伯爵[*8] (Hermann Graf Keyserling) とダルムシュタットにおける彼の「英知の学舎」(School of Wisdom) のことにふれなければ完全とは言えまい。それはユングの探検に対して大学のような環境を提供した。カイザーリングは著書『ある哲学者の旅日記』(*Reisetagebuch eines Philosophen*) のなかでヨーガを扱っており、この本はたいへんな好評を博した。新しい心理学とは、実のところ、古代インド人がすでに知っていたことを再発見したものだ、と彼は力説した。「インド人の知恵は、この世に存在するなかで最も深遠なものである。……遠くまで行けば行くほど、私たちの見解はインド人のそれに近づいてしまうのだ。心理学の研究は、古代インドの魂の科学に含まれている主張を着実に確認している」[8]。カイザーリングのアプローチの特徴となっていたのは、彼がヨーガを西洋のいかなる心理学の体系よりも優れていると見ていたことであった。「インド人は、意識を拡大し深化させる訓練法を前進させるために、誰よりも努力してきた。……ヨーガは……自己完成を目指す諸々の道のなかで、まちがいなく最高の位にあるように思われる」[9]。彼が東洋と西洋のちがいとしてあげた特徴のいくつかは、ユングの述べているそれらと一致していた。たとえば、次のようなことである。「インド人は心的なものが基本と見ている。つまり、インド人にとっては、そのほうが身体［物理］的なものよりも現実的なのである」[10]。

ユングが中国学者リヒャルト・ヴィルヘルムと邂逅したのは、他でもない、一九二〇年代はじめのダルムシュタットにおいてであった。ふたりは一九二八年に、中国の錬金術書『黄金の華の秘密』(*Das Geheimnis der Goldenen Blüte*) をめぐって共同作業を行なった。ヴィルヘルムがドイツ語に翻訳し、ユングがその心理学的注解を書いたのである[11]。ユングはおかげで、東洋と西洋の比較心理学を研究する手段を手に入れた。ユング（サンスクリットは知らなかった）はその後、ハインリッヒ・ツィンマー*9 (Heinrich Zimmer)、ヴァルター・エヴァンス - ヴェンツ*10 (Walter Evans-Wentz)、鈴木大拙*11、そして今の場合はヴィルヘルム・ハウエルといった人物たちと同じような共同研究を行なった[12]。ハウエルは、ユングの時代、東洋思想に関する指導的な論評者の代表格であった。

ヨーガと精神分析の比較は、カイザーリングの仲間であるオスカー・シュミッツ*12 (Oskar Schmitz) の『精神分析とヨーガ』[13] (*Psychoanalyse und Yoga*) のなかでさらに進められた。この本はカイザーリングに捧げられたものである。シュミッツは、精神分析諸学派のなかでヨーガに最も近いのは、フロイト派やアドラー派ではなくむしろユング派である、と主張した。「ユングの体系によってはじめて、精神分析が人間の高次の発達に寄与できる可能性が開かれる。……それはヨーガの方法ではないし、そうでありたいなどと望んでもいないのだが、おそらくユングの体系とはそのようなものだろう」[14]。シュミッツの著書に対するユングの反応は、以下のように曖昧だった。

> ……精神分析的な技法、そしてまた……精神統合的な技法を等しく自己完成の手段と見なすかぎり、あなたのなさったヨーガの技法との比較は、まったくもっともらしく思われます。しかしながら私には、誰もがきっとそう力説すると思うのですが、そこに見出されているものは単なる類似にすぎないのではないかという気がします。と申しますのも、今日ではあまりにも多くのヨーロッパ人が、よく吟味もせずに東洋的な観念を西洋的心性のなかに持ち込もうとしているからです。私見では、このことは私たちのためにもならず、そうした観念のためにもなりません。なぜなら、東洋の精神から生まれてきたものは、そうした心性にまつわる特別な歴史を基盤としており、それは私たちのものとは根本的に異なっているからです[15]。

タントリズムとクンダリニー・ヨーガ

ヨーガ教室は、スポーツ・センターやフィットネス・センターのエアロビクス、ウェイト・トレーニング、マッサージ、その他の現代的ボディ・カルト諸派ともども、どこにでもある。そのため、ヨーガが古代の精神修養法であるということは容易に忘れられてしまう。

　ヨーガには、やはりインドの哲学と宗教に共通して広く見られるふたつの概念がある――輪廻転生と、生、死、再生というサイクルからの解放の探求である。ミルチャ・エリアーデ[*13](Mircea Eliade)の述べるところによると、ヨーガおよびそれと関係の深いサーンキャ哲学[*14](Sāṃkhya philosophy)にとっては、他のインド思想諸学派とは対照的に、「世界は見たとおりのものである（幻想ではない――たとえばヴェーダーンタ学派[*15](Vedānta)にとっては幻想なのだが）。にもかかわらず、世界が実在し存続しているとしたら、それは精神《スピリット》の『無知』ゆえのことなのだ」[16]。ヨーガの際立った特徴となっているのは、その本質的に実践的な傾向である。スレンドラナート・ダスグプタ[*16](Surendranath Dasgupta)はこう記した。「ヨーガの哲学には、本質的に実践的な色合いがあり、その目的は、主として、救済、一になること、プルシャ[*17](purusha)の解放のための手段を示すことにある」[17]。ヨーガの定義や説明は、さまざまになされてきた。エリアーデは言う。「語源学的にいうと、yoga は yuj という語根に由来する。『いっしょに括る』、『しっかりと摑む』、『くびき』の意である。……yoga という語は、一般に、あらゆる苦行法とあらゆる瞑想法を指し示す」[18]。フォイエルシュタイン(Feuerstein)の場合はこうである。「ヨーガとは、さまざまに組み合わされた、あるいはさまざまに体系化された、観念、態度、方法、技術のセットから成る、特別にインド的な伝統であり、実践者（ヨーガ行者）に変容を生じさせることを主な目的として、ひとりの師からひとり以上の弟子に多少とも儀礼的な状況で伝えられる」[19]。ヨーガの痕跡をたどると、紀元前の三千年紀まで遡る[20]。ヨーガには、いくつかの主な学派がある。ラジャ(Raja)・ヨーガ、ハタ(Hatha)・ヨーガ、ジュニャーナ(Jnana)・ヨーガ、バクティ(Bhakti)・ヨーガ、カルマ(Karma)・ヨーガ、マントラ(Mantra)・ヨーガ、ラヤ(Laya)・ヨーガ、およびクンダリニー・ヨーガである。クンダリニー・ヨーガの性格を知るには、タントリズム運動の一般的特徴について考慮するのが役に立つ。

　タントリズムは四世紀以降に広まった宗教、哲学運動で、インドの哲学、神秘主義、倫理学、芸術、文学に影響を与えた。アゲハーナンダ・バラティ(Agehananda Bharati)は次のように述べている。「タントリズムの教えを他のヒンドゥー教や仏教の教えから区別しているのは、信仰の経験〔サーダナ〔成就法、行法〕sādhanā〕を通して見ると絶対的な〔パラマールタ〔至高の真理、勝義諦〕paramārtha〕世界と現象的な〔ヴィヤヴァハーラ〔日常生活、世俗諦〕vyavahāra〕世界が同一であるということを体系的に強調する点である」[21]。タントリズムは反禁欲的、反思弁的であり、主流のヒンドゥー教に対する逆流を表すものであった。それは広く行なわれていたカースト制を拒んで、価値観の転換を表現した。タントリズムでは身体が賞讃された。身体は小宇宙と見なされたのである。伝統的なヒンドゥー教の男性的傾向とは対照的に、タントリズムでは次のようなことが言えるとエリアーデは述べている。「アーリア人流入後のインドの精神的歴史においてはじめて、偉大な女神が支配的な地位を獲得した。……ここには、女性の神秘に対する一種の宗教的再発見を認めることもできる」[22]。タントリズムが持つ異色さは、その修行に反映されていた。伝統的な宗教儀礼には見られない諸要素を用いることが多かったのである。ツィンマーはこう述べている。タントリズムは「いっさいのものの神聖さと清浄さを主張している。それゆえ、『五つの禁じられたもの』が……あるタントラ諸儀礼では聖餐の内容を構成するのだ。葡萄酒、肉、魚、乾燥穀物、そして性交である」[23]。これらは、「右道」として知られる諸学派では、儀礼のなかで象徴的に使われるが、「左道」においてはそのまま文字どおりに用いられる[*18]。

　それはそうと、現代におけるタントリズムの受け取られ方について、ジェイコブ・ニードルマン (Jacob Needleman) は適切にもこう述べている。「『タントリズム』という言葉を耳にした瞬間、西洋人の心には、狂気じみた毒々しい連想がわいてくる。それは結局のところ、心霊科学的フィクションと性的曲芸の寄せ集めを意味するものとなる。この性的曲芸の前では、現代の最も想像力たくましいポルノ製作者でさえ恥ずかしがり、この上なく過激な性の戦士たちの成し遂げてきたこともかすんでしまうだろう」[24]。一九六〇年代のニュー・エイジ運動と性の革命との出逢いから、西洋ではタントリズムに対する関心の増大が起こった。これには、習わしとなっている性的な修行に焦点を当てた「ハウ・トゥー」式マニュアルが付きものであった——しばしばこのプロセスのなかでは、タントリズムにおけるそうした修行が性の解放自体を目指すものではなく、輪廻からの解放のためになされる、と注釈された。

　ユングはタントラ・ヨーガに対する自分の考え方を以下のように明示した。

> インド哲学とは、つまり、他ならぬ非自我 (Nicht-Ich) の状態に対して与えられた解釈です。それは私たちの個人的な心理に影響を及ぼしますが、私たちからは独立したものであり続けます。インド哲学は、人間の発達の目的を、非自我の特異的本質と意識的自我に接近して両者を関係づける

ことだと考えます。では、タントラ・ヨーガはといえば、この人格ならざるものの状態および発達的諸相を表現しています。それ自身が独自のやり方で高次の超個人的意識の光を生み出すからです。[25]

行動主義による支配、実証主義者の実験にもとづく認識論、精神分析の台頭が心理学を特徴づけていた時代にあって、そしてまた発達的な諸相となれば、あの人格研究のすべてになりつつあったもの――子ども――以外とは関連づけられることがほとんどなかった時代にあって、クンダリニー・ヨーガは、ユングに西洋の心理学にほとんどまったく欠けていたもののモデルを提供した――高次の意識の発達の諸相に関する説明である。

クンダリニー・ヨーガ[*19]においては、身体は一連のチャクラcakrasに存するものとされている。すなわち、ムーラーダーラ(mulādhāra)、スヴァディシュターナ(svādhiṣṭhāna)、マニプーラ(maṇipūra)、アナーハタ(anāhata)、ヴィシュッダ(viśuddha)、アージュニャー(ājñā)、サハスラーラ(sahasrāra)である。これらは別々の身体部位に位置しており、ナーディ［脈管、通路］(nāḍīs)でつながっている。そのうちで最も重要なものが、イダー(iḍā)、ピンガラー(piṅgalā)、スシュムナー(suṣumṇā)である。ほとんどの注解者が、チャクラとナーディは現代の西洋的意味合いにおける身体の生理学を表現しているのではなく、微細《サトル》(subtle)な、あるいは神秘的な身体を表すものだと結論づけている。フォイエルシュタインはそれらについて、「理想的なサトル・ボディの構造を示すもので、ヨーガ行者が視覚化したり黙想したりする導きとなるものだ[26]」と述べた。

ユングの講義は、主としてチャクラを現代心理学的に解釈することに充てられている。ナレンドラ・ナート・バッタチャリヤ(Narendra Nath Bhattacharyya)は、チャクラについて、そのさまざまな構成要素を歴史的に積み重ねられてできたものと見ればいちばん理解しやすい、と述べている。

歴史的観点から見ると、蓮華(padmas)ないしチャクラは、もともとは生理学的研究のための人体解剖学の立場から考えられた、と言ってよいかもしれない。……次の段階になると、人体は小宇宙であるというタントラ的観念に呼応して、太陽、月、山々、川といったこの世の諸対象がそうしたチャクラと結びつけられた。今度は各チャクラは、粗大《グロス》(gross)な要素と微細《サトル》な要素とを表すものと考えられるようになったのである……神々は人体のなかに坐《いま》すのであり、大願を抱く者は身体そのもののなかに神を感じなければならない、というタントラ的考えに見事に合う。これらチャクラは男性的な原理、女性的な原理の座と考えられはじめ、男性的な器官、女性的な器官で象徴されるようになった。

> ……諸チャクラを支配している神々は、もともとはタントラの女神であった。……文字の理論、各々の文字が別々のタットヴァ[*20]［本質、真理、原理］(tattvas) を象徴しているという理論も付け加えられた。こうして私たちは、チャクラがみずからの質的に変容する能力のなかに示しているとされる、非常に精巧で複雑なプロセスの働きに出逢うのである。[27]

クンダリニーは、いちばん低位のチャクラ、ムーラーダーラで眠る、脊髄に巻きついた蛇というかたちで表現される。フォイエルシュタインはクンダリニーについて次のように言う。「根源的なエネルギー、つまりシャクティの、小宇宙における顕現である。それは有限な身体–精神と結びつきながら、宇宙的な力となる」[28]。目的となるのは、習わしとなっている修行を通してクンダリニーを覚醒させること、そして彼女がチャクラ・システムを通ってスシュムナー・ナーディを上昇していけるようにすることである。最上位のチャクラに達すると、シヴァ (Śiva) とシャクティ (Śakti) の至福の合一[*21]が生じる。これが人格の深甚な変容を結果する。[29]

ユングのヨーガとの出逢い

『ユング自伝——思い出・夢・思想』(*Erinnerungen, Träume, Gedanken*) のなかでユングは、第一次世界大戦の頃と重なる、彼の「無意識との対決」の期間がどんな具合だったか、次のように詳しく語っている。「非常に気の立つことがしょっちゅうあったので、私はヨーガをやってその情動を取り除かなければならなかった。しかし、自分自身のなかで何が起こっているかを知ることが目標だったので、落ち着きを取り戻して再び無意識との作業に取り組めるようになるところまでしかやらなかった」[30]。

ハウエルの英語の最終講義（付録3を見よ）のなかで、ユングは、東洋育ちのヨーロッパ人女性との出逢いを通してクンダリニーへの関心が目覚めた経緯を説明している。彼女は夢やファンタジーを報告したのだが、ユングはジョン・ウッドラフ卿の『蛇の力』を読むまではそれらを理解できなかった。『蛇の力』[31]は、「シャット・チャクラ・ニルーパナ」［六つのチャクラの説明］(Ṣaṭ-cakra-nirūpana) と「パドゥーカ・パンチャカ」［五重の足のせ台］(Pādukā-pañcaka) の翻訳から成っており、広範な注釈がついていた。[32]

主としてウッドラフの翻訳と注釈のおかげで、タントラ文献は西洋に知られることになった。[33] 彼は言う。「全世界(もちろん、そのような主題に関心のある人たちのことだが)がクンダリニー・シャクティについて語りはじめている」[34]、と。それは少なからず、ずっと嘲笑されてきた主題を彼が共感的に扱ったおかげだったのである。彼は自分の意図について次のように述べている。「私たち異邦人は、ヒンドゥー教徒の内側に入り込まなければならない。そして、私たちの目ではなく、彼らの目を通してその教義や儀礼を見つめなければならない」[35]。

ユングは、クンダリニー・ヨーガの象徴学から、当時の患者たちの呈していた奇怪な症候が実はクンダリニーの覚醒の結果であることがわかる、と主張した。そのような象徴学の知識は、もしもそれがなければ病気のプロセスの無意味な副産物と見なされてしまう多くのものを意味深い象徴的なプロセスとして理解せしめる、と彼は論じた。そして、症状がしばしば見せる奇妙な身体的局在性を詳細に解説した。[36] いわゆる精神疾患への生化学的アプローチが握っている覇権、プロザック*22のような「驚異の」薬剤の次から次への登場といった状況を考えると、ユングが行なったそうした諸状態における心因や象徴の意義の強調は、今なら当時よりずっとタイムリーである。R・D・レイン*23がこの点をめぐって次のように述べているとおりである。「ここでそうした立場を打ち破ったのが、ほかならぬユングであった。しかし、彼に従った者はほとんどいなかった」[37]。

インドの宗教に特に関わりの深いユングの論文には、「ヨーガと西洋」(“Yoga und der Westen”, 1936)、「東洋的瞑想の心理学」(“Zur Psychologie östlicher Meditation”, 1948)というふたつのエッセイ、およびツィンマーの一九四四年の著書『自己への道』(*Der Weg zum Selbst*)への序文がある。後者はユングが編者を務めた。[38] このトピックに関する彼の最大の仕事は、セミナーにおいてなされている——一九三〇、三一、三二年の「西洋の類例」(“Western Parallels”)セミナー(一九三〇年のものは付録1を見よ)と一九三二年のクンダリニー・セミナーにはじまり、一九三八〜三九年にチューリッヒ連邦工科大学で行なわれた、パタンジャリの『ヨーガ・スートラ』、「観無量寿経」(Amitāyur-Dhyāna-Sūtra)、「シュリチャクラサンバーラ」[聖チャクラ集](Shrichakrasambhara)への注釈に極まった。[39] 書物のかたちにはなったが、本セミナーにおけるユングの発言は、仮のもの、組立ての途上にあるものと考えておかなければならない。

一九三七年、彼は英国政府から、翌年のカルカッタ大学創立二五周年記念式典に招かれた。インドに三カ月間の旅をする機会を得たのである。そのとき彼は、アラハバード、ベナレス、カルカッタの各大学から名誉博士号を授与された。[40] 帰国すると、ふたつの論文にその印象を記した。「インドの夢見る世界」(“Die träumende Welt Indiens”)と「インドに教わること」(“Was Indien uns lehren kann”)である。[41] この旅に同行したファウラー・マコーミック[*24] (Fowler McCormick) は、タントリズム的なニュアンスを帯びたユングのある経験を次のように回顧している。

カーリー[*25] (Kali) の神殿は、ほとんどすべてのヒンドゥーの都市にたくさんあったのですが、そうした神殿をよく調べてみると、動物供儀の証拠が見つかりました。それらの場所は、ひどく汚れていました——床の上には乾いた血痕、そしてそこらじゅうに赤いビンロウの実の食べ残しがたくさんあったのです。そのため、赤という色は破壊性と結びつきました。そのときユングはカルカッタで、赤い色が強調された一連の夢を見はじめました。間もなくユング博士は赤痢に罹り、私がカルカッタにある英国の病院につれて行かなければならなくなりました。……カーリーの破壊性に対するこうした印象がより持続的なかたちで及ぼした影響としては、ユングが悪は否定的なものではなく肯定的なものだと確信する情緒的基盤を得た、ということがあります。……私の考えでは、インドでの体験の影響は、その後のユングにとってきわめて大きいものでした。[42]

「ヨーガと西洋」のなかでは、ユングは以下のように短く述べるにとどめている。

インドにとってのヨーガの意味については、何も言うつもりはない。個人的な体験にもとづいて知っているのではない何かにあえて判決を下すことなど、私にはできないからである。ただし、それが西洋にとって何を意味するかについてなら、なにがしか語ることができる。私たちが道を見失っていることといったら、心的な無政府状態に近い。それゆえ、どんな宗教的ないし哲学的実践も、帰するところは心理学的訓練、つまりは魂の健康法になる。[43]

このように、ユングの関心はダスグプタのそれとは対照的で、「哲学と宗教」としてのヨーガにあるのではなく、心理学としてのヨーガにあった。それゆえ、彼によるヨーガの定義は心理学的なものとなった。「ヨーガはもともと、自然な内向のプロセスであった。……そのような内向は、人格の変化という特徴的な内的プロセスをもたらす。数千年を経るなかで、こうした内向は徐々に技法として、さまざまな方法と知恵に則って組織化されてきた[44]」。ユングの関心は一義的には、標準的な組織化されたヨーガの方法や教えにではなく、その下に本来あると推測される自然なプロセスのほうにあった。この観点は、彼が以下のセミナーで取っている、前者への自由な態度を妥当なものにしている。ユングはヨーガが引き起こす内的なプロセスを普遍的と見ており、それを達成するのに使われる特定の方法を文化的に特異なものと考えていた。[45] ユングにとってヨーガは、内的な経験、とりわけ個性化[*26]のプロセスの象徴的描写に富む貯蔵庫であった。彼はこう主張している。「ヨーガ〔と分析心理学[*27]〕との重要な類似が明るみに出てきた。特にクンダリニー・ヨーガおよびタントラ・ヨーガ、ラマ教、中国の道教ヨーガの象徴学との類似が。豊かな象徴を備えたこうしたかたちのヨーガは、集合的無意識[*28]の解釈のための非常に価値ある比較材料を与えてくれる」[46]。ユングが目指したのは、内的体験の異文化間比較心理学であった。すなわち、彼は、みずからのアプローチを以下に見られるような東洋に対する固有の理解の仕方からは区別して、心理学的観点の特異性を対比的に示すことに関心を持っていたのである。つまり、ラーマクリシュナ[*29] (Ramakrishna) 運動やロマン・ロラン[47]のような唱導者による伝道、神智学者らの手になるような東洋の教えの西洋的流用版、ハウエルの歴史―実存的アプローチ、カイザーリングの英知の学舎による東洋思想の精神的価値づけ、との区別と対比である。

　ユングは東洋思想に関する全著述を通して、それらの研究を促し支持したが、次のように述べて、西洋人が実践しようとすることに対しては警告を発していた。「ヨーガにはたくさんの異なった種類のものがあり、ヨーロッパ人はそれによる催眠にかかってしまうことが多い。しかし、それは本質的に東洋的なものです。それが必要とする忍耐力を持っているヨーロッパ人はいませんし、ヨーロッパ人にふさわしいというわけでもありません。……ヨーガを研究すればするほど、それがいかに私たちから懸け離れたものであるかがわかります。ヨーロッパ人には真似ごとしかできず、ほんとうに利益となるものは何も得られません」[48]。ユングにとって、危険と感じられたのは一種の模倣狂のことであった。「ヨーガを実践しているヨーロッパ人は、自分が何をしているのかわかっていません。それは悪い効果を及ぼし、遅かれ早かれ彼に恐怖を感じさせるようになります。そして、ときには、狂気への一線を越えさせさえするのです」[49]。そこで彼はこう結論した。西洋は「何百年か経つうちに、みずからのヨーガを生み出すだろう。それは、キリスト教が据えた基礎を通して、ということになるだろう」[50]。

　西洋ではヨーガと瞑想の実践が発展を見たため、こうした発言は多くの批判を受けてきた。しかしながら、ユングの同時代人であるヨーガの著述家の著書には、洋の東西を問わず、そのような警告がしょっちゅう見られる。たとえば、ダスグプタはこう書いている。

　誰であれ、ヨーガの目指す目標に最終的に至りうる課程に系統的に取り組みたいなら、上級の師の厳格な実践的指導のもとで、そのことに人生のすべてを捧げなければならない。現在のやり方は、いかなる意味においても、そのよう

> な目的に対する実践的な導きになりえない。……ヨーガの哲学的、心理学的、宇宙論的、倫理的、宗教的なドグマは……本質的にはきわめて興味深いし、人類の思想の発展史のなかにきわめて確固たる位置を占めているのだが。[51]

同様にエリアーデは次のように述べている。

> 私たちは、西洋の学者にヨーガの修行をするよう勧める気はない（ちなみにそれは一部の素人がよく言っているほど容易ではない）し、さまざまな西洋式訓練法がヨーガ的方法を実践したり、ヨーガ的イデオロギーを取り入れたりするよう提案する気もない。別の観点を持つほうがずっと実り豊かなように思われる——つまり、そのような心の探求手段から得られる成果をできるだけ注意深く研究するのである。[52]

カイザーリングも、やはり以下のように、西洋がヨーガの実践を取り入れることには批判的であった。

> インドの呼吸法の訓練は、スワミ・ヴィヴェカーナンダ*30 (Swami Vivekananda) のアメリカでの講演を通して人気を獲得してきたが、それに助けられて高次の状態に至ったアメリカ人はひとりもおらず、かえって病院や療養所行きになる方が多い、というのがきわだった特徴である。これは非常に重要なことである。……最も害がない訓練法についてすら……ヨーロッパ人の体に相応しいかどうか、わかっていない。[53]

ヨーガに似た何かがキリスト教を基盤として登場するだろうというユングの結論もまた、次に示すような、西洋心理学のキリスト教的基盤に着目するカイザーリングの見方に近かった。

> インドの諸概念は、私たち西洋人には合わない。ほとんどが不適切である——ほかならぬ神智学者がこのことを証明している——それらとの内的な関係を獲得できる人はほとんどいない。さらに、私たちはみんな、生理的にキリスト教徒である。意識がそう認めようと認めまいと。だから、キリスト教精神のなかで生き延びているさまざまな教えはいずれも、異国産のもっと深遠な教義に比べて、私たちの最内奥のものを摑む機会に恵まれている。[54]

ヤコブ・ヴィルヘルム・ハウエル[55]

ヤコブ・ヴィルヘルム・ハウエルは、一八八一年にヴュルテンベルグで生まれた。ユングが生まれた六年後である。彼はプロテスタント神学の教育を受け、一九〇六年にバーゼル布教本部よりインドへ派遣された。リヒャルト・ヴィルヘルムと同じように、ハウエルは、自分が持っていった霊性よりも、インドで出逢った霊性のほうに強い感銘を覚えた。彼は後にこう回顧している。

> インドでの五年間の経験は、思いもよらないやり方で、私の宗教的視野を広く深くしてくれた。私はごく普通の意味の宣教師としてインドへ行ったのだが、別の意味の宣教師としてインドから戻ってきた。私は知ったのだ。私たちはただ自身のなかにあることを述べたり、証言したりできるだけであって、ほかの人が私たちの観点に改宗してくれることを期待する権利などないし、ましてや彼らを改宗させようと試みたりしてはいけないのだ、と。[56]

ハウエルは牧師の仕事の傍ら、比較宗教学の研究を請け負うことになった。これはオックスフォード大学の仕事を含んでいた。一九二一年、彼は牧師職を捨てて、チュービンゲン大学の講師を引き受けた。一九二七年にはインド学と比較宗教学の教授となり、広くこうしたテーマに関する研究を公刊した。ユングの関心を引いたのは、ほかでもない、「心理療法に照らして見たヨーガ」(“Der Yoga im Lichte der Psychotherapie”)という講演であった。ハウエルはこう語りはじめた。

> 私はたぶんこう言えるくらいはヨーガについて知っています。すなわち、全体として見れば、ヨーガは西洋の心理療法に驚くほど似ているのです(そこには根本的なちがいもありますが)。けれども、ヨーガの個々の部分を、西洋の心理療法のさまざまな方向性やその方法と専門的に比較するとなると――これにはすぐに注目したのですが――私には細かい知識がありませんし、とりわけ結論を出すための実験ができません。[57]

この講演では、その後、ヨーガの実際が説明され、心理療法との比較ということについては聴衆に任された。ハウエルは自分はインド学者であり、ヨーガと心理療法の異同について話し合える心理療法家を探している、と自己紹介した。この招待に応じたのが、ほかならぬユングであった。

ハウエルに対する評価は、各学者によって相当に異なる。ツィンマーはこう回顧している。

> ユングとの個人的なつきあいは一九三二年にはじまった。当時、別のインド学者が、医師―精神科医―心理学者の注

意をヨーガという主題に引きつけていた。彼は学者としても、性格面でも信用が置けない人物だったが、原始的な敵愾心と野心からなる、悪魔的で常軌を逸したバイタリティの持ち主であった。ところで、ユングは、中国の英知をめぐってリヒャルト・ヴィルヘルムと長い共同研究をした後、インド学者たちからも積極的に同じようなものを吸収しようとした。一九三二年春、ハウエルがチューリッヒでクンダリニー・ヨーガのセミナーを開催し、私はそのフォーラムにはじめて参加して、インドの伝統におけるヨーガの類型に関する講義を受け持った。[58]

対照的にフォイエルシュタインはこう述べている。「私はJ・W・ハウエルから……ヨーガとサーンキャの研究で非常に多くのおかげをこうむっているのだが……彼はインド思想に関する豊富な知識を有していただけでなく、西洋文化にも精通していた。……彼のすべての仕事の中心的テーマは宗教的存在としての人間ということで、ハウエル自身、誠実な神の探索者であり、神秘家であった」[59]。C・A・マイアー*31(Meier)はハウエルについて、「典型的にドライなドイツ人科学者」で「優れたサンスクリット学者」であり、「とてもいい奴」[60]だったと描写している。

クンダリニー・セミナーの発端

バーバラ・ハナー*32(Barbara Hannah)は次のように述べている。

インド学者J・W・ハウエルがチューリッヒを訪れてクンダリニー・ヨーガのセミナーを開いてくれたのは、ほかでもない、一九三二年秋のことであった。当時、彼はチュービンゲンで自身の専門分野の教授をしていた。クンダリニー・ヨーガには、どきどきするほど興味深い個性化プロセスとの類似が見られたが、完成されたインド哲学がヨーロッパの聴衆の前に示されるときいつもそうなるように、私たちはみんなひどく自分を見失い、混乱した。私たちはゆっくりとこのプロセスに連れていってくれる無意識に慣れていた。どの夢も、そのプロセスをほんの少し先までしか見せてはくれない。しかし、東洋は長きにわたってそうした瞑想技術を使い続け、それゆえに私たちが消化できるよりはるかに多くの象徴を集めてきた。そのうえ、東洋は私たちにとっての日常の現実をはるかに超えて、私たちの現在の三次元の生ではなく涅槃を目指している。ユングはグループのたいへんな混乱を目の当たりにした。グループは、クンダリニー・ヨーガに関するハウエルのすばらしい説明を非常に高く評価しながらも、消化することができなかったのだ。それゆえユングは、ハウエルの講義が終わるや、彼の英語セミナーの三回分をその心理学的注解の講義に当てた。おかげで私たちはみんな――その分、そうした経験から多くを得て――自分を取り戻すことができたのである。[61]

ハナーの言葉は、ユングのセミナーが、混乱した聴衆に治療的助言を与えるための自然発生的思いつきだった、という印象を与える。その後の論評者たちは、この説明を無批判に受け入れてきた。[62]しかし、これとは対照的に、やはりその場に出席していたマイアーは、こう言っている。ハナーはハウエルのセミナーが当惑を引き起こしたと感じたかもしれないが、自分にとってはまったく明晰なものだった、と。そして、全体が混乱したということもなかった、と付け加えている。[63]マイアーはまた、こうも述べた。ユングによる心理学的注釈は当初から予定されていた共同作業の一部だった。専門家としてのハウエルは、学者として哲学的、歴史的説明を行ない、ユングの心理学的解釈に基本的な支えを提供することになっていたのだ、と。[64]

ユングのセミナーがけっして単なる自然発生的な思いつきではなかったというさらなる証拠として、彼が一九三〇年と三一年にクンダリニー・ヨーガとチャクラの象徴学をめぐって講義を行なっている、という事実がある。[65]このうち一九三〇年の講義が、この主題をユングが公式に提示した最初だったのではないかと思われる（付録1を見よ）。一九三一年の講義のほうは、ほとんど一九三〇年のものの繰り返しなので、本書には収録していない。ほかに、日付がないユングの一連の草稿も存在している。それらは、セミナーで使うために入念に準備されていたことを窺わせる。[66]ユングはハウエルとの共同作業以前に、クンダリニー・ヨーガという話題で講義し、チャクラの象徴的解釈について語っていた。ハウエルとの共同作業は、ユングがこの話題に関する仕事をはじめる機会になったと言うより、それを拡大する好機となったのである。

一九三二年六月一三日、ハウエルは、チューリッヒの心理学クラブで「ヨーガの概観」（"Ueberblick über den Yoga"）と題する講義を行なった。ハウエルとの往復書簡を見ると、ユングがこうしたセミナーにおいて積極的なまとめ役をしていたことが、あらためてよくわかる。ハウエルの講義に関する言及で最も早い時期のものと思われるのは、エマ・ユング[*33](Emma Jung)の一九三一年一〇月一二日のオスカー・シュミッツ宛書簡である。そのなかで彼女はこう書いている。「ちょうど今、ハウエル教授とセミナーに関して手紙をやりとりしているところです。チューリッヒでやはり一週間にわたって講義をしていただくことになっているのです。教授は三月の後半はどうかとおっしゃっていて、テーマはヨーガの修行ということになると思います。あなたも参加なさいますか」[67]。ハウエルとユングが交わした最初の手紙のなかで、ハウエルはユングの新著献本に礼を述べている。「きっと、ご高著から、来たるセミナーに役立つさまざまなものも得られることでしょう。心理療法全体にとって、進むべき道は先生が指し示しておいでの方向にある、という強い印象を繰り返し抱いております。」[68]ハウエルはヨーガに関する出版予定の自著[69]にふれて、次のように書いている。

> 差し支えなければ、（先生の分析心理学と西洋向きに改変されたヨーガの諸要素とが非常に深い意味で同類であるという確信のもとに）私の新著を先生に献呈させていただけないでしょうか[70]。もしお望みであれば、校正刷りが届きしだい、お送りいたします。この本は遅くとも、私がチューリッヒでセミナーをさせていただく頃までには刊行されると思います。……もう一度申し上げておきたいのですが、私のセミナーにつきましては、できれば四月一五日から四月三〇日の間ということでお願いいたします。と申しますのも、その頃までなら哲学部の学部長の職務から離れていられるからです。[71]

ユングは、ハウエルが献本を望んでいるというニュースはうれしい驚きだと述べ、「私の見解とヨーガの間にある深い本質的な一致に気づいています」と返事を送った[72]。セミナーの時期に関しては、こう付け加えている。「先生のセミナーは、必要なだけの聴衆がその頃にこちらにいるのであれば、喜んで春に予定させていただきたいと存じます。しかし、そのような状況ではなさそうです。秋ということで調整させていただかなければならないでしょう」[73]。その必要な聴衆が集まるのは無理だったと見える。というのは、ユングがその後、ハウエルに次のように書き送っているからである。「予定のセミナーを秋に開催するというのはいかがでしょうか。もしそうさせていただければ幸甚です。その頃には、このセミナーに対する当地での関心は盛り上がっているでしょう。何日がよろしいかご都合をすぐお教えいただけると、非常にありがたいです。私どもといたしましては、一〇月はじめがいちばん好都合なのですが」[74]。ハウエルはこう返信した。「セミナーは秋でけっこうです。一〇月はじめで大丈夫です」[75]。数カ月後、ユングはハウエルに以下のように書き送っている。

> 先生の秋のセミナーにつき、先日、クラブで話し合いました結果、以下のようにご提案申し上げますので、ご意見をたまわりたいと存じます。現在の経済的状況を考えますと、セミナーを催すことはそれほど容易ではありません。今回は心理学クラブが開催のお世話をさせていただくことにし

まして、特に先生には会場を無料で提供いたします。私どもの講義室は定員六〇名です。会議では、ひとりあたりの参加費用は二〇フランを超えないことが望ましい、という考えが大勢でした。同様に、日数は一週間（六回の講義）を超えるのは望ましくない、という意見が強く出されました。今回の場合、セミナーが満席で一週間ということですと、先生への謝礼は一二〇〇フランになります。[76]やり方につきましては、少なくとも一時間の講義をしていただき、一時間ないし一時間半の質疑応答をお願いしたいと存じます。

　私は先生に今回の案に対するご意見を伺うよう申しつけられております。そうすれば、クラブがセミナー開催のための明確な方針を持てます。

　場合によってはドイツ語の講義と並行してお願いしなければならない英語の講義につきましては、まだ何も決まっていません。ご存知だと思いますが、アメリカの経済危機の影響は、まさに当地でも、訪れる人たちの数が激減したことのなかに感じられるようになりました。そうだとしましても、先生のために英語圏の聴衆を集めますことは不可能ではありません。しかしながら、そのためには、どうか時間と苦労を惜しまれずに、英語の聴衆向けの講義を毎回一時間してくださいますよう、お願いいたします。ドイツ語のセミナーでは、心理学的側面に関しまして、私がお手伝いをさせていただきます。[77]

　これを見ると、ハウエルは登録料金を受け取ることになっていたらしい。また、ユングの英語セミナーの参加者がアメリカの経済危機のために減っていたこと、二カ国語方式は収入を最大にするために用いられたことが見て取れる。夏の間に、ユングはハウエル宛に以下のように書き送った。

先生のセミナーに関する噂で、すでに大騒ぎになっています。ハイデルベルグのツィンマーが参加できるかどうか訊いてきました。個人的に面識がありますので、了承しました。しかしながら、ヘレラウのシュピーゲルベルグからも問い合わせがあり、先生のお名前が照会先としてあげられていました。私がシュピーゲルベルグ氏に関して知っている情報は、わくわくするようなものではありません。そこで、先生がこのシュピーゲルベルグなる人物、頭脳明晰なユダヤ人のようですが、に好感をお持ちかどうか、お伺いしたいのです。正直申しまして、私はいささか迷っており、雰囲気がどうなるか心配しております。しかし、先生はシュピーゲルベルグをご存知のようですので、結論は全面的にお任せしたいと思います。[78]

ハウエルの講義は「ヨーガ、とりわけチャクラの意味」（“Der Yoga, im besondern die Bedeutung des cakras”）と題されたもので、一〇月三日から八日にかけて行なわれた。ユングは一九三〇年の一〇月六〜一一日にドイツ語のセミナーをしたことがあり、同様に一九三一年の一〇月五〜一〇日にもドイツ語のセミナーが行なわれていた。したがって、ハウエルの講義は、形式と時期の点でこれらに続くものであった。

エマ・ユングの招きに応じて、ハウエルは講義の期間中、ユング邸に滞在した。[79] マイアーは、ハウエルのドイツ語セミナーは午前一〇時から正午までティー・ブレークをはさんで行なわれた、と述べている。ライヒシュタインによると、ハウエルの講義には三〇ないし四〇人、ユングのセミナーには四〇ないし八〇人が出席しており、後者についてはしばしば席を確保するのが難しかった。彼はこう回顧している。ユングのセミナーに参加するのは、現に出席している者の多くが独占的な雰囲気を保つことを望み、ほかの者が参加するのを妨げようとしたために難しかったのだ、と。ライヒシュタイン（ノーベル化学賞を受賞した）は結果的に、直接ユングのもとへ行って参加する許可をもらった。[80] 講義の後は毎回、ユング、ハウエル、トニー・ヴォルフが昼食をともにした。[81] ハウエル夫人は『蛇の力』のチャクラの挿し絵を拡大して模写しており、それが講義のために使われた。[82]

ハウエルによるドイツ語講義と英語講義は、同じ領域を扱ったものである。後者は前者の短縮版であった。ドイツ語講義では、彼自身による「六つのチャクラの説明」の独訳が提示されたが、英語講義では省略されている。

この講義が行なわれている間、それまでずっと進行していた、ユングのヴィジョンに関するセミナー[*34]は中断された。ユングも一〇月七日夜に、「タントラ・ヨーガに対する西洋の類例」（“Westliche Parallelen zu den tantrischen Symbolen”）と題する、概要的で図解的な講義を行なった。[83]

ハウエルの講義

ハウエルはヨーガの歴史的概観と自身の総合的なアプローチから話をはじめた。彼はヨーガを次のように定義した。「ヨーガは、ある問題の真の本質、内的構造を、動的な実体としての生きている現実のなかで把握すること、そしてその問題の法則を把握することを目指しています」[84]。彼は、クンダリニー・ヨーガの深さは、現実を「女性と男性の力の均衡した両極性」として見ていることにある、と主張した。[85] そして、その修行は次のように展開していくのだと言う。「まずは内的な現実が把握され、次いで、それをイマジネーションのなかに結晶化させるために象徴が用いられます。それから、六つのチャクラについて瞑想する、ほんとうの修行に入っていくのです」[86]。彼はそれを、パタンジャリの古典ヨーガおよびハタ・ヨーガ*35と好んで比較した。古典ヨーガとの比較では、神が人間の自己のなかに失われる傾向があると見ており、一方、ハタ・ヨーガに関しては、「中心的な諸力から離れて、より心的な、生理学的でさえある諸力へと導く心理－技術的傾向」[87]を見て取っていた。彼はこの傾向を以下のように説明する。

> 人は象徴について瞑想して、その内容を一部は知的に、一部は心的に我がものとします。そのようにして、ある種の心的変化へと至ります。つまり、ときとして、ある層に達することができるのです。魂の根本的発達が起こるような層に。ただし、これはしょっちゅうは起こりません。チャクラを外から扱う人たちが陥る危険とは、こうした心的プロセスの領域にとどまってしまうことです。……そうなると、彼らという存在の最内奥の構造における真の変化は起こらないでしょう。[88]

ハウエルにとっては、これがクンダリニー・ヨーガの理解を妨げる主たる障害物であった。彼は以下のように、これを克服するにはみずからの内的経験にもとづいて把握することが必要だ、と論じた。「私が内なる現実というものを理解できるとすれば、私自身のなかにそれがあって、なおかつ、下意識の深みから意識へと浮かび上がってきたその現実を見つめることができる場合のみです。もしも外から来たのだとすれば、それは私自身の意識のなかで無条件に生きているものになっていなければなりません」[89]。それゆえ、彼はこう述べたのである。「私ははじめに、インド的なものの見方から自分を大幅に解放しました。私は、私自身のやり方で私自身の観点から見なければ内なる意味には到達できない、ということを知っています」[90]。ハウエルのそのほかの講義は、クンダリニー・ヨーガとチャクラの象徴学の下に隠されている形而上学［物（身体）を超えたものに関する議論］の説明に費やされた。

　マイアーはこう回顧している[91]。ハウエルのドイツ語講義の調子はドライなもので、ティー・ブレークのときを除くと言葉を交わす時間はほとんどなかったが、対照的にユングのセミナーは活気を帯びていた、と。ライヒシュタインによると、ハウエルは狂信的な人物で、真の議論はまったくなかった。というのも、彼は「自分の見方にあまりにも確信を持って」いて、「彼自身が述べることしか受け入れなかった」からである。ライヒシュタインはユングのセミナーについては「非常に印象的」だと言っており、「開かれた議論のできる可能性」があったと述べた[92]。シュピーゲルベルグは次のように回想している。ユングは「インド学者たちに、インドのヨーガの修行について……またそうしたインドの体系と西洋心理学全体との相互関係について、たくさんの質問をしました。私はこのセミナーが、ヨーガ修行の深い心理学的意味をめぐってかつて語られたなかで、今なお最高のものだと思っています」[93]。この講義のニュースは遠くまで広がった。ハンス・トリューブ[*36](Hans Trüb)はすぐにマルティン・ブーバー[*37](Martin Buber)にこう書き送っている。「ハウエルのセミナーのことを語らせてください。全体的に見て、私にとっては、予想どおり刺激的なものでした。『プルシャ』ーアートマン[*38]は、私にはまったく新しい啓示だったのです――とりわけ、それに至る、私たちにとっては非常に異質な方法（クンダリニー・ヨーガ）が啓示的でした」[94]。

ハウエルの方法は、ユングのそれに影響を与えていたように思われる。ユングは自身のセミナーのなかで、参加者たちに、各々の内的な体験、すなわち個性化のプロセスにもとづいてクンダリニー・ヨーガを理解させようと試みていた。結果的に、彼らに提示されたクンダリニー・ヨーガの説明は、三重のフィルターを通したものであった――最初にウッドラフの翻訳と注解、次にハウエルのそれ、そして最後にユングのそれである。三者が用語法においても、含まれるプロセスの理解においてもしばしば不一致を示していることは、驚くにあたらない。それゆえ、会場での質問は、かなりの部分がこうした齟齬を問題にしていた。

ユングのセミナーの参加者にとって、セミナーが単に解釈学を学ぶ課程ではなく、特定の諸経験を引き起こすものだった点に注目することは、重要である。だからこそライヒシュタインは、自身がこのセミナーの最中と後にクンダリニーの蛇が動く夢を見たこと、そしてほかにも「少なくとも数人」が似たような経験をしたことを思い出したのだ[95]。

心理学とヨーガ――比較と共同作業の問題点

ハウエルは講義を終えて間もなく、ユングに次のような手紙を書いた。「チューリッヒでの一週間は、たくさんの刺激を与えてくれました。そして、私たちの共同作業の糸も少し強くなっていれば、と願っています」[96]。この気持ちは双方にあったらしい。なぜなら、ユングが「特別な意味を持つ私たちの共同作業を拡大したいものです」と返信し、ライン出版のダニエル・ブロディ(Daniel Brody)が彼に提案していた学際的な研究誌への参加を促しているからである[97]。

翌年、ハウエルはドイツ（ゲルマン）信仰運動[*39]を興した。ハウエルは著書『ドイツの神々の姿』(*Deutsche Gottschau*)のなかで、キリスト教という「異国の」セム民族的精神から解放してくれる、ドイツ人（ないしインド－ゲルマン語族）特有の宗教の登場を宣言した。ハウエルはこう述べている。「一九三三年七月のアイゼナッハの集会にはじまったドイツ信仰運動の新しい位相については、第三帝国の建国へ至った国民的運動との密接な関わりをふまえて理解しなければならない。後者と同じように、ドイツ信仰運動は、ドイツ民族の生物学的、霊的深みから噴出してきたものである」[98]。彼はそれを国家社会主義の公式宗教として認めさせようとしたが、うまくいかなかった。

一九三五年、ハウエルは、ユングの六〇歳の誕生日の記念誌にエッセイを寄せた。「思惟されうる主体に関するカントの教えと比較して見た、自己に関するインド－アーリア的な教え」（"Die indo-arische Lehre vom Selbste im Vergleich mit Kants Lehre vom intelligiblen Subject"）と題されたものである[99]。

ユングは一九三六年のエッセイ「ヴォータン」*40（"Wotan"）のなかで、ハウエルとドイツ信仰運動を自身のテーゼの実例として取り上げた。ドイツの政治的なできごとは、心理学的には古きゲルマンの神ヴォータンの活動の復活に由来するものとして説明できる、というテーゼである[100]。

一九三八年、ハウエルはチューリッヒの心理学クラブで再び一連の講義を行なった。三月七日から一二日の間のことで、「信仰の基本的源泉と宗教的な諸形態の発展」（"Der Quellgrund des Glaubens und die religiöse Gestaltwerdung"）に関するものであった。マイアーは、ハウエルが「例の旗（鉤十字）の象徴的意味」について講義し、「非常に厳しい批判と反対に遭った」と述懐している[101]。ハウエルとユングおよび彼のサークルとの間には、ドイツの宗教－政治的状況に関する見解の相違があり、そのために決裂するに至った[102]。この時期のハウエルの行動について、ミルチャ・エリアーデはこう回想している。「ショーレム*41から聞いたのですが、ハウエルはまだずいぶんと善人でした。というのも、彼はナチが迫害していた間にも、ユダヤ人の子どもを二、三人、あるいはユダヤ人の女の子をひとりだったでしょうか、養子にしたのですから。ショーレムが言うには、ハウエルはドイツにほとんどいなかったナチ体制シンパの学者のひとりでした。そのナチの体制に関して、ショーレムは、『私は何も反対行動は示していない』と言っていましたが[103]」。

ハウエルはその後の著書において、ヨーガと心理療法の比較をめぐるユングとの対話をひとりで続けた。『ヨーガ――インドの自己への道』[104]（*Der Yoga: Ein Idischer Weg zum Selbst*）の冒頭、彼は、ニュー・エイジ運動の登場や代替宗教の人気上昇に伴ってさかんに発せられるようになった問いを提起していた。

> この東洋の「救済への道」は、西洋人にとっても価値があるのか。あるなら、どの程度あるのか。この問題はなお流動的なままになっており、私はそれにすっかり気を取られてきた。西洋人が自分の「救済の道」のためにヨーガに取り組んだのは誤りだったのか。あるいは、危険すらあった

のか。こうした人たちは、唯一の「救済」への道として、どうして科学的研究や西洋式の作法、人生、行為のなかにある哲学的思索にこだわらなかったのか。西洋自身もその神秘主義のなかに内なるものへの道を持っているが、それはヨーガよりも役に立ったのか。なぜ「深層心理学」と心理療法を発達させることでは足りなかったのか。私たちは実際、東洋からの新しい衝撃を必要としていたのか、と。これらの問題は、チューリッヒにおけるC・G・ユングの「心理学クラブ」における講義と研究セミナーから発している[105]。

彼の見解によれば、ユングの分析心理学はひとつの整然とした方法になっており、それゆえに心理技術的外在化という危険に屈してしまっていた。それはヨーガが陥りうる危険であった[106]。『ヨーガ』では、ユングの仕事の批判に一章が割いてある。ハウエルはこう書いた。「私自身は、生得的で遺伝された『元型』[*42]という仮説には批判的な立場にある。とりわけ、『元型』というテーゼの宗教史的—経験的基盤はきわめて弱い、と言わなければならない[107]」。彼はまた、ユングのクンダリニー・ヨーガの解釈にも否定的な判定を下すようになっていた。「私見では、ユング派においては、タントラ・ヨーガの神話的イメージ群が、あまりにも性急に『元型』と混ぜ合わされている。これでは、どちらについてもはっきりと理解する助けにならない[108]」。

しかしながら、タントラ文献を解釈しようとすると、その構成の複雑さゆえの手強い問題が立ちはだかってくる。エリアーデはこう記している。「タントラ文献はしばしば『含みのある言葉』(サンダー・バーシャー sandhā-bhāṣā)、秘密でわかりにくい両義的な言葉で構成されている。こうした言葉のなかでは、意識の状態が性愛的な術語で表現されており、神話や宇宙論の言い回しはハタ・ヨーガ的な、あるいは性的な趣意に満ちている[109]」。そのため、以下のような状況に至るのである。

ひとつのタントラ文献を読むには、たくさんの鍵が要る。典礼の鍵、ヨーガの鍵、タントリズムの鍵、等々である。……文献を「ヨーガの鍵」で読むとは、それが言及している瞑想のさまざまな段階の暗号解読をすることである。タントラの意味するところはたいてい性愛的なものだが、それが実際の行為を指しているのか、性的な象徴ということなのか、判断しがたい。もっと正確に言えば、「実際の」ことと「象徴的な」ことを区別するというのは、微妙な問題なのである。タントリズムのサーダナ[*43]［成就法、行法］が目標としているのは、まさしく、いっさいの「具体的な」経験の全質変化[*44]、生理から典礼への変容なのだから[110]。

そこで、ユングの心理学的解釈の評価は、それが妥当なもうひとつの「鍵」と見なせるかどうかしだい、ということになった。そして、クンダリニー・ヨーガの研究者からも達人からも批判されてきたのである。ハロルド・カワード (Harold Coward) は次のように結論した。

ユングはクンダリニー・ヨーガを逆立ちさせて、最後のふたつのチャクラを「実用的価値のない不必要な思弁」として切り捨てる、という「綱渡り的な手品」を見せたのだが、東洋思想に関する今日のずっと進んだ知識からすると、これは受け入れにくい。ユングの「注解」がその当時達成し、そして今もなお行なっているのは、個性化のプロセスに関する彼の理解に付加的な洞察を与えることであり、クンダリニーを正確に記述することではない。[111]

クンダリニー・ヨーガの観点から、それ自身の社会歴史的コンテクストのなかでユングのセミナーを評価するとしたら、この批判は疑いもなく妥当である。しかしながら、ユングが行なったハウエルとの共同研究というコンテクストのなかで見れば、クンダリニーの正確な記述というのは後者の課題だった。ユングが目指したのは、クンダリニー・ヨーガの象徴に似た、おのずから現れてくる象徴の心理学的意味を解明することだったのである。この点に関して、ユングはある手紙のなかで次のように述べている。「〔西洋への〕東洋の侵入は、むしろ長い歴史を背景に持つ心理学的な事実です。その最初の兆候は、マイスター・エックハルト[*45]、ライプニッツ、カント、ヘーゲル、ショーペンハウエル、E・フォン・ハルトマンのなかに見出せます。しかし、それは私たちが扱っている実際の東洋とはまったくちがっており、集合的無意識の事実なのです。集合的無意識は遍在しています」[112]。つまり、ユングから見れば、西洋による東洋の「発見」は、集合的無意識の「発見」のなかに山場となる章が設定されていたわけである。ユングの心理学的解釈は、クンダリニー・ヨーガが、東洋と同一の様式はとらないにせよ、西洋においても似通った様式でおのずから現れてくる内的経験を体系化したものだ、という仮説にもとづく。このことは、クンダリニー・セミナー終了後間もなく、再開されたヴィジョンのセミナーにおいて交わされた、次のようなやりとりによって確かめられる。

ソウヤー夫人　しかし、私たちはいつも、チャクラのなかにクンダリニーを遠ざけていました。

ユング博士　そのとおりです。この場合、それらは一見、遠ざけられてはいませんが、ちがいはありません。クンダリニーの体系がとりわけインド的な産物であることを忘れてはいけません。ここでは、西洋のマテリアルを扱わなければならないのです。ですから、こう考えるのがおそらく賢明でしょう。私たちにとっては、これこそが現実的な資料であって、何千年にもわたって分化、抽象化されてきたインドのマテリアルがそうなのではない、と。[113]

そしてまた、ユングの注解の本質が、クンダリニー・ヨーガの術語をすでに意味が定まっていた心理学的概念に翻訳することにあったと見るならば、それも誤りだろう。なぜなら、クンダリニー・ヨーガの術語を分析心理学のそれに翻訳するなかで、後者は改変と拡大を被ったからである。基本的にチャクラの象徴学のおかげで、ユングは、心の元型的な地形学を発展させ[*46]、個性化のプロセスをそうした局地間におけるイマジナルな移行として語れるようになった。[114] そしてまた、個人の変容が可能になるにはそれに伴う存在論の変容が必要だ、という議論にも至った。彼の仕事はそちらに方向づけられたのである。クンダリニー・ヨーガと出逢った後、ユングは、西洋の宗教的伝統を扱った主著に錬金術[*47]とキリスト教の心理学的解釈を示した。[115] それらにおいては、彼のヨーガ研究が重要な指南力として役に立っている。錬金術の実際を理解する方法においても、また錬金術を身体と女性性に対する価値づけをふまえて見る観点においても。前者については、彼が次のように述べていることから確かめられる。すなわち、「錬金術を深く研究した者は誰でも、黄金の製造が真の目的ではなかったことや、そのプロセスがヨーガの西洋的形態であったことを知っています」[116]という言葉である。後者は、正統キリスト教に逆らう流れを代表するものとして、タントリズムに顕著に見られる関心事である。

経験的な見地から、ゴーピ・クリシュナ[*48] (Gopi Krishna) はユングの説明を批判している。

> この本〔『黄金の華の秘密』〕の注解におけるユングは、言説の明解さにもかかわらず、無意識に関する自身の理論にまったく没頭しているため、持論の確証となるマテリアルだけを見ており、それ以上のものは何も目に入っていない。似たようなことは、彼の催したクンダリニーに関するセミナーでも起こった。その記録のまとめは、ユング研究所で見ることができる。そこに居合わせた学者たちは、表明されている見解から明らかなように、誰ひとりとして、そのとき論じていた古代の記録の真の意義を少しもわかっていなかった。[117]

基本的に、クンダリニー・ヨーガの本来の理解の仕方とユングの解釈との間にある相違としてあげられるのは、前者にとって「六つのチャクラの説明」のようなテクストは、普遍的な個性化のプロセスの象徴的描写と言うより、まずは特異な儀式の実践によって起こる、経験と具現の深い変化を描いたものだということである。しかし、ユングの解釈がもっと一般的なレベルでぶつかる問題というのもあり、それはクンダリニー・ヨーガの術語を現代的概念に翻訳しようとする別の試みにも当てはまる。[118] そうした試みのなかで、術語は雑種《ハイブリッド》となった。結果として生まれた合成語は、もはや明確に「東洋的」でも「西洋的」でもない。[119] 結局のところ、ユングのセミナーは、以下の言葉に見られるような、彼が目指した目標によって評価するべきだろう。

> 西洋的な意識は、けっして一般的な意識ではない。むしろ歴史的に条件づけられた、そして地理的に限定された次元なのである。それは人類の一部しか代表していない。[120]

> 東洋の心理学の知識は、つまり、西洋の心理学を批判し客観的に考えるための不可欠の基盤を形成している。[121]

このように、ユングの考えでは、西洋心理学が東洋思想と出逢った、その結果というのは、けっして些細な問題ではなかった。なぜなら、その名に恥じない心理学の可能性そのものが、それにかかっていたからである。[122] このセミナーが――風向きが歴史的に大きく変わってきたなかで――今日も持ち続けている

妥当性は、何よりも、それがこの重大な問いを浮き彫りにし心理学の最重要課題として位置づけようとする方法に存している。私たちがユングの暫定的な解決を受け入れるにしても、受け入れないにしても、である。

原注

1 Jawaharlal Nehru, *An Autobiography*, London, 1939, 612.

2 ハウエルは"Der Yoga im Lichte der Psychotherapie"（心理療法に照らして見たヨーガ）について語った。*Bericht über den V. Allgemeinen Ärztlichen Kongress für Psychotherapie in Baden-Baden*, 26-29th April, 1930, edited by E.Kretschmer and W.Cimbal, Leipzig, 1930.

3 "Zum Gedächtnis Richard Wilhelms," *GW* 15, § 90. 別のところでユングは、植民地帝国主義の暴力が西洋に東洋思想を理解せざるを得ないようにした、と主張した。「東洋へのヨーロッパの侵入は、大規模な暴力行為であった。それは私たちに、東洋精神を理解するという義務——徳義上の義務——を残した」。"Kommentar zu *Das Geheimnis der Goldenen Blüte*," *GW* 13, § 84.［以下、英語版のみの注］正確を期すため、そう断ってあるところでは、*Collected Works of C. G. Jung* (*CW*) におけるハル(Hull)の英訳を修正してある。ハルによる英訳について考えるきっかけとしては、以下の私の論文を参照されたい。"Reading Jung Backwards? The Correspondence between Michael Fordham and Richard Hull Concerning 'The Type Problem in Poetry' in Jung's *Psychological Types*," *Spring: A Journal of Archetype and Culture* 55 (1994): 110-27.

4 西洋におけるヨーガの紹介を概観したものとしては、以下を見よ。Georg Feuerstein, "East Comes West: An Historical Perspective," in Feuerstein, *Sacred Paths*, Burdett, N.Y., 1991. 一般的な東洋思想入門については、以下を見よ。*Eastern Spirituality in America: Selected Writings*, edited by Robert Elwood, New York, 1987. モデル・ケースの研究としては、以下を見よ。Peter Bishop, *Dreams of Power: Tibetan Buddhism, the Western Imagination and Depth Psychology*, London, 1992.

5 とりわけ、以下の記念碑的研究を見よ。Raymond Schwab, *La Renaissance Orientale*, Paris, 1950.

6 後にゴーピ・クリシュナは、棒を擦って火を熾すというヴェーダの讃歌に対するユングの解釈を批判した。ユングはそこに、「まぎれもない性交の象徴」を見た（以下を見よ。*Wandlungen und Symbole der Libido*, Leipzig/Wien, 1912, *Psychology of the Unconscious*, translated by Beatrice Hinkle, *CW*, supplement B, §§ 243-45）のだが、ゴーピ・クリシュナは、「用いられている術語は、明らかにクンダリニーによって熾された火を指している」と述べている。Gopi Krishna, *Kundalini for the New Age: Selected Writings of Gopi Krishna*, edited by Gene Kieffer, New York, 1988, 67.

7 F. I. Winter, "The Yoga System and Psychoanalysis," *Quest* 10 (1918-19): 182-96, 315-35. ユングは書斎に、この雑誌の一九一〇年から一九二四年までのセット、一九二九年から一九三〇年までのセットを持っていた。

8 Hermann Graf Keyserling, *Das Reisetagebuch eines Philosophen*, 2 Bände, Darmstadt: Otto Reichl Verlag, 1919, 270. カイザーリングのインドとの出逢いについては、以下を見よ。Anne Marie Bouisson-Maas, *Hermann Keyserling et L'Inde*, Paris, 1978.

9 Ibid., 118f.

10 Ibid., 89. 以下のユングの言葉と比較せよ。「東洋は心的現実を、すなわち、経験の主要かつユニークな条件としての心を、みずからの基盤としている」。"Psychologischer Kommentar zu *Das Tibetische Buch der Großen Befreiung*," *GW* 11, § 770.（ユングの注解は一九三九年に書かれたもので、はじめて出版されたのは一九五四年。）こうした性格づけは、長い歴史がある東洋学者の考察に沿っている。そのなかでは、インド思想は夢見ているようなもの（ヘーゲル）、あるいはイマジネーションに支配されたもの（シュレーゲル）、と性格づけられていた。以下を見よ。Ronald Inden, *Imagining India*, London, 1990, 93-97.

11 Jung, *GW* 13.

12 この時期の学術的成果は、徐々に再評価されつつある。以下を見よ。*Heinrich Zimmer: Coming into His Own*, edited by Margaret Case (Princeton, 1994). *A Zen Life: D. T. Suzuki Remembered*, edited by Masao Abe, New York, 1986. ユングと仲間たちの間で互いに賞讃の言葉を贈り合うということは、しばしばあった。たとえばエヴァンス-ヴェンツは、みずからの訳した『チベットの大いなる解脱の書』（*Tibetische Buch der Großen Befreiung*）に対する注解をユングから受け取ったとき、ユングにこう書き送っている。「西洋における心の科学の第一人者」からの一文を加えることができるのは名誉なことだ、と（Evans-Wentz an Jung, 13 Juli 1939, *ETH*）。

13 Oskar Schmitz, *Psychoanalyse und Yoga*, Darmstadt, 1923.

14 Ibid., 65.

15 Jung an Schmitz am 26 Mai 1923. (Briefwechsel zwischen C. G. Jung und Oskar Schmitz 1921-31, *ETH*)

16 Mircea Eliade, *Yoga: Immortality and Freedom*, translated by Willard R. Trask, Bollingen Series LVI; reprint, London, 1989, 9.

17 Surendranath Dasgupta, *Yoga as Philosophy and Religion*, London, 1924, 124. プルシャという語は、しばしば「自己」（セルフ）」と訳されている。第二講の原注11および12を見よ。ユングは一九三八年にカルカッタに行ったとき、ダスグプタと逢った（Jung to Dasgupta, 2 February 1939, *ETH*）。翌年、ユングは、チューリッヒで講義してもらうようダスグプタを招いている。「心理学クラブでの先生の土曜日の講義のなかで、ヨーガの教える心身の関係についてお話しいただければ、ありがたいのですが。連邦工科大学での講義のテーマとしましては、『ヨーガ（なかんずく、パタンジャリのヨーガ・スートラ）の心理学もしくは哲学』ということでいかがでしょう」。（Jung to Dasgupta, 17 April 1939, ETH）ダスグプタは五月に心理学クラブで講義をした。

18 Eliade, *Yoga: Immortality and Freedom*, 4.

19 Feuerstein, *The Yoga-Sutra of Patanjali: An Exercise in the Methodology of Textual Analysis*, London, 1979, 1.

20 Vivian Worthington, *A History of Yoga*, London, 1989, 11.

21 Agehananda Bharati, *Die Tantra-Tradition*, Freiburug/Beisgau: Aurum, 1977, 20. ナレンドラ・ナート・バッタチャリヤは次のように記している。「タントリズムは初期の段階では、世界は幻想であるというヴェーダーンタ哲学に反対し、世界の現実性を認めていたが……〔後には〕それに付加された諸要素のためにヴェーダーンタと一致することとなった」。Narendra Nath Bhattacharyya, *History of the Tantric Religion: A Historical Ritualistic and Philosophical Study*, New Delhi, 1982, 14.

22 Eliade, *Yoga: Immortality and Freedom*, 202. タントリズムにおける女性の役割の再評価については、以下を見よ。Miranda Shaw, *Passionate Enlightenment: Women in Tantric Buddhism*, Princeton, 1994.

23 Heinrich Zimmer, *Philosophies of India*, edited by Joseph Campbell, London, Bollingen Series XXVI, 1953, 572.

24 Jacob Needleman, "Tibet in America," in Needleman, *The New Religions*, London, 1972, 177.

25 Zusammenfassung von Jungs Vorlesung "Indische Parallelen" vom 7 Oktober 1931, in *Bericht über das Deutsche Seminar von Dr. C.G.Jung, 5-10. Oktober in Küsnacht-Zürich*, edited by Olga von Koenig-Fachsenfeld, Stuttgart, 1932, 66-67. この講義と本書付録収載の同名の講義との関係については、三四ページを見よ。

26 Feuerstein, *Yoga: The Technology of Ecstasy*, Wellingborough, 1990, 258.

27 Bhattacharyya, *History of the Tantric Religion*, 324-25.

28 Feuerstein, *Yoga: The Technology of Estasy*, 264.

29 クンダリニーの覚醒について、魅力的に、みずからの体験にもとづいて説明されており、かつ明快な心理学的注解が付いた文献としては、以下を見られたい。Gopi Krishna, *Kundalini: The Evolutionary Energy in Man*, with a psychological commentary by James Hillman, London, 1970. クンダリニー・ヨーガの修行に関する包括的なガイドとしては、以下を参照せよ。Swami Satyananda Saraswati, *Kundalini Tantra*, Bihar, 1993.

30 Jung, *ETG*, 180. ユングがどういう種類のものを実践していたかは、知られていない。しかしながら、ファウラー・マコーミックは一九三七年のユングとの面接を回想して、ユングがハタ・ヨーガのシャヴァーサナ・アーサナ〔屍体位〕(śavāsana asana) に似ていなくもない方法を勧めた、と語っている。「ユング博士はこう言いました。ひどいストレスがあるとき役立つことのひとつは、寝椅子かベッドに横になること、ただ静かに横になって、邪魔な風が通り過ぎてしまうのを感じながら静かに呼吸をすることだ、と」。Fowler McCormick interview, Jung Oral History Archive, Countway Library of Medicine, Harvard Medical School, 17.

31 Arthur Avalon (Sir John Woodroffe の筆名), *The Serpent Power*, London, 1919. ユングの蔵書は初版のもので、あまり重要とは思われない注がたくさん入っている。ウッドラフは一八六五年生まれ。オックスフォードで学び、法廷弁護士になった。彼はカルカッタ高等裁判所の法務官であり、カルカッタのタゴール大学の特別研究員兼法学教授であった。一九〇四年から二二年にかけては、インド政府の常設諮問機関の委員、カルカッタ高等裁判所の定席判事を務めた。一九一五年にはナイトに叙せられ、一九二三年から一九三〇年にかけては、帰国して、オックスフォードでインド法律学の講師をした。一九三六年、死去。(*Who Was Who*, 1929-1940, London, 1941, 1485 より) 彼がユングと直接の接触をしたという証拠は見つかっていない。

32 「シャット・チャクラ・ニルーパナ」(六つのチャクラの説明)(Ṣaṭ-cakra-nirūpaṇa) は、一五七七年に編まれたプルナナーンダ・スヴァーミー (Purṇānanda-Svāmi) の「シュリ・タットヴァ・チンターマニー」[聖なる真理の如意宝珠] (Śri-tattva-cintāmaṇi) の第六章であった。

33 ハインリッヒ・ツィンマーはこう回顧している。「ジョン・ウッドラフ卿のずば抜けたライフ・ワークが、私の目をヒンドゥーの伝統の価値に開いてくれた。ジョン・ウッドラフ卿、別名アーサー・アヴァロンは、インド研究の先駆者にして、並ぶ者のない一流の著述家である。彼のたくさんの著作のおかげで、ヒンドゥー後期の伝統の膨大で複雑な宝物がはじめて利用できるようになった。宝物とはタントラ経典のことである。その時代は、ヴェーダ、叙事詩文学、プラーナ文学などの時代と同じくらい壮大で豊かだったのだ。タントラ経典は、インド的な知恵の最新の結晶、鎖を環にする不可欠の連結部分であり、仏教やヒンドゥー教の歴史における、あるいは神話学や象徴学における、無数の問題を解決する鍵となるのである」。"Some Biographical Remarks about Henry R. Zimmer," *Artistic Form and Yoga in the Sacred Images of India*, translated by G. Chapple and J. Lawson (Princeton, 1984), 254. (ドイツ語原書は *Kunstform und Yoga*, Berlin, 1926 であるが、そのなかには、ハインリッヒ・ツィンマーに関する伝記的記述はない。)[訳注　プラーナは「古い」の意で、プラーナ文学とは、神話的な特定の宗教物語を指す。通常は一八あるとされるが、実際にはもっと多い。ヒンドゥー教の重要な聖典の一種。]

34 Ibid., 639.

35 John Woodroffe, *Shâkti and Shâkta: Essays and Addresses on the Shâkta Tantrashâstra*, 3d ed., London, 1929, x. この本はユングの蔵書のなかにあった。

36 クンダリニー・ヨーガを意識の局在の問題と捉えたことについては、以下を見よ。C. A. Meier, *Bewußtsein. Lehrbuch der*

Komplexen Psychologie C. G. Jungs, Bd.III, Kap. IV, "Lokalisation des Bewußtseins," Olten: Walter, 1971.

37　R. D. Laing, *The Politics of Experience and the Birds of Paradise*, London, 1985, 137. ユングは、いわゆる病理的経験について、おそらくクンダリニーの覚醒が誤って認識されたものだろうと見ていたが、リー・サネラはこれを確かめて発展させている。Lee Sannella, *The Kundalini Experience: Psychosis or Transcendence?*, Lower Lake, Calif., 1992.

38　Jung, *GW* 11. さらに、一九五八年の久松真一によるユングへのインタビューが出版された。"Gespräch mit einem Zen-Meister", in *C.G.Jung im Gespräch: Interviews, Reden, Begegnungen*, Zurich, 1986 (herausgegeben von Robert Hinshaw und Lela Fischli). [訳注　久松真一は一八八九年、岐阜県の真宗の篤信家の生まれ。青年期にこの他力信仰と近代的理性の葛藤を経験し、西田幾多郎の思想と池上湘山の禅に解決を見出す。その見性は「無相の自己」という洞察に極まるが、その実践は京都大学学道道場から、後にはＦＡＳ協会へと広がっていった。一九五七年から五八年にかけてハーヴァード大学神学部で講じた折に、ユングやハイデッガーらと対談を行なっている。ユングとの対話は「無意識と無心」と題して、昭和三四年七月刊の雑誌『ＦＡＳ』に掲載され、『久松真一著作集』(理想社)にも収録されている。]

39　*Modern Psychology* 3. 一九三三年、ユングはベルリンで夢分析をテーマに一連のセミナーを行なった。そのなかでは、東洋と西洋の思想の対比がある役割をはたしており、またツィンマーがヨーガの心理学について語っている(*Bericht über das Berliner Seminar von Dr. C.G.Jung vom 26. Juni bis 1. Juli 1933*, Berlin, 1933)。さらに、一九三三〜三七年のエラノス会議で、ユングは以下のような、元型、個性化のプロセス、錬金術に関する大きな研究を発表した。このときの会議は、東洋と西洋の思想の対比が焦点となっていた。"Yoga und Meditation im Osten und im Westen"(*Eranos-Jahrbuch*, 1933), "Ostwestliche Symbolik und Seelenführung"(*Eranos-Jahrbuch*, 1934), "Westostliche Seelenführung"(*Eranos-Jahrbuch*, 1935), "Gestaltung der Erlösungsidee in Ost und West"(*Eranos-Jahrbuch*, 1936 und 1937). こうした対比は、その後も重要な役割をはたし続けた。連邦工科大学セミナーにおけるユングのもともとのドイツ語表現の記録が、最近拾い出されて詳細に調べられており、決定稿の出版準備が進んでいる。[序・訳注8を見よ。]

40　ベナレス・ヒンドゥー大学の記録事務次官は、一九六七年三月二八日付アンリ・エランベルジェ(Henri Ellenberger)宛書簡に、「Ｃ・Ｇ・ユング教授は、一九三七年一二月二〇日、本学にて名誉文学博士の称号を授与されました」と書いている。また、カルカッタ大学の記録事務官は、一九六七年五月一〇日付エランベルジェ宛書簡で、以下のように述べている。「一九三八年一月七日開催の特別評議会で、本学はチャールズ・ギュスターヴ・ユング博士に博士号(名誉)を授与しました（ご本人欠席で）。……ユング博士は体調不良のため、この評議会にはご出席になれませんでした」。Ellenberger archives, Hôpital Sainte-Anne, Paris.［訳注　アンリ・エランベルジェ（エレンベルガー）は名高い精神科医、精神医学史家で、その著『無意識の発見』（木村敏、中井久夫監訳、弘文堂）(*The Discovery of the Unconscious*, New York: Basic Books, 1970) で、フロイト、ユングらを嚆矢とする深層心理学、力動精神医学の発展の歴史を丹念にたどっている。］

41 Jung, *GW 10* (1939). ユングのインド滞在中のことについては、以下にさらなる説明がある。ETG, 277-288. ユングはセミナーで、インドでの経験に関する逸話をよく語った。彼はその後も、そこで出逢った人たちの多くと書簡のやりとりを続けた。

42 Fowler McCormick interview, Jung Oral History Archive, Countway Library of Medicine, Harvard Medical School, Boston, 25-26.

43 Jung, "Yoga und der Westen," *GW 11*, § 866. しかしながらユングは、インドを旅して以来、以下のように、この点に関して以前ほど慎重でなくなった。「タントラ・ヨーガは、インドではむしろ評判が悪い。それが体と、とりわけ性とつながっているからです」。*Modern Psychology* 3, 42.「ヨーガは今のインドでは主としてビジネスの案件になっており、それがヨーロッパにも伝わってくれば悲しいことでしょう」。ibid., 69.

44 Jung, "Yoga und der Westen," § 873.

45 ゴーピ・クリシュナによる自身の経験の説明を読んで、ユング派分析家、ジョン・レイヤードは次のように述べている。すなわち、彼のクンダリニーの覚醒に関する描写は、「私が私自身の『見せかけの経験』として述べたことにきわめて近い。同じような雑音と感覚がありました。それは実に恐ろしく、高度に神秘主義的な経験と区別がつかず、言うまでもなく精神－性的でした。あまりにも類似していたものですから、私は同種の何かが自分にも起こっていたのだろうかと思っています――ほとんど神的な経験の悪魔的な結果ということです。私たち西洋人は、真の宗教性をあまりにも欠いているため、その糸口がわからなくなってしまいましたし、よいものと悪いものをごちゃ混ぜにしすぎて、神聖な汚れの純粋さを見失ってしまったのです」。(John Layard to Anthony Stadeln, 17 October 1968; personal possession of Anthony Stadlen.)［訳注　ジョン・レイヤードは、一時ユングの弟子でもあった、英国の人類学者。］

46 Jung, "Yoga und der Westen," § 875.

47 Romain Rolland, *Prophets of the New India*, translated by Malcolm Smith, London, 1930.

48 Jung, *Modern Psychology* 3, 17.

49 Ibid., 71.

50 Jung, "Yoga und der Westen," § 876.

51 Dasgupta, *Yoga as Philosophy and Religion*, vii.

52 Eliade, Yoga: *Immortality and Freedom*, xvii.

53 Keyserling, *Reisetagebuch eines Philosophen*, 281. 一八九三年にシカゴ

で開催された世界宗教会議におけるスワミ・ヴィヴェカーナンダの講演は、たいへんなインパクトを与え、それに続く講義と相俟って、インド思想に対する関心を呼び起こすのに大きな役割をはたした。彼の講義は、以下のかたちで出版された。*Yoga Philosophy: Lectures Delivered in New York, Winter of 1895-96 by the Swâmi Vivekânanda on Râja Yoga, or Conquering the Internal Nature*, 5th ed., New York, 1899. また、以下も参照されたい。Eugene Taylor, "Swami Vivekânanda and William James," *Prabuddha Bharata* 91 (1896): 374-85. ユングの蔵書中には、ヴィヴェカーナンダの著書がいくつかあった。

54 Ibid., 165.

55 ハウエルに関する情報は、彼自身の著書および以下の包括的伝記（ハウエルの全著作の目録つき）による。Margerete Dierks, *Jakob Wilhelm Hauer*, 1881-1962, Heidelberg, 1986.

56 *The World's Religions against War. The Proceedings of the Preliminary Conference Held at Geneva, September 1928, to Make Arrangements for a Universal Religious Peace Conference*, New York, 1928, 60. ドイツ語版は以下のとおり。*Die Weltreligionen gegen den Krieg. Verhandlungen der einleitenden Konferenz zu Genf im September 1928, zum Zwecke der Vorbereitung einer religiösen Weltfriedenskonferenz*, Marburg/Lahn: Druckerei Bauer, 1929.

57 Hauer, "Der Yoga im Lichte der Psychotherapie," 1.

58 Zimmer, "Some Biographical Remarks about Henry R. Zimmer," in *Artistic Form and Yoga in the Sacred Images of India*, 259-60. ツィンマーの講義 "Einige Aspekte des Yoga" は、一九三二年六月一八日、クンダリニー・セミナーに先立って行なわれた。

59 Feuerstein, "The Essence of Yoga," in *Reappraisal of Yoga: Essays in Indian Philosophy*, edited by G. Feuerstein and J. Miller, London, 1971, b.

60 Interview with the editor, 30 June 1994.

61 Barbara Hannah, *Jung: His Life and Work: A Biographical Memoir*, New York and London, 1976, 206. ユングのセミナーの全般的背景については、以下を見よ。William McGuire's introduction to *Dream Analysis: Notes of the Seminar Given in 1928-30 by C. G. Jung*, Princeton, Bollingen Series XCIX, 1984.

62 Harold Coward, *Jung and Eastern Thought* (with contributions by J.Borelli, J.Jordens, and J.Henderson), Delhi, 1991, 110-11(引用はインド版より). John Clarke, *Jung and Eastern Thought: A Dialogue with the Orient*, London, 1994, 110.

63 Meier, interview with the editor: ハナーの混乱に関しては、付録3の一六三ページを見よ。

64 Meier, interview with the editor.

65 一九三〇年一〇月一一日のユングの講義は、インドの類例に関するものであった（付録1を見よ）。一九三一年一〇月七日、ユングは同じ領域をめぐって、同じタイトルの講義を行なった（ドイツ語でも）。以下を見よ。*Bericht über das Deutsche Seminar*

von Dr. C.G.Jung, 5-10. Oktober in Küsnacht-Zürich, 66-73. このことについて、エマ・ユングは、一〇月一二日付オスカー・シュミッツ宛書簡で、以下のように書いている。「このセミナーは、やはり盛況でした——危機的な時期であるにもかかわらず、ドイツからも多くの参加者があり、たいへん驚きました。さまざまな女性患者の絵とファンタジーが、再びとりあげられました。ただし、すべて『クンダリニー』の象徴を含むものです」。"C. G. Jung: Briefe an Oskar Schmitz, 1921-31," 94-95.

66 以下にあげるのが、ユングが直接これらのセミナーのために書いたと思われる草稿である。(1)"Tantrism"と題された、三ページの手書き草稿。(2)"Avalon Serpent"と題された、四頁の手書き草稿。これは *The Serpent Power* (1st ed.) の一～七六ページおよび二一〇～七二ページに関する言及と引用で構成されている。(3)"Chakras"と題された、三ページの手書き草稿。(4)"Die Beschreibung der beiden Centren Shat-chakra Nirupana"と題された、二ページのタイプ草稿——本草稿はアナーハタ・チャクラの記述の途中で途切れており、不完全なものと思われる。草稿(1)および(3)は「インドの類例」(付録1を見よ)のテクストに非常に近い。これは、ユングが直接それらをもとにして講義を行なったことを暗示している。ほかにも、"Tantr. Texts. VII Shrichakrasambhara"と題された、明らかに連邦工科大学における本文献の講義(*Modern Psychology* 3)用の二ページの草稿、および"Prapanchasara Tantra"と題された、主にツィンマーの *Artistic Form and Yoga* の二五～八七ページに関する言及と引用とで構成された、二ページの草稿がある。*Prapanchasāratantram* は以下の第一八巻であった。Woodroffe, *Tantrik Texts*, Calcutta, 1935, in *ETH*.

67 Emma Jung an Schmitz, 12 Oktober 1931, "C. G. Jung: Briefe an Oskar Schmitz," 95. シュミッツはその年のうちに亡くなったため、出席できなかった。ユングはシュミッツが書いた、以下のような川獺《かわうそ》のおとぎ話に序文を寄せているが、それはシュミッツへの追悼文のかたちになっている。"Märchen vom Fischotter" (in *Märchen aus dem Unbewussten*, Munich, 1932). 以下を見よ。*GW 18/II*, §§ 1716-22.

68 Hauer an Jung, 20 November 1931, in *ETH*. 件の本とは、おそらく以下の論文集だったろう。*Seelenprobleme der Gegenwart*(『現代の心理的諸問題』), Zürich, 1931.

69 J.W.Hauer, *Der Yoga als Heilweg*, Stuttgart, 1932.

70 ハウエルの著書 *Der Yoga als Heilweg* には、「C・G・ユング、人類のための新しい道の探求者」への献辞があった。この本とハウエルの *Die Bhagavadgita in neuer Sicht mit Uebersetzungen*, Stuttgart, 1934 はユングの蔵書中にあり、個人的な献辞が記されている。いずれにも余白への書き込みはない。

71 Hauer an Jung, 20 November 1931, in *ETH*.

72 Jung an Hauer, 30 November 1931, in ibid.

73 Ibid.

74 Jung an Hauer, 1 März 1932, in ibid.

75 Hauer an Jung, 22 März 1932, in ibid.

76 これはおそらく「一二〇〇フラン」にちがいない。一九三三年の心理学クラブのメンバー・リストには、六〇名のメンバーと二八名のゲストがあげられている。そのうち、およそ一二、三名は、スイス国外に居住していたようだ。セミナーに参加していたタデウス・ライヒシュタイン教授は、ハウエルのセミナーとユングのセミナーは両方を合わせたセット料金になっていた、と回想している (interview with the editor, 23 November 1994)。

77 Jung an Hauer, 10 Mai 1932, in *ETH*.

78 Jung an Hauer, 23 Juni 1932, in ibid. フリードリッヒ（後、フレデリック）・シュピーゲルベルグ (Friedrich [later Frederick] Spiegelberg) はハウエルの *Yoga als Heilweg* の書評を *Deutsche Allgemeine Zeitung* 71 (1932) に書いており、このセミナーには実際に妻とともに出席した。

79 エマ・ユングからハウエルへの手紙。以下に引用されている。Dierks, *Jakob Wilhelm Hauer, 1881-1962*, 283.

80 Reichstein, interview with the editor.

81 Meier, interview with the editor.

82 マイアーはそれらをユング研究所創設時に寄贈しており、今も残っている (interview with the editor)。ユングはそれらについて「とてもすばらしい」と述べている (Jung an Frau Hauer, 11 Januar 1933, in *ETH*)。

83 "Westliche Parallelen zu den tantrischen Symbolen," in *Tantra Yoga*, 153-58.

84 Hauer, *HS*, 1.

85 Ibid., 8.

86 Ibid., 14.

87 Ibid., 13. これらふたつのタイプのヨーガに関するハウエルの区別の仕方に、ツィンマーは反論している。彼はハウエルがちがいを強調しすぎていると主張した。同書、一五～一六ページを見よ。

88 Ibid., 14.

89 Ibid., 1-2.

90 Ibid., 19.

91 Meier, interview with the editor.

92 Reichstein, interview with the editor.

93 Frederic Spiegelberg interview, Jung Oral History Archive, Countway Library of Medicine, Harvard Medical School, Boston, 1-2.

94 Hans Trüb an Martin Buber, 27 November 1932, Buber-Archiv, Hebrew University of Jerusalem.

95 Reichstein, interview with the editor.

96 Hauer an Jung, 11 November 1932, in *ETH*.

97 Jung an Hauer, 14 November 1932, C. G. Jung, *Briefe*, Bd.1, 103. このプロジェクトは実現しなかった。ブロディはエラノス会議の記録である『エラノス年報』*Eranos Jahrbücher* の出版を手がけていた。

98 Hauer, "Origin of the German Faith Movement (Ursprung der Deutschen Glaubensbewegung)," in J. W. Hauer, K. Heim, and K. Adam, *Germany's New Religion: The German Faith Movement*, translated by T.Scott-Craig and R.Davies, London, 1937, 29-30.

99 *Die kulturelle Bedeutung der komplexen Psychologie*, herausgegeben vom Psychologischen Club Zürich, Berlin, 1935.

100 *GW 10*.

101 Meier, letter to the editor, 25 October 1993. ハウエルは三月一一日の日記に、その日の講義の主題はドイツの政治的状況の精神的、宗教的背景だと記している（以下に引用されている。Dierks, *Jakob Wilhelm Hauer, 1881-1962*, 297）。これがおそらく、マイアーの言及している講義だったのだろう。

102 ハウエルは三月八日の日記に、「この人たちにとって私は『ドイツ的』すぎるのだ」と書いている。これは以下に引用されている。*Jakob Wilhelm Hauer, 1881-1962*, 297.

103 Mircea Eliade interview, Jung Oral History Archive, 11.

104 Hauer, *Der Yoga: Ein Indischer Weg zum Selbst*, Leipzig, 1958.

105 Ibid., 5. ヨーガと心理療法を比較した文献は、非常にたくさんある。初期のものをふたつあげるとすれば、以下。Geraldine Coster, *Yoga and Western Psychology: A Comparison*, London, 1934. Alan Watts, *Psychotherapy East and West*, New York, 1961.

106 以下に引用されている。Dierks, *Jakob Wilhelm Hauer, 1881-1962*, 298.

107 Hauer, *Der Yoga*, 419.

108 Ibid., 421.

109 Eliade, *Yoga: Immortality and Freedom*, 249.

110 Ibid., 252. 含みのある言葉によって引き起こされる諸問題については、以下を見よ。Bharati, *Die Tantra-Tradition*, 168-90.

111 Coward, *Jung and Eastern Thought*, 123. カワードが言及しているのは、最後のふたつのチャクラは西洋人の経験を超えているのでその象徴学を詳説する必要はない、というユングの言葉である（本書一一五ページを見よ）。その成就はインドでは必ずしも普通のことではない、と付け加えてもよい。この文献は、John Borelli, "Annotated Bibliography of Jung and Eastern Traditions" も含んでおり、今でもユングとインド思想に関する最も有用な総合的研究書である。そこに焦点を当てている。また、John Clarke, *Jung and Eastern Thought: A Dialogue with the Orient* は、東洋思想に関するユングの著作をガダマー的な解釈学で説明しつくそうとしたものだが、うまくいっていない。ユングの東洋思想へのアプローチについて批判したものとしては、以下を見よ。Richard Jones, "Jung and Eastern Religious Traditions," *Religion* 9 (1979): 141-55. 肯定的に評価したものとしては、以下を見よ。F.Humphries, "Yoga Philosophy and Jung," in *The Yogi and the Mystic: Studies in Indian and Comparative Mysticism*, edited by Karl Werner, London, 1989, 140-48. ［訳注　ハンス－ゲオルグ・ガダマー

112 Hans-Georg Gadamer は、一九〇〇年、ドイツのマールブルグ生まれの哲学者。ハイデガー、ディルタイ、プラトンなどに拠りつつ、さまざまな対象に対する「哲学的解釈」を創始した。」Jung an A.Vetter, 25 Januar 1932, Jung, *Briefe*, Bd. 1, 120. ショーペンハウエルのインド論については、以下を見よ。Schwab, *The Oriental Renaissance*, 427-35. ショーペンハウエルはマイスター・エックハルトの著作をヴェーダーンタと比較している (ibid., 428)。仏教に関しては、以下のなかでとりわけ見事に扱われている。von Hartmann, *Philosophie des Unbewussten*, Berlin, 1870.

113 Jung, *The Visions Seminar*, vol.7, 30-31. リー・サネラもまた、西洋で自然に生じたクンダリニーの経験を説明するに際して、次のように、東洋での描写との著しい相違を強調した。「古典的なモデルによれば、クンダリニーは脊髄基部で目覚め、もしくは目覚めさせられ、体の中心軸をまっすぐ上方へと旅していき、頭頂でその旅を終える。……これとは対照的に、臨床的な図式では、クンダリニー・エネルギーは両脚と背中を上昇して頭頂に向かい、それから顔へと降り、喉を通って、腹部領域の終着点に至るのである」。Lee Sannella, *The Kundalini Experience: Psychosis or Transcendence?*, 106.

114 元型的地形学という問題については、以下を見よ。Edward Casey, "Toward an Archetypal Imagination," *Spring: An Annual for Archetypal Psychology and Jungian Thought* (1974): 1-33; and Peter Bishop, "Archetypal Topography: The Karma-Kargyuda Lineage Tree," ibid. (1981): 67-76.

115 Jung, *GW 11-14*.

116 Jung, *Modern Psychology* 3, 107.

117 Gopi Krishna, *Kundalini for the New Age*, 43.『黄金の華の秘密』へのユングの注解に関する批判的評価については、以下にあげる Thomas Cleary による新訳（および注解）を見よ。*The Secret of the Golden Flower: The Classic Chinese Book of Life*, San Francisco, 1991.

118 たとえば、それを現代のポスト・ダーウィン的な諸カテゴリーへと翻訳しようとするゴーピ・クリシュナ自身の理論的試みがある。以下の一節に見られるようなものである。「科学の言葉でいえば、クンダリニーは、人類の進化のメカニズムを表している」。Gopi Krishna, *Kundalini for the New Age*, 87.

119 ポストコロニアルなコンテクストにおける、ハイブリッドという概念の現代的意義については、以下を見よ。Homi Bhabha, *The Location of Culture*, London, 1993.

120 Jung, "Kommentar zum *Geheimnis der Goldenen Blüte*," *GW 13*, § 84.

121 Jung, "Geleitwort zu Abegg: 'Ostasien Denkt Anders'", *GW 18/II*, § 1483.

122 西洋心理学と東洋思想との出逢いについては、以下を見よ。Eugene Taylor, "Contemporary Interest in Classical Eastern Psychology," in *Asian Contributions to Psychology*, edited by A. Paranjpe, D. Ho, and R. Rieber, New York, 1988, 79-119.

クンダリニー・ヨーガの心理学

マイケル・スコット・モンタギュー・フォーダム
(1905〜1995年)
ありし日を偲んで

The Psychology of KUNDALINI YOGA
by C. C. Jung
edited by Sonu Shamdasani

図1　七つのチャクラ

7　サハスラーラ・チャクラ
6　アージュニャー・チャクラ
5　ヴィシュッダ・チャクラ
4　アナーハタ・チャクラ
3　マニプーラ・チャクラ
2　スヴァディシュターナ・チャクラ
1　ムーラーダーラ・チャクラ

すべて、アーサー・アヴァロン（ジョン・ウッドラフ卿）著　『蛇の力[*1]』より転載。

［編集部注］

英語版原書の図版は、画質が非常に悪くなっていたため、日本語版の図版は原出版社の許可を得て、
Lehrbuch Der Komplexen Psychologie C. G. Jungs : Bewußtsein (Band Ⅲ) by C. A. Meier
の口絵より転載した。

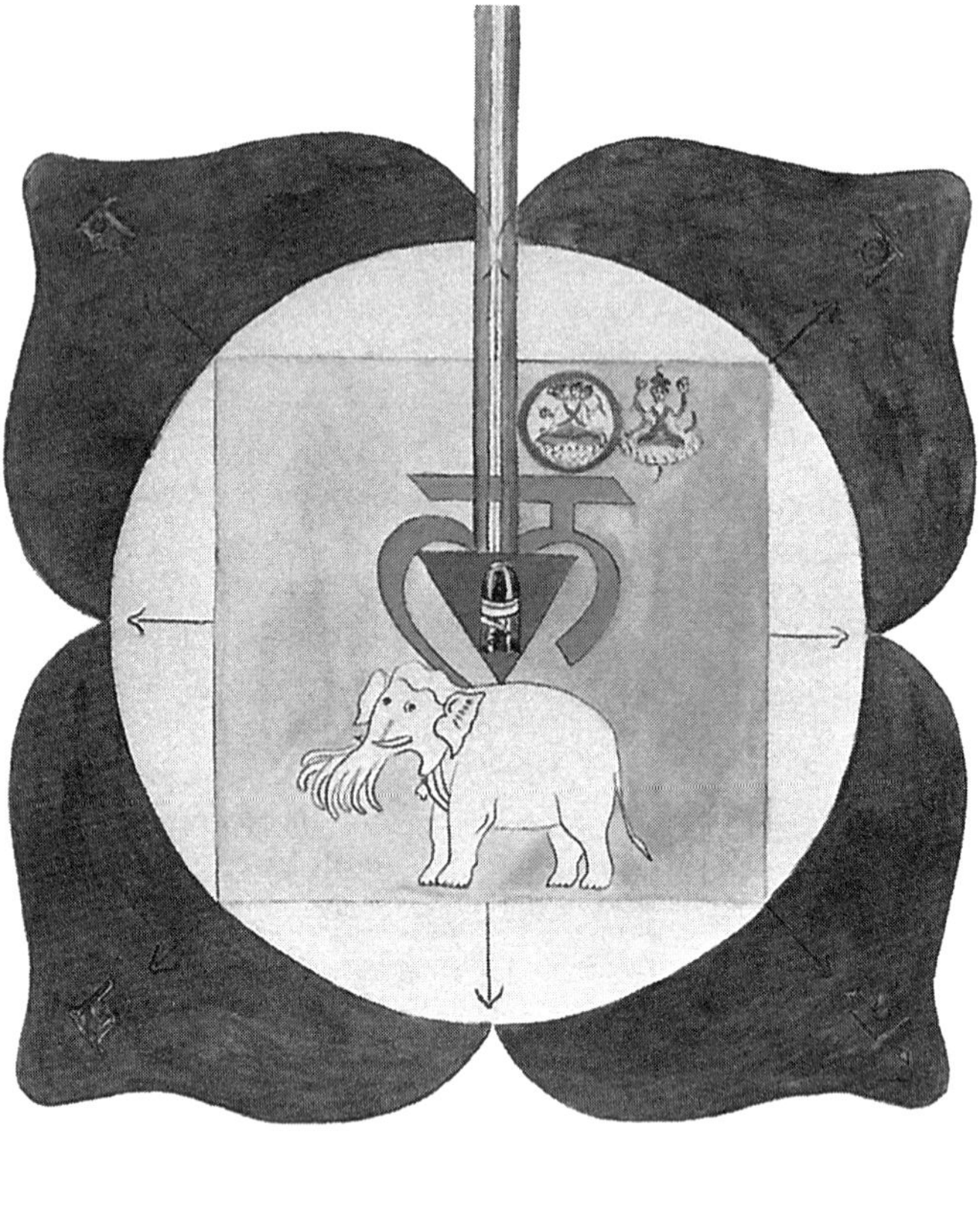

図2　ムーラーダーラ・チャクラ

図3　スヴァディシュターナ・チャクラ

図4　マニプーラ・チャクラ

図5　アナーハタ・チャクラ

図6　ヴィシュッダ・チャクラ

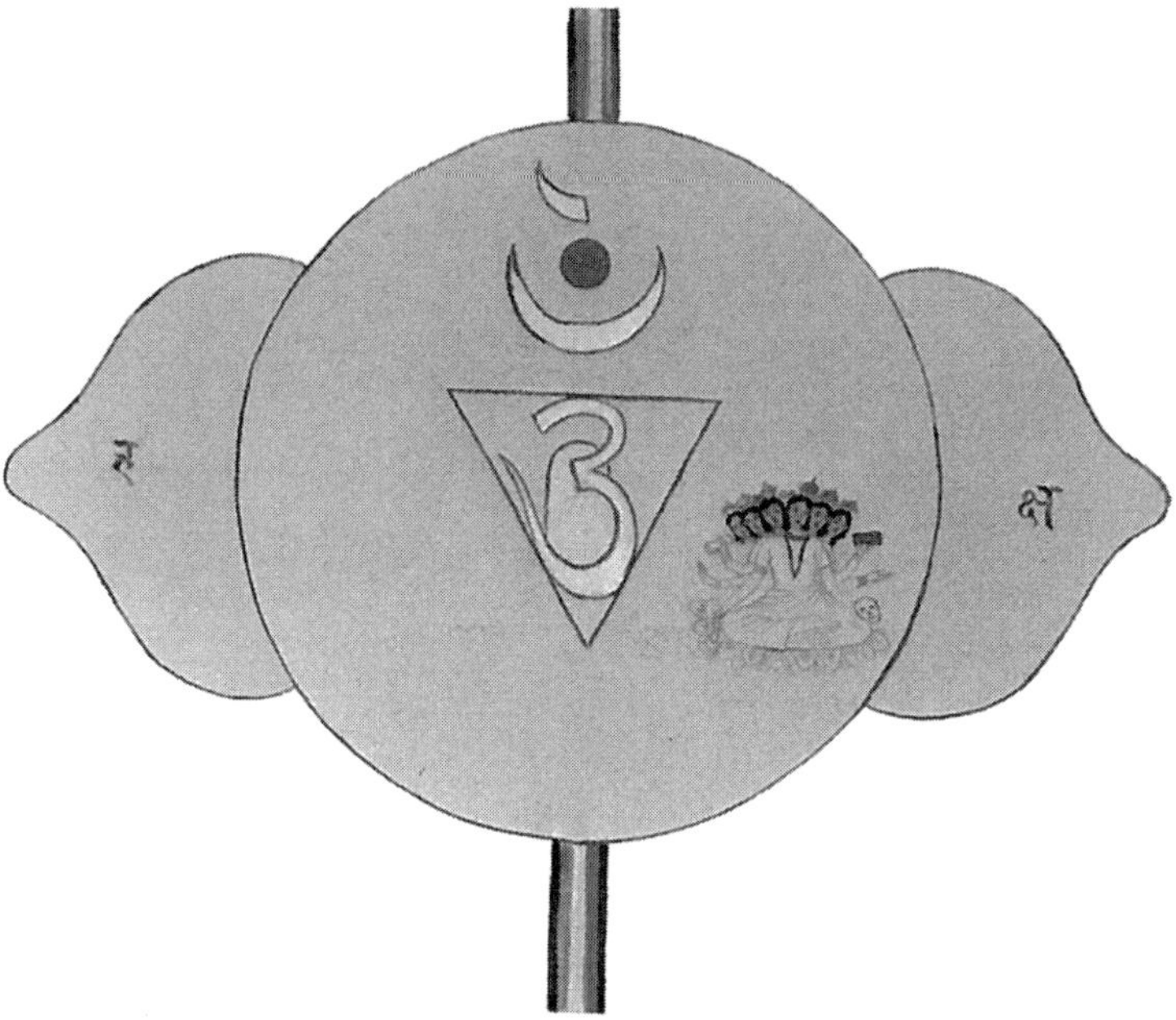

図7　アージュニャー・チャクラ

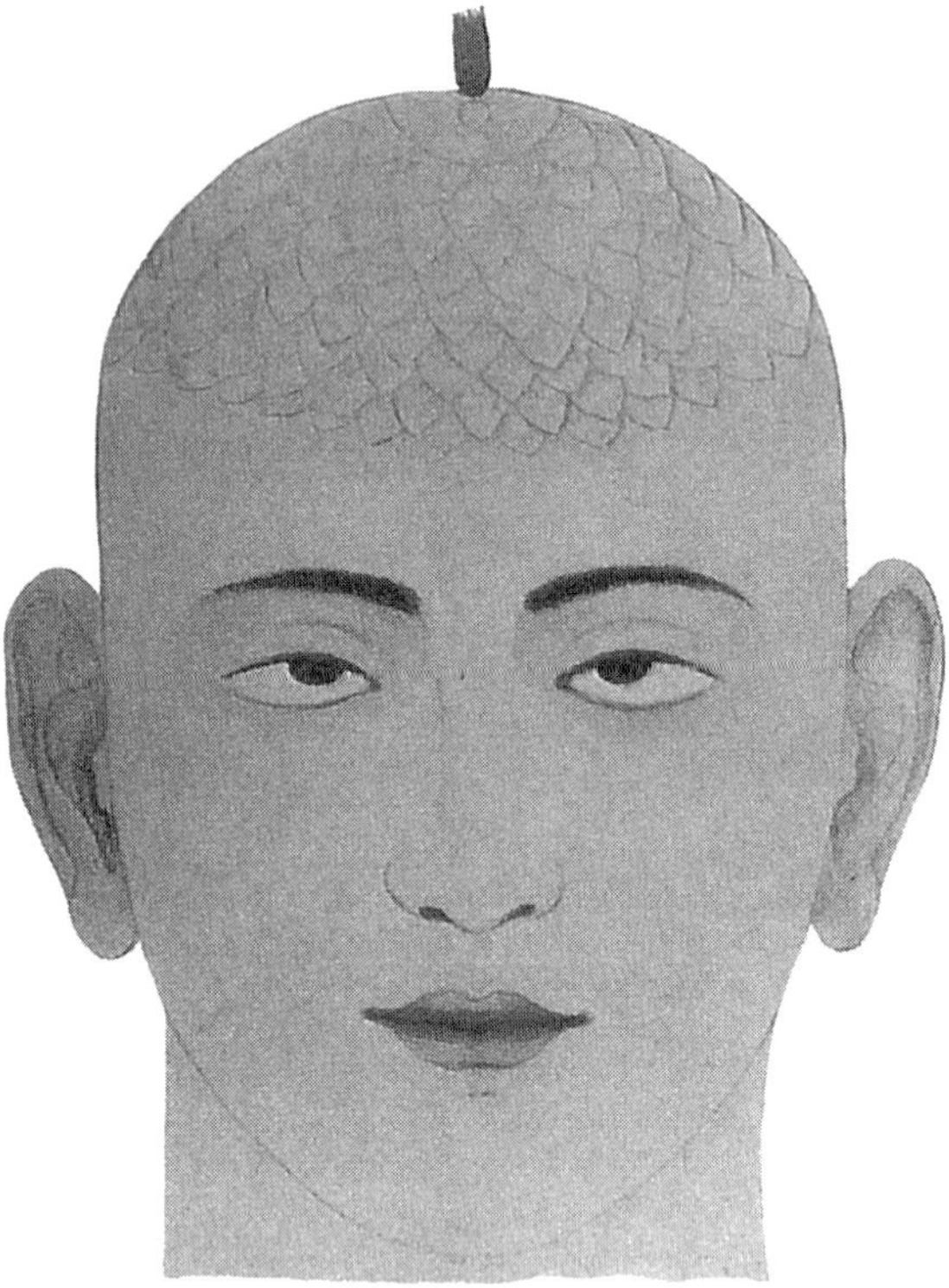

図8　サハスラーラ・チャクラ

第一講

一九三二年一〇月一二日

ユング博士　淑女と紳士のみなさん、私たちはタントラ・ヨーガ[1]のセミナーを聴き終えたばかりです。そうした催しでは誤解がつきものですので、なにがしかの時間を、みなさんがお持ちの疑問を議論し解明することに充てましょう。参加しておられなかった方々にも興味深いと思います。チャクラにつきましては、以前、私がお話ししたことがありますから。[2] それに、例のヴィジョン*1を追求するなかで、私たちはもう、そうしたタントラ・ヨーガにそっくりの象徴が働きはじめる段階に達しているのです。覚えておいでのように、私たちは、あの患者のヴィジョンが、自然でまったく自発的な発展のなかで、いかにして最初のマンダラ*2を出現させたか、を見てきました。春期のセミナーの最後の時間に、おのずから現れてきたマンダラをお目にかけましたね。輪のなかに子どもがいるマンダラです。そして、患者はその子どもと合一しようと試みていました。[3] それはマンダラに入ることであり、そこではもうタントラ・ヨーガの象徴学がはじまります。ですから、今この主題を論じることは、的外れではありません。それは私たちがここでしてきたことによく合っています。実際、これまでのセミナーが、私たちをタントラ・ヨーガの心理学に、つまり今まで私がマンダラの心理学と呼んできたものに導いてきたのです。

まず、ベイルウォードさんのこういうご質問をとりあげましょう。「クレシャ・アスミター［我見の煩悩］（kleśa asmitā）は『ひとつの人格になることの胚種を含んで』おり、クレシャ・ドゥヴェサ［憎の煩悩］（kleśa dveṣa）のほうは『ふたつの別々のものでありたいという願望』のこと、あるいは憎悪のことである、と私は理解しています。[4] ハウエル教授はそこで、人格や個別性のことをおっしゃっているのでしょうか。憎悪が個別性を築き上げたとき、その憎悪はいかにして根絶やしになるのでしょうか」。

なるほど、分割し区別したいという煩悩、ひとつの人格、ひとつの自我になりたいというクレシャ［煩悩］があります。そこには、憎悪という側面も存在します。クレシャとは衝動であり、リビドー[*3]が無意識からはじめて現れてくる自然かつ本能的な形態です。それは、最も単純な顕現形態をとった、心的エネルギーないしリビドーです。[5] さて、タントリズムの教えでは、ひとつの人格を生み出す衝動、中心を占め他の諸存在から分かれたものを生み出す衝動がある、とされています。区別のクレシャということになるでしょう。それは、西洋の哲学用語を使うなら、個性化の衝動ないし本能と言われるものです。

個性化の本能は、生のあらゆるところに見つかります。この世に個別的でない生はないからです。どの生の形態もひとつの分化した存在のなかに現れてくるということは、申すまでもありません。さもなければ、生はあり得ないでしょう。生にもともと備わっている衝動とは、できるだけ完全な個体を生み出すということです。たとえば、一羽の鳥は、まったくそれらしい羽毛と色を持ち、その種に特有の大きさになります。そう、エンテレケイア[*4]（entelechia）、実現への衝動が、人が自分自身になるよう自然に駆り立てるのです。自分自身になるチャンスが与えられれば、彼は非常に確実に彼ならではの形態に育つでしょう。もしも、彼が実は本来なるはずのものになっていくのを妨げる、多種多様な障害や禁止がなかったならば、の話ですが。つまり、人格の胚種を含むクレシャは、まさに個性化のクレシャとも呼ぶことができます。なにしろ、私たちが人格と呼んでいるものは、個性化のひとつの側面なのですから。たとえみなさんが自分自身の完全な実現には至らないとしても、少なくともひとりの人にはなります。つまり、なにがしかの意識の形態を持つのです。もちろんこれは全体にはなっていません。おそらくは単なる部分にすぎず、みなさんの真の個別性は、なおも衝立の後ろに隠されています――けれども、表面に現れているものは、たしかにひとつの構成単位です。人は必ずしも全体を意識していません。たぶん他の人たちは、みなさんが何者か、みなさん以上にはっきりとわかっています。個別性というのはいつでもあります。いたるところにあります。生きているものは、みんな個別的です――犬でも、植物でも、生きとし生けるもののすべてが――しかし、もちろん、その個別性を意識していることからは懸け離れています。犬はたぶん、その個別性の全体からすれば、きわめて限られた自己観念しか持っていないでしょう。ほとんどの人は、いかにたくさん自分のことを考えているとしても、自我なのです。それでも、彼らは一方で、まるで個性化でもしたかのように、個人でもあるのです。というのも、彼らはある意味で、人生のまったくはじめから個性化されているからです。けれども、それを意識してはいません。個性化はみなさんがそれを意識しているときにしか起こりませんが、個別性はみなさんの存在のはじめから常にそこにあるのです。

ベインズ夫人　例の憎悪、ドヴェサ［憎］（dveṣa）とどこで関係しているのか、わからなかったのですが。

ユング博士　憎悪とは分割するもの、区別する力です。ふたりが愛し合っているときも、それは同じです。つまり、彼らははじめ、ほとんど同一です。ひどい神秘的融即[5]（participation mystique）が生じているので、彼らが分離するためには憎悪が必要となります。しばらくすると、すべてが荒々しい憎悪に変わります。彼らは互いを引き離すために、敵対し合うのです――さもなければ、彼らは、まさに耐え難い共通の無意識のなかにとどまってしまいます。分析のなかでも、それは見て取れます。強い転移[6]があるケースでは、しばらくすると、それに見合った抵抗が生じてくるのです。これもまたなにがしかの憎悪です。

古代ギリシア人にとっては、フォボス（phobos）、つまり恐怖が憎悪のかわりでした。彼らは、はじめに生まれたのはエロスかフォボスだと言いました。その人の気性によりけりで、エロスだと言ったり、フォボスだと言ったりするのです。ほんとうのものは愛だという楽観主義者もいれば、ほんとうのものはフォボスだという悲観主義者もいます。フォボスは憎悪よりも強力に引き離します。なにしろ、恐怖があると人は逃げ出す、つまり危険な場所を後にしようとしますから。

私はかつて、あるヒンドゥー教徒から哲学的な問いをされました。「神を愛する者は、神を憎悪している者と比べて、最終的な救済に達するのにより多くの受肉が必要だろうか。それとも少なくてすむだろうか」と。さあ、みなさんなら、どうお答えになりますか。私はもちろん降参しました。すると、彼はこう言いました。「神を愛する者は、完全になるのに七回は受肉する必要があるでしょう。神を憎悪している者は三回だけですみます。なぜなら、彼はきっと、神を愛する者よりもずっと神のことを考え、神にこだわるだろうからです」。これは、ある意味で真実です。憎悪は途方もない接着剤なのです。ですから、私たちにとってはおそらく、ギリシアの定式であるフォボスのほうが、分離の原理としては憎悪よりベターでしょう。インドでは、ギリシアよりも神秘的融即が強かったし、今もなお強いのです。そして西洋は、東洋に比べて、区別する精神をたしかに強く持っています。すなわち、私たちの文明がギリシア的特質に多くを負っている以上、私たちには憎悪ではなく恐怖ということになるでしょう。

クロウリー夫人　しかし、一見したところ、チャクラの神々に見られる最も重要な印契[*7]は、恐れを払いのけるためのそれのようですが。

ユング博士　そうですね。しかし、神々は常に武器も携えており、武器はいかなる愛の表現にもなりません。

ヴォルフ嬢　ここに私の記録があるのですが、何がベイルウォードさんを混乱させたのか、わかるように思います。ハウエル教授はドイツ語ではhasserfüllte Zweiungとおっしゃいましたが、これは正確には、ふたつになることを意味しません。客体に対する主体になる、という意味です——ふたつのものがあることにはなるのですが。[6] 英訳ではあまりはっきりしません。

ユング博士　Entzweiungは分離を意味します。では、ご質問の残りの部分に移ってよろしいでしょうか。

ベイルウォード夫人　おうかがいしたいのは、ヨーガ行者は憎悪の状態が個別性を作る必要条件と考えているのだろうか、ということです。

ユング博士　そうです。ヨーガ行者はそう考えないわけにはいきません。なぜなら、申すまでもなく、ヨーガのプロセス全体が、古典ヨーガであろうとクンダリニー・ヨーガであろうと、個人をひとつにする傾向を持っているからです。ちょうど神が、ブラフマン[*8]（brahman）、つまり在でもあり非在でもある一者に似てひとつであるように。

ご質問はこう続きます。「では、憎悪が個別性を築き上げたとき、その憎悪はいかにして根絶やしになるのでしょうか」。

ヴォルフ嬢　ハウエル教授は、クレシャのふたつの側面に[*9]ついてお話しくださいました。[7] 不完全な状態——ストゥーラ［粗大］（sthūla）な側面——では、客体に対する主体となる衝動が憎悪と入り混じっています。しかし、スークシュマ[*10]［微細］（sūksma）な側面では、同じ衝動がひとつの人格になる力となります。

ユング博士　そうです。ストゥーラな側面とスークシュマな側面とは、常に区別しておかなければなりません。[8] それはこうした用語法全体のなかでも重要な、そして非常にわかりにくいことなのです。私はパラー［超越的、至高］（parā）な側面については語りません。それは、ハウエル教授が「身体［物］を超えたもの」[*11]（the metaphysical）とおっしゃっているものなのですから。正直に申しますと、そこまで行くと私にも霧が立ちこめはじめます——無謀なことはしないようにしましょう。ストゥーラな側面とは、まさに私たちが目にしているとおりのものごとです。スークシュマ〔微細〕な側面とは、ものごとについて私たちが推測すること、もしくは、観察された事実から私たちが引き出す抽象や哲学的結論です。自分自身を統合して自我になろうと努力しており、それゆえ互いに抵抗し憎悪し合っている人たちを目にしているとき、私たちはストゥーラな側面を見ているのです。そして、ドヴェサと呼ばれる憎悪のクレシャにしか気づいていません。しかし、もっと高い段階に至れば、この愚かな類いの憎悪、そうした個人的な抵抗のすべてが、非常に重要で深遠なものごとの外的な側面にすぎないのだと不意にわかります。

　臨床的な例をあげましょう。ある人が、妻や愛する人たちといつもうまくいかず、互いの間にひどい騒ぎや対立が起こると訴える場合、分析してみると、その人が憎悪の発作を起こしていることがわかるでしょう。彼は愛する人たちとの神秘的融即のなかで生き続けてきました。自分を拡大して、ほかの人たちそのものになってきたのです。これは個別性の原理に対する侵犯です。すると、ほかの人たちは、当然、別の存在であり続けるために抵抗します。私はこう言います。

「もちろん、あなたがいつもトラブルに巻き込まれるというのは、非常にお気の毒です。しかし、あなたはご自身のなさっていることがおわかりにならないのですか。あなたは誰かを愛し、彼らと同一化しておられます。そして、当然ながら、あなたの愛する対象を、ほかならぬご自身の自明なアイデンティティによって打ち負かし、抑圧しておいでなのです。あなたは彼らをあたかもご自身のように扱います。抵抗が生じるのは当たり前でしょう。それはそうした人たちの個別性を侵します。そして、あなた自身の個別性に対する罪です。こうした抵抗は、非常に有用かつ重要な本能です。つまり、あなたは抵抗、騒ぎ、失望に遭遇し、その結果、ご自身について意識化なさるかもしれません。すると、もう憎悪は消えてしまいます」

　これがスークシュマな側面です。

　これをすっかり理解すれば、人は納得し、思い悩むことはなくなるでしょう。換言すれば、彼には、自分がそれを愛したら間もなく憎悪するようになる、とわかっているのです。それゆえ、彼はティル・オイレンシュピーゲルのように、上り坂を行くときに笑い、下り坂になると泣くでしょう。[9] 彼は生のパラドックス――自分が完全にはなれないこと、いつも自分自身とひとつではいられないこと――を悟るでしょう。ひとつでありたい、生のなかで完全にはっきりとした境遇を得たい、私たちはそう思います。しかし、それはまったく不可能なのです――あまりにも一面的です。そして、私たちは一面的な存在ではありません。ご存知のように、分析のプロセスは、スークシュマな側面を、つまり理解というレベル、抽象、理論、知恵というレベルにある側面を説明することによって、憎悪を根絶やしにします。そう、粗大な側面においては、たとえば、悲しむべき習慣、我慢ならないムード、説明しがたい不一致であるものが、スークシュマな側面ではまったく別のものになる、ということを知るのです。

　続いて、ふたつ目のご質問です。「タットヴァ[10]［本質、真理、原理］（tattva）とサンスカーラ［行］[11]（saṃskāra）に相当する心理学概念はあるでしょうか」。そうですね、タットヴァ、つまりものごとの本質とは、心理学的にはやはり、ものごとのスークシュマな側面のことです。リビドーあるいはエネルギーという術語は、タットヴァの好例です。それは物質ではなく、ひとつの抽象です。エネルギーは自然界では目で見ることができません。実在しないのです。自然界に実在しているのは、滝、光、火、化学プロセスのような自然の力です。私たちはそこにエネルギーという術語を当てはめますが、エネルギーそれ自体は実在しません。発電所からそれを買えるという事実にもかかわらず、です。しかし、それはメタファーとしてのエネルギーにすぎません。本来のエネルギーは、物理的な力を、なにがしかの量の強度を抽象したものです。それはスークシュマな側面における自然の諸力の概念です。それらはそこではもはや現れではなく、タットヴァ、本質、抽象です。ご存知のように、東洋の精神は具象主義的です――それが結論に達したり抽象を作り上げたりするなら、その抽象はすでにひとつの物であり、ほとんど見たり聞いたりできそうなほどです――もう少しで触《さわ》れます。このプロセスは、私たちにとっとは、どちらかというとまがいものに感じられます。エネルギーのような概念がかなり知られるようになり、どんな労働者でもそれについて語っているのに、です。それに、みんなが当然ながら、こうしたエネルギーは瓶に入れられるものにちがいない――買ったり売ったりでき、それゆえ手で触れるものにちがいない――と思っています。ここにおいて、東洋精神のあの具象主義的性質が、私たちのなかに入り込んでいるのです。現実にはエネルギーは実体的ではないのですから。エネルギーとは、いわば慣行に従ったものごとの動き、あるいはさまざまな物理的、物質的プロセスの強度です。東洋では、誰であれタットヴァについて語るときには、それをすでに現に存在しているものと考えています。ご注目いただきたいのですが、完全な実在と考えているのです――まるで彼らにとってはタットヴァがほんとうに可視的になりうるかのように。タットヴァを見たことがある人がいるのかどうか、私にはわかりませんが、ありうることではありましょう。というのも、彼らはどんなに抽象的な概念でも視覚化できるからです。つまり、タットヴァは東洋では具象的なものなのですが、私たちにとってはスークシュマな側面を持っています――それは抽象、観念です。エネルギーの概念は、非常にふさわしい例なのですが、重力の原理、原子や電子の観念など、ほかにも同種の諸観念があることは言うまでもありません――これらはタットヴァに相当する概念です。心理学では、すでに申しましたように、リビドーでしょう。これもまたひとつの概念です。

次にサンスカーラですが、何か具体的なものとして理解するならば、私たちはまったく類例を持ち合わせておりません。私たちには、こうしたものを具象化することができません。それはまったくもって哲学的な教えであり、私たちにとってこの教えは、霊魂の移動、輪廻転生、もしくは何らかの先立つ諸条件があると信じるかぎりにおいてのみ、なにがしかの妥当性を有しています。遺伝の観念は、サンスカーラの観念と似ているでしょう。私たちの集合的無意識という仮説も同様です。子どもの心はけっして白紙ではありませんから。無意識の心は、諸々の元型的イメージの豊かな世界で満ちています。諸元型は、創造的なファンタジーの条件、法則、カテゴリーとなっており、したがいまして、サンスカーラに相当する心理学的概念です。ただし、ご注意ください。東洋的精神におけるサンスカーラの教義は、そうした定義からは非常に懸け離れていますから、たぶんヒンドゥー教徒は私の比較検討の試みに異議を唱えるでしょう。それでも、元型的イメージ群というのが、実際、私たちに理解できる最も近縁なものなのです。

ライヒシュタイン博士　ストゥーラな側面についてお訊きしたいのですが。私は、ストゥーラというのはより物理的な側面であり、スークシュマのほうは、抽象的なもののみならず、より心理学的な側面のことではないか、と思うのです。知性だけではそれを知覚できないわけですから。それは、物との特殊な種類のつながり方です。

ユング博士　まったくそのとおりです。ただし、物の心理学的側面とは、それらに関する哲学をも意味します。たとえば、椅子の心理学的側面を考えてみましょうか。椅子にはストゥーラな側面とスークシュマな側面の両方があります。椅子はひとつの物理的現象であり、それはストゥーラな側面ではそのようなものだとすぐわかります。しかし、スークシュマな側面においては、それほど明確ではありません――スークシュマな側面とは観念なのです。プラトン派による似像[*12] (eidolon) の学説においても、物の原像[*13] (eidos) とはスークシュマな側面を指しており、同じことです。しかし、プラトンにはなお具象化を見ることができます。彼は言います。いっさいの物は、一種の天上的な貯蔵庫に保存されている諸々の似像からの派生物ないしは不完全な模造品であり、その貯蔵庫には実在するすべての物の雛型があるのだ、と。つまり、私たちの経験的世界の諸形態は、すべてこうした似像から引き出されるということになるでしょう。この観念はスークシュマな側面です。あるいは、物の心理学とおっしゃっても差し支えありません。けれども、プラトンが実際に存在するものとして理解していたこのプラトン的諸観念は、私たちからすれば心理学的な概念ということになり、さもなければ単なる幻想か仮定にすぎません。なぜなら、物の雛型をほんとうにしまってある天上的な貯蔵庫があると仮定するにしても、私たちにはそのことに少しも確信がないからです。そういうふうに考えたからといって、その物ができてくるわけではありません。未開の心があるものごとについて考えた場合には、それはあるのです。たとえば、彼らにとって、夢はこの椅子と同じくらいリアルです。彼らはあるものごとを考えないよう、とても気をつけていなければなりません。考えたことは容易に現実になりうるからです。私たちには今でもそういうところがあります――自慢話をするや、木製品に触りますからね。[*14]

ディーボルド夫人　スークシュマな側面とは、カントの言う、物自体[*15]（das Ding an sich）に相当するのでしょうか。

ユング博士　そうです。可想体[*16]（noumenon）という言葉も同じように使っています。可想体とは、物の観念、物の精神的本質です。ご存知のように、カントはすでにきわめて批判的な人でした。『純粋理性批判』[12]（*Die Kritik der reinen Vernunft*）のなかで彼は、物自体とは純粋に否定的な境界的概念であって、まったくもって、そういうものが存在することを保証しているわけではない、と述べています。彼はこのような概念をただ、諸現象の世界の背後に私たちが一言も語れないものがあるという事実を表現するために作っています。しかし、彼は心理学の講義のなかで、可想体の複数性について語りました――たくさんの物自体（viele Dinge an sich）があると言うのです――これは彼の『純粋理性批判』[13]と矛盾しています。

クロウリー夫人　それは実はひとつの元型なのではありませんか。

ユング博士　元型です。プラトンの言う原像とは、もちろん元型のことです。元型という術語は聖アウグスティヌスに由来します。彼はこの言葉をそうしたプラトン的意味合いで用いました。彼はその点については新プラトン主義者でした。当時、ずいぶんたくさんの哲学者たちがそうであったように。ところが、彼らにとっては、それは心理学的な概念ではありませんでした。諸概念は具象化されていました――実体視されていた（hypostatized）という意味です。これは非常によい言葉ですね。ご存知のように、ヒポスタシス［実体］（hypostasis）はヒポテシス［仮説］（hypothesis）ではありません。仮説とは、事実の説明を試みるために私が作る考え、私が形成した観念です。しかし、私は常に、自分がただそう考えているにすぎないということ、自分の考えにはなお証拠が要るということを知っています。ヒポテシス（hypothesis）という言葉は、あるものの下にそこにないものを置くことを意味します。ドイツ語ではUnterstellungに相当します。私の知るかぎり、正確にそういう意味を持つ英単語はありません。これは英語で言えばassumption［仮定］となるかもしれませんが、そうでない場合には、insinuation［当てこすり」といった好ましからざるニュアンスも持っていること もありえます。さて、ヒポスタシス（hypostasis）は、下方に実体的である何かがあり、別のあるものがそれに支えられて上に乗っかっている、という意味です。

デル氏　ヒポスタシス（hypostasis）の語源は何でしょうか。

ユング博士　histemi はギリシア語の動詞で、立っている、ということです。そして hypo は、下方に、の意です。同じ語根は、ギリシア語のイコノスタシス（ikonostasis）に見られます。イコノスタシスとは、ギリシア正教の教会で、諸聖人の像が立っている、祭壇の背景のことです。聖人の像や絵はイコン（ikon）と呼ばれ、イコノスタシスはそれが立てられている場所、たいていは台座ですね、あるいはその像や絵が配置されている壁を指しています。実体視する（to make a hypostasis）とは、宙ぶらりんのものを作り出すことを意味します。基盤はありません。けれども、人はそれに基盤があるものと仮定し、これは実在のものだと言うのです。たとえば、タットヴァという観念を作り出して、これはけっして単なる言葉ではない、その下に何もないような一陣の風ではない、と。タットヴァとは精髄であり、何か実質的なものだ――何かがその下にあってそれを支えているのだ、というわけです。ヒポスタシス［実体］（hypostasis）は常に、あるものが実際に存在しているという仮定を含んでおり、自然な未開の心はいつでも実体視して（hypostatize）います。いくぶん迷信的である幼い頃には、私たちも実体視している（have hypostases）のです。

デル氏　重力を実体視すると、それが林檎を落下させるということになります。

ユング博士　そうです。そういうものがあると仮定すると、それが林檎を落とします。あるいはまた、たとえばカントは、神という仮定に関する有名な議論のなかで、「神はいる、神はいない」と言っています――誰かが神はいると述べるとしても、その人がそう述べているというだけのことであり、彼がそう述べているからといって、神がいることにはならないのだ、と。彼は神はいると述べることができますが、にもかかわらず神がいない可能性はあります。ところが、実体視している場合には、神がいると言えば、神の実在を考えていることになるのです。神を作ってしまうわけです。その結果、神は現実にいることになります。人は、あることについてこれこれだと断言するだけで、非常に不幸な状況をもたらすことができます。それがアニムスのすることであり、人がいつもアニムスを介して反論することです。「おお、私は……と思ったのです」――みなさんが火はちゃんと消したと思ったがゆえに、家は焼け落ちます。そういうふうに思ったのですが、不幸にも、家は焼け落ちてしまうのです。[*17]

ベインズ夫人　発見的学習の諸原理は、すべて実体視に陥ってしまいませんか。

ユング博士　やはり危険はあります。仮説がその適切さを証拠立てると、ひとつの真理、ひとつの実体になってしまいがちです――そして、私たちはそれが仮説にすぎないこと、こちら側の意図的、恣意的な理論にすぎないことをすっかり忘れてしまいます。

クラーネフェルト博士　フロイトの性理論[*18]は仮説と呼んでよいものでしたが、その後、ひとつの実体になりました。

ユング博士　そのとおりです。ある量の事実で証拠立てると、人はそれを真理にちがいないと思います。さて、以上はただ概念に関することにすぎません。タントラ・ヨーガにつきましては、心理学的側面からもっと説明を要することがありました。

ソウヤー夫人　チャクラについてお話しくださったとき、ハウエル教授は、各々の図像の内側だけをマンダラとお呼びになりました。チャクラ全体をマンダラと呼んではいけないのでしょうか。

ユング博士　かまいません。チャクラはときにマンダラとも呼ばれています。申すまでもなく、ハウエル教授はマンダラという言葉に、私たちのように専門的意味合いを付与してはおられません。教授は図像全体を、パドマ（padma）、すなわち蓮華、あるいはチャクラとお呼びでした[14]。マンダラという語は、輪ないし円を意味します。それはたとえば魔法の円であることもありえますし、ひとつの集成ということでもありえます。一連の章がマンダラと呼ばれる集成をなしているヴェーダ経典があります。たとえば、第三のマンダラ、第一〇章、第一五歌といった具合です――マンダラとはまさに集成の名前なのです。

ソウヤー夫人　しかし、教授は四角形をマンダラと呼んでおられました[15]。

ユング博士　そうですね。彼はそれをマンダラと呼んでいます。そして、当然ながら、何であれその内側にあるものもまたマンダラです。これこそが、あのラマ教の図像に見られるものです[16]。マンダラ、つまり蓮華は内側にあります。寺院、および四角形の壁を持つ回廊も同様です。これらはすべて、魔法の円にぐるりと囲まれていますからね。そして、神々は上方、山々は下方です。私たちが用いるマンダラという術語は、インドでは付与されていない重要性を担ってきました。インドではマンダラはヤントラ[17]（Yantras）のひとつにすぎません。ヤントラとは、ラマ教の儀式やタントラ・ヨーガにおける礼拝用具です。ご注意いただきたいのですが、タントラ学派はインドではほとんど知られていません――何百万のヒンドゥー教徒に尋ねてごらんなさい。それが何であるか、彼らはまったく知らないでしょう。まるでチューリッヒの名誉市民に、スコラ哲学の何たるかを訊くようなものです。彼らがそれについて知っているのは、ヒンドゥー教徒がタントラ・ヨーガについて知っているのと同程度です。そして、ヒンドゥー教徒にマンダラとは何かと問うならば、円いテーブルや、何であれ円形のものがマンダラだと言うでしょう。しかし、私たちにとっては特別な言葉です。タントラ学派という枠組みのなかにおいてさえ、マンダラには、それが私たちにとって有しているような重要性がありません。私たちの持っているマンダラの観念は、ラマ教、つまりチベットの宗教にきわめて近いでしょう。ところが、それは知りがたいもので、その経典はごく最近になってやっと翻訳されはじめました。一〇年にもならないでしょう。基本的な源泉のひとつは「シュリチャクラサンバーラ」[聖チャクラ集]、ジョン・ウッドラフ卿訳のタントラ文献です。[18]

バーカー博士　ハウエル教授は、水の領域にある第二のチャクラで人は無条件に人生に飛び込むのだ、とおっしゃいました。[19] しかし、あの領域は、私たちのはるか上方にあります。この解釈は信じがたい。なぜなら、青年が無条件に人生に入っていくときには、高いところから低いところに進むような感じだからです。

ユング博士　そういうご質問をなさるとき、あなたは「世界を混乱に陥れるもの」[20] (world bewilderer) の役を演じておられます。そこでは、実にひどい混乱を引き起こすものに触れておいでなのです。なぜなら、そのマテリアルを心理学の言葉に翻訳しようとすると、驚くべき結論に達してしまうからです。ムーラーダーラ・チャクラ (mūlādhāra chakra) を例にとりましょう。[21] それだと非常にわかりやすいと思います。その心理学的な位置は骨盤のなかです。みなさん、骨盤のなかのことならすっかり知っているとお考えですが、それなら、心理学的にはムーラーダーラとは何でしょうか。下腹部のなかにあって、性やあらゆる種類のかんばしからぬものと関係がある領域だ、とお考えでしょう。ところが、それはムーラーダーラではありません。ムーラーダーラはまったく別のものです。おそらく私たちは、まず第二のチャクラを見ておくべきでしょう。[22]

海の怪物がいる大洋は、チャクラ系においては上方にあります。しかし、現実には、それは私たちの心理では下方に見出されるのが常です——私たちはいつも無意識へと下降していきます。したがって、ムーラーダーラは、私たちが結論するようなものとはまったくちがっているにちがいありません。みなさんはムーラーダーラへ行ったことがありますか。何人かの方々は、無意識へ、大洋へと行ったことがある、そこでレヴィアタン[*19]を見た、とおっしゃるかもしれませんね。ほんとうに夜の航海[*20]をし、大怪獣と取っ組み合いをしたことがあるとしましょう。となれば、それはスヴァディシュターナ (svadhisthana)、第二のセンター、水の領域に行ったことを意味します。しかし、それなら、ムーラーダーラにも行ったのでしょうか。ここには大きな問題があります。私のムーラーダーラの概念を申し上げると、みなさんはきっと混乱なさるでしょう。おわかりのように、ムーラーダーラとは世界全体です。各チャクラ[23]は世界全体なのです。おそらくみなさんは、私がお目にかけたある患者の絵を覚えておいででしょう。その絵のなかで、彼女は木の根に絡みつかれて、それから光に向かって上方へと伸びているところでした。[24]さて、あの女性は、木の根のなかにあったとき、どこにいたのでしょうか。

答え　ムーラーダーラです。

ユング博士　そうです。そして、それは、現実にはどういう状態にあるのでしょうか。

ハナー嬢　それは眠れる自己[*21]（セルフ）ではなかったでしょうか。

ユング博士　もちろんです。自己はそのとき眠っています。では、どのような段階において、自己が眠っており、自我が意識を持っているでしょうか。それはもちろんここにおいてです。私たちがみんな理性的なちゃんとした人、つまりいわゆる適応良好な人である、この意識の世界においてです。あらゆることがスムーズに進んでおり、私たちは食事に行き、約束をします。ある国のまったく普通の市民であるわけです。私たちはなにがしかの義務を負っており、神経症にでもならなければ容易には逃げ出せません。自分の責務に気をつけていなければならないのです。ですから、私たちはみんな根にいます。根に支えられています。（「根本の支え」というのが、ムーラーダーラなる語の直訳です。）私たちはほかならぬこの世界では根にいるのです――たとえば、市街電車の車掌から切符を買うときや劇場で切符を買うとき、あるいはウェイターに料金を払うときに――それはみなさんがふれているとおりの現実です。そして、そのとき、自己は眠っています。これは、神々に関するいっさいのものごとが眠っているということを意味します。

さて、みなさん驚かれたと思いますので、そのような解釈がほんとうに正当かどうか調べてみなければなりません。私にもけっして自信はありません。ハウエル教授もすぐには同意してくださるまいとすら思っています。これらの問題に関しては、西洋人の心に合うようにするため、たくさんの心理学を必要とします。それを西洋的心性に同化させるよう努力し、あえて多くの失敗を重ねなければ、私たちは毒されるばかりです。なにしろ、これらの象徴には、ひどくまとわりつく傾向がありますから。それらはなぜか無意識を捕まえ、私たちにまとわりつくのです。けれども、私たちの体系にとってはなじみのないもの――異物――であり、私たち自身の心理の自然な成長と発達を妨げます。それは副次的な成長もしくは毒のようなものなのです。それゆえ人は、そうした象徴の影響を消し去るために、それらを支配し何らかの抵抗をするという、ほとんど英雄的な企てをしなければなりません。おそらくみなさんは、私が何を申し上げているのか充分おわかりにならず、ひとつの仮説とお考えでしょう。これは仮説以上のものです。ひとつの真理ですらあります。その影響がいかに危険か、私はほんとうにしょっちゅう見てきたのです。

ムーラーダーラは根であるわけですが、それが私たちの立っている大地だとしますと、ムーラーダーラはどうしても私たちの意識の世界でなければなりません。なぜなら、私たちはここにいて、この大地の上に立っているからです。ここにこの大地の全体があるからです。私たちは大地のマンダラのなかにいます。そして、私たちがムーラーダーラをめぐって述べることは、何であれ、この世界についても当てはまります。そこは人間が衝動、本能、無意識の犠牲者となるところ、神秘的融即の犠牲者となるところです。私たちは暗い無意識的な場所にいることになります。私たちは環境の不運な犠牲者です。理性は事実上、まったくと言っていいほど役に立ちません。そう、平穏なときが続き、重大な心理的嵐が起こらなければ、私たちは技術の助けを借りてなにがしかのことができます。けれども、それから嵐が、たとえば戦争や革命が起これば、いっさいは破壊されて、私たちはどこにもいなくなってしまいます。

さらに、この三次元空間にいて、もっともなことを語り、一見意味深いことをしているとき、私たちは非個人的です――大海のなかの魚にすぎません。次のチャクラに関する暗示はときどきあるだけです。ある人たちのなかでは、日曜の朝ごとに、あるいは年に一度だけ、たとえば聖金曜日に、何かが作動します――なんとなく教会へ行きたくなるのです。多くの人たちは、かわりに山へ、自然のなかへ行きたいという衝動に駆られます。そこのところで、彼らは別の種類の情動を経験しているわけです。さて、これは、眠り姫の微かな覚醒です。つまり、説明のつかない何かが無意識のなかで動きはじめます。下に隠されていたなじみのない衝動が、彼らにただ当たり前のことではない何かをするよう強いるのです。ですから、自己、心理学的非自我が眠っているのは、この世界の最もありふれた場所――駅、劇場、家庭、職場――においてなのだと考えてよいでしょう――そこでは神々は眠っています。私たちはといえば、そこではまさしく理性的であるか、無意識的な動物と同じくらい非理性的であるかです。そして、これがムーラーダーラです。

そうであるならば、次のチャクラ、スヴァディシュターナは、海で象徴される無意識でなければなりません。その海には、人を絶滅の危機にさらす巨大なレヴィアタンがいます。さらに私たちは、これらの象徴を男性が作ったということを覚えていなければなりません。古いかたちのタントラ・ヨーガは、きっと男性の作品です。ですから、多くの男性心理学が含まれているものと思ってよいでしょう。したがって、第二のチャクラに大きな半月があっても驚くには当たりません。それはもちろん女性の象徴です。また、すべてのものがパドマ、つまり蓮華のかたちのなかにありますが、この蓮華はヨニ[25]［女陰］（yoni）です。（パドマはまさにヨニ、つまり聖職者による女性器の呼称であり、メタファーです。）

ソウヤー夫人　ハウエル教授は、その三日月は女性の象徴ではなく、シヴァ[26]に属するものだ、とおっしゃいました。

ユング博士　東洋にとってはそうです。ヒンドゥー教徒にこれらのことを尋ねるならば、ムーラーダーラをスヴァディシュターナの上に置いてよいとはけっして認めないでしょう。彼らの視点はまったくちがいます。彼らに太陽のアナロジーについて訊くと、やはり同じように否定するでしょう。とはいえ、太陽神話の象徴学[*22]がそこにもあることは示せます。

クロウリー夫人　彼らの象徴学は私たちのものと同じではありえません。彼らの神々は大地のなかにいます。

ユング博士　然り。ご存知のように、ヒンドゥー教徒は、この世にいないときが正常です。したがって、もしもこれらの象徴を同化するなら、もしもヒンドゥー的心性に入り込むならば、みなさんはまったく逆さまになってしまいます。まったくの誤りです。彼らは上方に無意識を持っていますが、私たちの場合は下方です。何もかもが正反対です。私たちの地図では、どれを見ても南は下ですが、東洋では南が上で北が下です。そして、東と西は入れ替わっています。まったくあべこべなのです。

さて、第二のセンターは、無意識の特徴であるあらゆる属性を有しています。したがって、ムーラーダーラ的あり方を脱すると水のなかに至るものと思ってよいでしょう。私の知っている男性で、分析は受けていない人なのですが、彼はこのことを表す興味深い夢を実によく見ていました。夢はすべて同じものでした。彼は気がつくと、ある道路、あるいは小さな通りか小径に沿って移動しています。自動車に乗っているか、歩いているかのどちらかです——夢はいつもそのような移動ではじまりました——それから、驚いたことに、こうした道はすべて必ず水中へ、第二のチャクラへと続くのでした。

それゆえ、秘儀宗教がまずはじめに要求するのは、水に、洗礼の泉に入ることであるのが常でした。いかなるものであれ、高次の発達へ至る道は、水をくぐり抜けていきます。それは怪物に呑み込まれる危険をはらんでいます。今の私たちなら、キリスト教の洗礼にはそれは当てはまらないと言うでしょうね——洗礼には何の危険もありません。けれども、ラヴェンナにある正教会の洗礼堂の美しいモザイク画（四世紀ないし五世紀はじめのもので、当時、洗礼はまだ秘密の儀式でした）を研究してごらんになれば、その壁に四つの場面が描かれているのがおわかりになります。ふたつはヨルダン川におけるキリストの洗礼を描いたものです。そして第四の絵は、聖ペテロが嵐の湖で溺れている場面です。そして、救い主が彼を助け上げています。[27] 洗礼は象徴的な溺水です。ロシアには、それを実際に行おうとして、ときに人が溺れてしまうまで水に沈める宗派があります。それは、そのなかから新しい生命、新生児が現れてくる、象徴的な死なのです。参入者はしばしば、その後でミルクを与えられます。アッティス[*23]の教団で行なわれていたのと同じように。アッティスの教団では、人は洗礼の後、小さな赤ちゃんのように八日間ミルクで養われました。そして、新しい名前をもらったのです。[28]

ですから、スヴァディシュターナ・チャクラの象徴学は、溺れたりマカラ（makara）に呑み込まれたりする危険ともども、水による洗礼という世界中で見られる観念です。今日、私たちは、海とかレヴィアタンなどと言わずに、分析ということを口にします。それは同じように危険なものです。人は水のなかに入り、そこでレヴィアタンを知ることになります。それが生の更新か破滅かのもとになるのです。そして、このアナロジーが妥当であるならば、太陽神話のアナロジーも妥当であるにちがいありません。洗礼の物語はすべて太陽神話なのですから。ご存知のように、午後の太陽は、老いて弱くなっていきます。それゆえ、彼は溺れるのです。彼は西方の海に沈み、水の下を旅して（夜の航海）、朝、東方に再生して現れます。ですから、第二のチャクラは、洗礼のチャクラないしマンダラと呼べるでしょう。もしくは、再生のチャクラ、破滅のチャクラです——洗礼の結果起こることなら何を名前に使ってもかまいません。

このチャクラの詳細についてもなにがしかは言えます。燃え立つような赤はよくわかります。ムーラーダーラはもっと暗く、血の色、暗い情欲の色をしています。ところが、スヴァディシュターナのこの朱色は、はるかにたくさんの光を含んでいます。これが実は太陽の盛衰とも何か関係があるとすると、日の入りか日の出の間の太陽光線かもしれません——暁の色や最後の太陽光線の色は、やや湿った感じの赤です。そうであれば、第二のチャクラの後には、新しく生まれた生命の現れ、光と強度と高い活動性の現れが期待できましょう。それがマニプーラ[29]（manipūra）です。しかし、そのセンターのことを語る前に、この第二のチャクラについて余すところなく述べておくべきでしょう。東洋ではこれらのチャクラが足下ではなく上方に置かれるのですが、これは奇妙な事実です。私たちなら、ムーラーダーラを上に置くでしょう。それは私たちの意識している世界だからです。そして次のチャクラが下になるでしょう——これが私たちの抱く感じです。私たちは実際、上の方ではじめるのですから。すべては入れ替わっています。私たちは意識している世界からはじめます。つまり、こう言ってよいでしょう。私たちのムーラーダーラは下方の腹部にあるのではなく、上方の頭部にあるのかもしれない、と。おわかりのように、そうなるとみんな逆さまになります。

ソウヤー夫人　しかし、無意識のなかでは同じことです。

ユング博士　ああ、無意識では両極が相接する（les extrêmes se touchent）ということですね。そこでは、いっさいが、然りでもあり否でもあります。そこでは、ムーラーダーラは、下方にあるのと同じように上方にもあるのです。タントリズムのチャクラ系においても同様のことがあります。最高のセンターであるアージュニャー[30]（ajñā）とムーラーダーラとの間には、どんな類似があるでしょうか。とても重要なことなのですが。

フィールツ夫人　シャクティとシヴァの合一です。[31]

ユング博士　そうです。クンダリニーは、ムーラーダーラにおいては、眠り姫の状態でリンガと合一しています。[32]同じ状況が、上方のアージュニャー・センターでもはっきり見られます。女神が神のもとへと帰り着き、彼らはまたひとつになります。彼らは再び創造的な状況にいることになるのですが、ムーラーダーラのときとはまったくちがうかたちをとっています。彼らは下方で合一しているように、上方でも合一しています。つまり、このふたつのセンターは入れ替え可能なのです。

　おわかりのように、この体系を私たち自身に適合させるには、そうしたものを同化する前に、自分がどこに立っているのかを知らなければなりません。私たちにとって、それは一見、あべこべです。つまり、私たちは無意識へと上がっていくのではなく、降りていきます――それが深みへの下降（katabasis）です。いつでもそうなのです。昔の秘密の儀式は、しばしば地下で執り行なわれました。古いキリスト教のそれは祭壇の下の地下室――地下教会――で行なわれた、ということがわかります。これはミトラ教*24のスペレウム［洞窟］（spelaeum）と同じ観念です。スペレウムというのは、ミトラの儀式が執り行なわれた洞穴ないしは部屋のことです。それは地下にあるのが常で、そうでなければ、ほんものの岩屋でした。アッティスの儀式も岩屋で行なわれました。ベツレヘムにあるキリストの生まれた岩屋は、スペレウムと呼ばれていたといいます。[33]そうして、みなさん思い出されるでしょう。今、ローマにある聖ペテロの教会は、かつて牡牛の供儀（taurobolia）、すなわちアッティス崇拝における血の洗礼が行なわれていた場所にあります。そしてまた、アッティスの教団の高位の司祭たちは、パパ（Papas）という称号を持っていました。以前はローマの一司教にすぎなかったローマ法王が、その称号を引き継いだのです。アッティス自身、死んで復活する神です――ほんとうの歴史の流れがわかりますね。

バウマン氏　ハウエル教授はこうおっしゃいました。ふたつの道を通って人は無意識に行くことができる――左へ行くか右へ行くかだ。一方を行くと、人は怪物に遭遇して呑み込まれる。もう一方を行くと、海の怪物に背後から近づいて攻撃することができる、と。[34]

ユング博士　それはヒンドゥーの体系における高度な技巧で

す。私たちは、このマテリアルの大雑把な輪郭を消化し同化できたらそれでもう充分、と思わなければなりません。さて、私たちにとっては無意識は下方にあるのに、なぜ東洋では上方にあるのか、説明してきました。そう、私たちはいっさいを裏返しにしてよいのです。あたかも私たちはムーラーダーラから下降しつつあるというふうに。まるでそれが最高のセンターであるかのように、です。もちろんそのように考えてかまいません。ただし、そのとき、私たちは上昇しつつあるともいえるのです。

ソウヤー夫人　英語のセミナーでずっと扱ってきたヴィジョンの全体を見てみますと、人ははじめ下降し、その後で上昇します。どうしてそれを変えてよいのか、わからないのですが。

ユング博士　ムーラーダーラからスタートすれば、下降します。その場合、ムーラーダーラは頂点にあるからです。

ソウヤー夫人　でも、ムーラーダーラは地下にあります。

ユング博士　いいえ、必ずしも地下にあるわけではありません。それはこの世的なものなのです。これは言葉の綾です。私たちは大地の上、あるいは大地のなかにいます。根に絡まっていたあの女性は、まさに自身の個人的な生に絡め取られているのです。事実、彼女は、偶然とはいえ、ずっと特別そういうふうでした。それゆえに、みずからを、生に伴う義務や家族関係などに絡め取られたものとして表現したのです。彼女にとって、分析に通うことは、まちがいなく上昇することでした。そして、キリスト教の洗礼を受けることは上昇なのですが、だからといって、それが水中への下降で表現されることを妨げるものではありません。キリストはヨルダン川のなかへと登っていきはしません。

クロウリー夫人　東洋の無意識の観念は私たちのそれとはちがう、とお考えにはならないのですか。あれは種類のちがう無意識です。

ユング博士　そうです。まるっきりちがう観念です。しかし、彼らの観念がどのようなものであるかを議論するのは無益です。私たちにはそれはわかりませんから。

クロウリー夫人　ですが、サンスクリットの文献――ヴェーダ文献――を読めば理解できます。

ユング博士　私もかなり読んでみましたが、はっきりしません。彼らがこうしたものごとについて非常に異なった見方をするということがわかるだけです。たとえば、私はマンダラ・チャクラをめぐってあるヒンドゥー教の賢者と書簡を交わしたことがあります。彼はこう教えてくれました。それらは医学と関係がある、と。解剖学的なものであって、哲学的意味合いのようなものはない、というのです。そのような考えは、彼の視野には入っていませんでした。彼はサンスクリットの文献を読んだことのある人物でした。私は直接逢ったことはありません。彼はダッカの大学教授です。

クロウリー夫人　彼らはあちらで、まさにこちらでもそうであるのと同じように、さまざまな心理類型に分かれているのです。

ユング博士　当然です――彼らにはたくさんの異なった見方があります。そして、東洋全体でも、こうした問題に関して私たちとは非常にちがう見方を持っています。彼らは無意識というものを認めません。同じように、私たちが意識という言葉で表しているものについても、ほとんど知らないのです。彼らの世界像は、私たちのものとはまったくちがいます。ですから、それは、私たちがそれを私たち自身の言葉で理解しようとするかぎりにおいてしか理解できません。だからこそ、私は心理学的観点からこのことにアプローチしようとしているわけです。みなさんを混乱させて申し訳ありません。けれども、こうしたものを文字どおりに受け取るなら、混乱はもっと深いものになるでしょう。（そうならないほうがよい。）もしもそうした術語で考えるとすれば、西洋精神の心理学を伴う、見た目はヒンドゥー教的な体系というものを作り上げることになります。そんなことはできません――自身を毒してしまうだけです。ですから、私たちが仮にもそれを扱うとするならば――私たちの無意識のなかにある類似した諸構造ゆえにそうせざるを得ないと思いますが――このようにしなければならないのです。ムーラーダーラはここにあり、この大地の生であるということ、ここでは神は眠っているということ、を自覚しなければなりません。あるいは、少なくとも考えには入れておかなければなりません。そうすれば、みなさんは――あの古《いにしえ》のゾシモス[*25]を引用して言うなら――クラテール[35]（krater）へと、あるいは無意識へと向かうことになります。これはそれ以前よりも高次の状況と考えられます。というのも、そこでは別の種類の生に近づくからです。覚醒したクンダリニーを介してでなければ、そこへは進めません。[36]

さて、私たちはここで、クンダリニーについて、彼女が何者であるかについて、あるいはどうすれば彼女を覚醒させることができるかについて、語らなければなりません。[37]覚えておいでだと思いますが、ハウエル教授は、上方からのある刺激がクンダリニーを覚醒させるのだ、とおっしゃいました。そしてまた、彼女を覚醒させるには、人は浄化されたブッディ［智慧］（buddhi）[38]、あるいは浄化された精神を持っていなければならない、ともおっしゃいました。つまり、第二のチャクラには、蛇を覚醒させていなければ進めませんし、蛇は正しい態度によらなければ覚醒させることができません。これを心理学用語で表現するなら、無意識に対してアプローチできるやり方はたったひとつしかない、つまり、浄化された心、正しい態度、天の恩寵によらなければならない、ということでしょう。それがクンダリニーなのです。みなさんは自身のなかの何か、自身のなかのある衝動によってそれへと導かれなければなりません。それがないとすれば、ただの偽りです。つまり、みなさんのなかには、みなさんに水をくぐらせて次のセンターへと向かわせる、何か奇異なもの、導きの火花、何らかの刺激がなければならないのです。そして、それがクンダリニー、まったく認識不可能な何かです。たとえば、恐怖、神経症として現れたり、生き生きとした興味という姿で現れたりすることもあります。ただし、みなさんの意志を凌ぐ何かでなければなりません。そうでなければ、みなさんはそれに耐えきれないのです。最初の障害物に出逢ったら、引き返してしまうでしょう。つまり、レヴィアタンを目にするや否や、逃げ出してしまうでしょう。ところが、もしもその生きている火花が、その衝動が、その欲求が、みなさんの首ねっこを摑まえていれば、引き返すことはできません。潔く立ち向かわなければならないわけです。

中世の書物、あのよく知られた『ポリフィロの夢』[39]（*Hypnerotomachia* あるいは *Le Songe de Poliphile*）から例をひとつ示しましょう。この本からは以前にもここで引用したことがありますね。一五世紀に、ローマの名家出身のキリスト教修道士が書いたものです。彼は、私たちの言い方で言うなら、無意識のなかに入り込みました。ダンテの『神曲』の「地獄篇」冒頭に似ていますが、まったくちがう言葉で表現されています。彼は自身を黒い森を行く旅人として描きます。当時、とりわけイタリア人にとって、そこはまだ一角獣が生息している最果ての地であり、私たちにとっての中央アフリカの森林と同じくらい、荒々しい未知の領域でした。彼はそこで道に迷い、一匹の狼が現れます。はじめは恐怖にかられるのですが、後にはその狼についていき、泉に至ります。彼はそこで水を飲みます——これは洗礼を暗示するものです。それから彼は、古代のローマの町の廃墟にやって来ます。門を通ってなかに入ると、彫像と奇妙で象徴的な碑文が目に入ります。彼はそれを引用しているのですが、心理学的観点から見てきわめて興味深いものです。そのとき彼は急に恐怖を感じます。不気味に思えてきたのです。彼は帰りたくなり、もう一度門を通って外に出るため引き返そうとします。ところが、今度は、彼の背後に竜がいて、道を塞いでいます。戻れません。つまり、彼は前進するしかないのです。この竜はクンダリニーです。おわかりのように、心理学用語としてのクンダリニーは、人を最大の冒険に向かわせるもののことです。私は「おお、ひどい、どうして私はこんなことをやろうとしたのだろう」などと言います。けれども、もしも引き返せば、その冒険はすべて私の人生から消え失せてしまいます。そして、私の人生はもはや無です。それは特有の味を失いました。人生を生きがいのあるものにするのは、ほかならぬこうした探求です。これがクンダリニーです。これが神的な衝動なのです。たとえば、中世の騎士が、ヘラクレス[*26]の功業のような驚くべき仕事をやってのけるとすれば、つまり竜と闘って乙女たちを救い出すとすれば、それはすべて彼の貴婦人のためでした——彼女はクンダリニーだったのです。また、レオとホリーがアフリカに「彼女」[40／*27]を探しに出かけ、その「彼女」が彼らをまったく途方もない冒険に駆り立てるとすれば、それがクンダリニーです。

クロウリー夫人　アニマ[*28]が、ですか。

ユング博士　そうです。アニマはクンダリニー[41]です。これこそ、私が第二のセンターについて、三日月を男性的とするヒンドゥーの解釈があるにもかかわらず、強烈に女性的であると主張している理由です。何しろ、水は再生の子宮、洗礼の泉なのですから。月はもちろん女性的な象徴です。それに、私の家には、シヴァが女性の姿をして墓地の死体の上で踊っているところを描いた、チベットの絵があります。いずれにせよ、月は死者の魂の容器と考えられるのが常です。死後、魂は月に渡り、月は太陽のなかにその魂を生み出します。彼女ははじめ、死者の魂でいっぱいになり——それが妊娠した月、満月です——それからそれらの魂を太陽に渡します。魂はそこで新しい生命を得るのです（マニ教の神話）。つまり、月は再生の象徴です。それに、このチャクラの月は上方にありません——下方にあります。まるで上方のチャクラに、すなわちマニプーラとアナーハタに捧げられた魂という供物が流れ出してくる杯のようです。おわかりのように、そこにはまた太陽神話があるのです。

第二講

一九三二年一〇月一九日

ユング博士　チャクラのことをさらに学んでいきましょう。覚えておいでだと思いますが、私は前回、ムーラーダーラの象徴的属性の意味を分析すると申し上げました。たぶん、みなさんすでにお気づきのように、これらの象徴を分析する際、私たちは夢分析で用いるのと同じ方法に大いに従ってきました。つまり、すべての象徴を見渡して、その諸々の性質の全体が示しているらしい意味を組み立ててみようとするわけです。そのようにして私たちは、ムーラーダーラとは私たちの意識的でこの世的な個人のあり方の象徴だ、という結論に達しました。

そのときの議論を簡単におさらいしておきましょう。ムーラーダーラは地を表すものとして特徴づけられます。このセンターの図像に見られる四角形は大地です。象は運搬する力、心的なエネルギー、あるいはリビドーです。そして、ムーラーダーラという名前は根本の支えの意ですが、私たちが自分という存在の根っこの領域にいることをも示しています。それは、この地上における私たちの個人的な身体的存在でしょう。もうひとつの非常に重要な属性としては、神々が眠っているということがあります。リンガは胚種にすぎず、クンダリニー、つまり眠り姫とは、いまだ実現されていない世界の可能性です。つまり、それは、人が単なる活動力にすぎないらしい状況を暗示しています。神々、あるいは非個人的、非自我的諸力は無能です――事実上、何もしていません。そして、これこそが、現代ヨーロッパの意識の状況です。ところで、ムーラーダーラには、さらにもうひとつ別の属性があります。それはこの象徴自体には示されていませんが、ヒンドゥー教の注釈書のなかで明らかにされていること――すなわち、このチャクラが、いわば骨盤下部に位置づけられているということです。これは即座に、まったく別の意味をもたらします。なぜなら、もしもそうだとすれば、私たちが達した、ムーラーダーラは外部にある――つまり私たちの意識している世界である――という結論に反して、それは体内にある何かだということになるからです。ヒンドゥー教の注釈書が意識の世界を体内に位置づけていることは、私たちにとって驚くべき事実です。

私たちはこの注釈を、夢やヴィジョンにおける患者の連想とまったく同じように捉えることができます。彼の考えでは、連想はこうです。それはお腹のなかにある何かなのです、と。なぜ彼はそんなことを言うのか。おそらく、ここ、つまり肉体のなか、三次元空間のなかでの私たちの存在が、実は件《くだん》の象徴と何か関係があるからでしょう。たぶん、お腹という寓喩で表現されうる状況なのですね――私たちはあたかもお腹のなかにいるようなものなのでしょう。そして、お腹のなかにいるというのは、きっとまちがいなく、母親のなかにいること、発達やはじまりの状況のなかにいることを意味するものです。この観点に立つと、私たちの象徴が独自の光のもとで見えてきます。私たちの実際のあり方、この世界は一種の子宮なのだ、という観念が伝わってくるのです。つまり、私たちは単なるはじまりであり、胎芽以下のものにすぎない。子宮のなかの卵のように、まさにまだこれから生成していかなければならない胚なのだ、と。もちろん、これはひとつの注釈にすぎません。そのヒンドゥー教徒なら私たちのあるがままの世界をどう見るかを示しているのです――彼はたぶん、みずからの意識の世界を単なる育児室と考えるのでしょう。

さて、これは一編の哲学です。おわかりのように、キリスト教の哲学と似ています。キリスト教の哲学によれば、この現実の個人的な存在は束の間のものにすぎません。私たちはこの状況のなかに居続けることになってはいないのです。つまり私たちは、よりよいものになるためにこの地上に生を享けたのであって、死ねば天使になるわけです。イスラームの世界には、これとそっくりの観念があります。カイロにあるカリフの墓所でひとりのアラブ人と話したことを思い出します。私はすばらしい造りの墓を賞讃していました。ほんとうにとても美しいものでした。彼は私が賞讃しているのに気づいて、こう言ったのです。

――あんた方ヨーロッパ人は、おかしな人たちだね。この建造物を賞讃するのは、わしらの仕事だ。こいつはわしらが信仰してるもんだ。あんた方はドルと自動車と鉄道を信仰してる。でも、どっちが賢いかね。一軒の家を、わずかな時間のために建てるのと、長い時間のために建てるのとでは。ある場所には数年間しかおらず、それから五〇年間は別の場所にいることがわかっているとしよう。あんた方は家をその数年のために建てるかね、それとも五〇年のために建てるかね。

やはり私は「五〇年のために」と答えました。すると彼はこう言いました。「それがわしらのやっていることだよ——永遠の時間のために家を建てる。わしらはそこにいちばん長くいることになるんじゃ[1]」。ヒンドゥー教徒であれ、キリスト教徒であれ、イスラーム教徒であれ、これが多くの人たちのものの見方です。彼らの考えによれば、ムーラーダーラは束の間のもので、ものごとがはじまる芽生えの状態なのです。もちろん、それは、今日の人たちが信じていることとはひどく対立します。私たちは新聞を読み、政治と経済の世界を覗き込んでは、それが確かなことだと信じて疑いません。あたかも、通貨や全般的経済状況などをどうするかということにいっさいがかかっているかのように。私たちはそれに夢中になっています。まるで、それに関わることが特別正しいことみたいです。けれども、そう思わない人たちは無数にいます。世界の意味に関してまったく別の観点を持つ人たちの数に比べれば、私たちはごく少数派です。彼らから見れば、私たちはただのおかしな人間で、自分の世界にまつわる一種の幻想のなかに住んでいるのです。ですから、ヨーガ哲学のこうした立脚点は、ここのところまでなら、哲学的、宗教的世界の持つ一般的傾向の一部です。ムーラーダーラを束の間の現象と見るのは、非常に一般的なのです。

私たちの目的のためには、このとりわけ哲学的な解釈は放っておいてもよいでしょう。非常に興味深くはあるのですが、それに邪魔をされてはなりません。なぜなら、私たちの場合は、これが現実のものごとの起こる世界であること、これが唯一の世界であること、そしてたぶんそれを超えるものはないこと、を当然と考えなければならないからです——少なくとも、私たちは、この世界を超えるものの存在を証明してくれる経験を持ち合わせてはいません。私たちは直接的な現実に関わらなければならないのです。そして、ムーラーダーラの象徴に示されているように、ものごとの永遠なる秩序を表す神々は眠っていると言わなければなりません。そういう神々は無能で、何の意味もありません。けれども、この意識野のまさに中心に、さしあたりは不活発であっても、別の種類の意識を指し示す何かの胚種がある、ということは認めてもよいでしょう。つまり、心理学の次元では、こう申し上げてまちがいないと思います。私たちは、意識のことを、「まさにこういうもの」であり、実にはっきりした自明かつ平凡なものと信じているのですが、その意識のなかにさえ――そうした領域のなかにさえ、別の生の概念を指し示す何かの火花があるのです。

以上は、一般に広く見られる状況について述べたにすぎません。つまり、総意、世界中の人たちの意見が一致するところから考えると、私たちの普通の意識の内側のどこかにそういうものがある、と思われるわけです。眠れる神々ないしは胚種というものが存在しています。その力を借りれば、あらゆる時代の人たちがそうだったように、私たちもムーラーダーラの世界をまったく異なる観点から見られるようになるかもしれません。そして、ムーラーダーラを下方に、ものごとがはじまる体幹の底に位置づけることもできるかもしれません――宇宙的世界という大いなる身体のなかにあっては、この世界が最も低い位置を、はじまりの場所を占める、という意味です。そう、私たちが長い歴史と長い進化の頂点と考えているものは、実は保育室なのでしょう。そして、大いなる重要なものはその上の高みにあって、今もまだ来たるべきもののままなのです――下方のお腹のなかにあると感じられる無意識内容がゆっくりと浮かび上がってきて意識化されるにつれて、私たちは、これはまちがいない、はっきりしている、実はこれが私たちの未来なのだ、と確信しはじめます。それは、下方のお腹のなかにあるかぎり、私たちの活動を妨げるだけのものでした。取るに足らない胚種でした。しかし、今では胎芽です。あるいはまた、それが意識に到達したときには、しだいに、充分育った木に見えるようになってくるのです。

ムーラーダーラの象徴をそのように見る人ならば、クンダリニーを覚醒させることのなかにある、ヨーガの目的がわかっています。クンダリニーを覚醒させるのは、神々が活動的になるよう世界から切り離すことを意味します。それによって、人は別の次元のものごとを始動させるのです。神々の立場から見れば、この世界は子どもの遊び以下のものです。大地のなかの種なのであり、単なる潜在力にすぎません。私たちの意識の世界のすべてが、未来の種にすぎないのです。もしもクンダリニーを覚醒させることができ、その結果、彼女が単なる潜在力の状態から脱しはじめたなら、必ずやひとつの世界が始動することになります。私たちの世界とはまったくちがう、永遠の世界です。

ここまで来ると、私がこの問題全体をめぐって長々とお話ししている理由がはっきりしてきます。

覚えておいでのように、以前のセミナーで、私は常にあの一連のヴィジョンが非個人的ないしは非私的な類いの経験であることを指摘し、患者の個人的側面についてなぜあれほど語らないのかを説明しようと試みました。あのヴィジョンからすれば、彼女の個人的側面はほんとうに完全に無視できます。彼女のヴィジョンは、誰のヴィジョンでもありえます。何しろあれは非個人的で、ムーラーダーラの世界にではなくクンダリニーの世界に呼応するものなのですから。あれは実のところ、誰々さんの発達ではなく、クンダリニーの発達を意味する経験です。たしかに、非常に頭のよい分析家なら、あのマテリアルから彼女の人生における一連の個人的できごとを分析できるでしょうが、それではムーラーダーラの観点、すなわち、この世界を確かな世界と見る私たちの合理的観点からの分析にしかなりません。ところが、クンダリニー・ヨーガの立脚点に立てば、その側面は興味深いようなしろものではないのです。それは偶発的なものにすぎませんから。[2] ムーラーダーラは、こうした別の観点から見るなら、幻想の世界です——これはちょうど、ムーラーダーラの心理学から見れば、つまり私たちの世界の合理的観点に立てば、神々の世界や非個人的経験が幻想であるのと同じことです。

　私がほかならぬこの象徴を強調するのは、それがまさに、次のような言葉の意味していることを理解するためのまたとない機会を与えてくれるからです。すなわち、非個人的経験と呼ばれているもの、そして人間心理の特有の二重性ないしは二倍性とすら呼ばれているものです。そこでは、ふたつの側面がわかりにくい交差点を作っています。一方は個人的側面であり、そのなかでは何であれ個人的なことだけが意味深いのですが、もう一方の心理においては、個人的なことはまったくもって退屈きわまりなく、無価値で役立たずの幻なのです。みなさんが多少とも本来的な葛藤をお持ちであること、別の観点に立てること、そしてその結果、批判と判断、認識と理解ができること、これらはそうしたふたつの側面が存在しているおかげです。というのも、あるものとほんとうにひとつになると、みなさんはそれと完全に同一になってしまうからです——それを比較することも、区別することも、認識することもできません。理解しようと思うなら、常に外部にひとつの点を持っている必要があります。つまり、たくさんの葛藤に満ちた問題ある性質の持ち主は、最も偉大な理解を生み出せる人なのです。なぜなら、彼らは、みずからの問題ある性質のおかげで、別の諸側面も見た上で比較して判断できますから。私たちが外部にも立脚点を持っていなかったら、この世界について判断をすることはたぶんできないでしょう。そして、そういう立脚点は、宗教的経験の象徴学によって与えられるのです。

　さて、ヨーガ行者ないしは西洋人がクンダリニーを覚醒させることに成功しますと、そこではじまるのは、いずれにせよ個人的な発達ではありません。もっとも、非個人的発達が個人の状態に影響を与えうるというのはもちろんで、しばしば見られるとおりですし、非常に望ましいことです。しかし、いつもそうであるわけではありません。そこではじまるのは、みなさんが同一化してはならない非個人的なできごとです。もしも同一化してしまうと、まもなく成り行きに不快感を抱くことになるでしょう――インフレーション[*1]を起こして、何もかもがうまくいかなくなります。それが無意識を経験していく際の大問題のひとつです――無意識と同一化してばかなことをしでかすのです。無意識と同一化してはなりません。外に居続け、距離をとって、何が起こるか客観的に観察しなくてはなりません。しかし、そうしていれば、非個人的、非人間的次元で起こるできごとにはすべて非常に不愉快な性質がある、ということがわかります。すなわち、それらがこちらにまとわりついてくるか、こちらがそれらにしがみついてしまうか、になるのです。まるで上昇していくクンダリニーが私たちをいっしょに引っ張り上げているみたいなもので、特にはじめのうちは、私たちがその運動の一部になってしまっているかのようです。

私たちがその一部であるというのはほんとうです。なぜなら、そのとき私たちは、神々を含むものであるからです。その神々は私たちのなかの胚種、ムーラーダーラのなかの胚種であり、それが動きはじめると地震が起こります。当然、この地震は私たちを揺さぶり、私たちの家を倒壊させさえします。そういう大混乱が来ると、私たちはそれに運ばれていきます。そして、当然ながら、上昇しつつあると思うこともあるかもしれません。けれども、もちろん、その人が飛んでいるというのと、その人を持ち上げているのが波や強風であるというのとでは、大きなちがいがあります。飛んでいるというのはその人自身の活動であり、再び安全に降りられますが、上方へ運ばれているという場合は、その人のコントロールは利いておらず、しばらくするときわめて嫌なかたちで引きずり下ろされるでしょう――となると、それは破滅を意味します。つまり、おわかりのように、これらの経験と同一化せず、それらがあたかも人間の領域外にあるかのように扱うのが賢明です。それが最も安全なやり方です――そして実際に絶対必要です。さもなければインフレーションが生じます。インフレーションはまさに小さな狂気であり、その控え目な同義語です。あまりにも完全にインフレーションに陥って張り裂けてしまったとしたら、それが統合失調症（精神分裂病）なのです。

もちろん、非個人的な心的経験という観念は、私たちには非常に奇異なものです。そのようなことを受け入れるのは、とびきり困難です。自分の無意識は自分のものだと信じ込みすぎていますから――私の無意識、彼の無意識、彼女の無意識というわけです――そして、私たちのこうした偏見はあまりにも強いので、脱同一化するのにたいへんな苦労を強いられるのです。たとえ非自我的な経験というものがあることを認めざるを得ないにしても、それがどんなものであるかを悟るまでには長い道のりがあります。そうした経験が秘密にされるのは、そのためです。それらは神秘主義的だと言われます。通常の世界はそれらを理解できませんからね。人は自分の理解できないものを神秘主義的だと言うのです――これはあらゆることに当てはまります。けれども、重要なのは、人が神秘主義的と呼ぶものはたしかにわかりやすくはない、ということです。だからこそ、ヨーガの方法やヨーガの哲学は常に秘密であり続けたのです。人がそれを秘密にしてきたがゆえに秘密だったというのではありません。あなたが秘密にしようとするや否や、それはもう公然の秘密になっています。あなたはそれについて知っており、ほかの人たちもそれについて知っています。だとすれば、それはもはや秘密ではありません。ほんとうの秘密というのは、誰にも理解できないがゆえに秘密なのです。人はそれについて語ることさえできません。クンダリニー・ヨーガの経験というのは、そういう種類のものなのです。ことを秘密にしておこうという傾向は、その経験が特殊な種類のものである場合の、つまりまったく誤った理解と解釈にさらされかねないために語らないほうがよい場合の、自然な成り行きにすぎません。たとえそれが、すでになにがしかのかたちに教義化されている経験に関することであったとしても、そうした経験本来の新鮮な印象が生きている間は、みなさんは、それを隠し続けておくほうがよいと感じます。つまり、これは合わないだろう、これはムーラーダーラの世界の信念に破壊的ともいえる影響を及ぼしうるだろう、と感じるわけです。

何しろ、ムーラーダーラの世界の信念は、非常に必要性が高いのですから。合理的であること、この世界の明確さを信じていること、つまり、この世界は歴史の積み重ねの上にある最良のものだと信じていることは、きわめて重要です。そうした信念は非常に生き生きしたものです。そうでないなら、みなさんはムーラーダーラから切り離されたままです――けっしてそこにたどり着けませんし、生を享けてすらいないのです。まだ生まれていない人たちはたくさんいます。彼らはみんなここにいるように見えますし、そこらを歩き回っています――けれども、事実上まだ生まれていないのです。なぜなら、彼らはガラスの壁の向こうに、子宮のなかにいるからです。仮釈放でこの世界にいるだけで、すぐに本来の出自であるプレローマ[*2](pleroma)へと戻らなければなりません。この世界とのつながりは形成されておらず、宙ぶらりんで、神経症的で、仮そめの生を生きています。彼らは言います。「私は今、これこれという条件のもとで生きています。両親が私の望みどおりにふるまってくれるなら、こちらにとどまりますよ。でも、万一、私の嫌なことをするようなら、さっさと出ていきます」、と。おわかりのように、これは仮そめの生、条件つきの生であり、船のロープと同じくらい太い臍の緒でプレローマと、すなわち光輝あふれる元型的世界と、なおも結びついている人の生です。さて、生まれてくるということは、とにかくたいせつです。この世界に入ってくるべきなのです——さもないと、自己を実現することはできません。そして、この世界の目的は見失われたままです。すると、まさしく坩堝《るつぼ》へと投げ戻されて、もう一度生まれてこなければならなくなるのです。

ヒンドゥー教徒は、このことに関するきわめて興味深い理論を持っています。私は形而上学には強くありませんが、形而上学にはたくさんの心理学が入っていることを認めなければなりません。ご存知のように、人がこの世界にいること、人が自身のエンテレケイアを、その人自身である生の胚種をほんとうに成就することは、実に重要です。さもなければ、クンダリニーを始動させることはけっしてできません。切り離すことはできません。ただ投げ返されるだけで、何も起こらなかったことになります。それはまったく価値のない経験です。みなさんはこの世界を信じ、根を張り、全力を尽くさなければなりません。たとえ、まったくつまらないこと——たとえば、この世界は非常に明確なもので、これこれの契約が締結されるかどうかが絶対の問題だというような——を信じなければならなくなるとしても、です。まったくむなしいかもしれませんが、みなさんはそれを信じて、ほとんどひとつの宗教的確信にまでしなければなりません。契約書にサインをして痕跡を残すだけのために。みなさんは、この世界にいた、何かが起こった、ということを告げ知らせる何らかの痕跡を残さないといけないのですから。この種のことが何も起こらなければ、自分自身を実現したことにはなりません。生の種は、たとえば、宙ぶらりんになっている厚い空気層のなかに落ちてしまったわけです。それはけっして大地に触れることはなく、したがって植物は生えてきません。しかし、もしもみなさんが自身の生きている現実に触れて何十年かとどまれば、もしもみなさんの痕跡を残せれば、非個人的なプロセスは動き出すことができます。ご存知のように、芽は大地から現れ出てこなければなりません。個人的な火花が大地に入っていなければ、そこからは何も出てこないでしょう。リンガもクンダリニーもそこには存在しません。なぜなら、みなさんはまだ、それ以前からの無限のなかにとどまり続けているからです。

さて、申し上げておりますように、エンテレケイアを実現することに成功すれば、そういう芽が大地から現れてくるでしょう。すなわち、この世界から——ヒンドゥー教徒ならマーヤー［幻影］の世界と呼ぶものから——離脱できる可能性です。これは一種の離人状態です。何しろムーラーダーラにおいては、私たちはみんな同一のものにすぎません。根のなかに絡め取られていて、自分自身、根になっているのです。私たちは根を作り、根を在らしめ、土に根差します。逃げ場はありません。生きているかぎりそこにいなければならないのですから。自分自身を昇華させて一分の隙もなく完全に精神的［霊的］になれると考えるのは、インフレーションです。残念ながら、それは不可能です。意味をなしません。したがって、私たちは新しい図式を作り出さなければなりません。それで、非個人的なものについて語るのです。同じことを表すのにまた別の言葉を発明することもあるかもしれません。

ご存知のように、インドでは、「個人的」と「非個人的」、「主体的」と「客体的」、「自我」と「非自我」、ということを言いません。インド人はブッディ［智慧］、つまり個人の意識と、それとは別ものであるクンダリニーについて語ります。この両者を同じものと見なそうなどとは夢にも思いません。けっして「私自身がクンダリニーだ」とは考えないわけです。まったく反対に、彼らは、神と人との徹底的な差異をとても深く意識しているがゆえに、神的なものを経験できるのです。もともと私たちはこの神的なものと同一です。なぜなら、私たちの神々は、ほかならぬ意識的抽象でないかぎりは、胚種、言ってみれば機能にすぎないからです。私たちのなかの神聖なものは、胃の、大腸の、膀胱の神経症――まさに地下の冥界の障害――として機能しているのです。私たちの神々は眠りに行ってしまったままです。大地の腸《はらわた》のなかでしか目を覚ましません。[3]というのは、神に関する私たちの意識的観念が抽象的で、遠いものだからです。人はあえてそれについて語ろうとはしません。それはタブーになっています。あるいは、ほとんど両替不能になった使い古しの硬貨のようなものです。

というわけで、チャクラの体系をなすクンダリニー・ヨーガは、そうした非個人的な生の発達を象徴しています。したがって、それは同時にイニシエーション[*3]の象徴学であり、宇宙創生神話なのです。例をひとつお話ししましょう。人間は地下深くの漆黒の洞窟で生み出された、というプエブロ・インディアンの神話があります。そうした人間たちは、ずっと眠りこけている非常に暗愚な蠕虫《ぜんちゅう》的生き物として長い長い時を過ごしましたが、そのうち天の使いがふたり降りてきて、ありとあらゆる植物を植えたのです。とうとう人間たちは、天井の開口部を通り抜けるほど長い、一本の籐の蔓を見つけました。彼らはそれをつないで梯子のようにして上に登り、次の洞窟がある階層にたどり着きました。けれども、そこもまだ暗かったのです。長い時が経ち、彼らはまた天井の下に籐を据えつけて登って、第三の洞窟へと至りました。同じことを繰り返して第四の洞窟まで来ると、そこには光がありましたが、不完全なぼんやりした光でした。その洞窟は大地の上へと開いていたので、人間ははじめて地上に至りました。ところが、そこもなお暗いままだったのです。それから彼らは輝く光の作り方を知るに至り、ついには太陽と月が作られました。

おわかりのように、この神話は、意識がいかにして変化してきたか、さまざまな段階をどのように経て生まれてきたかを、たいへん見事に描いています。それらは諸々のチャクラであり、自然に成長していく新たな意識の世界の数々でした。次々と上があったわけです。そしてこれはあらゆるイニシエーション儀礼の象徴学になっています。つまり、ムーラーダーラから覚醒して、水のなかへ、洗礼の泉のなかへと入っていくのです。そこにはマカラという危険が、すなわち海の呑み込もうとする性質ないしは属性が待ち構えています。

さて、この危険をくぐり抜けたなら、次のセンター、マニプーラにたどり着きます。マニプーラとは、宝石が満ちあふれているという意味です。これは火のセンターで、実際、太陽が昇ってくる場所です。太陽が今、現れます。つまり、洗礼の後、最初の光が射してくるのです。これはイシス[*4]の秘密へのイニシエーション儀礼に似ています。アプレイウス[*5]によれば、参入者《イニシエート》は儀式の最後に祭壇に載せられ、ヘリオス神[*6]として崇められました。常に洗礼に続いてなされる神格化です[4]。人は新しい存在に生まれ変わります。すなわち、まったく別のものになり、別の名前を持つのです。

そのすべてが、カトリックの洗礼では非常に見事に見られます。代父が子どもを抱き上げ、司祭が火を灯した蠟燭を持って近づきDono tibi lucem eternam（汝に永遠の光を与えん）と告げる場面に、です——これは、あなたに太陽とのつながり、神とのつながりを与える、という意味になります。人は不死の魂を受け取ります。それまでは持っていなかったのです。そのとき、人は「二度生まれた者」（twice-born）になります。キリストは自身の使命と神の霊を、ヨルダン川での洗礼において受け取りました。彼は洗礼を受けてはじめてクリストス（Christus）になります。クリストスとは聖別された者を意味していたのですから。彼もまた、「二度生まれた者」です。もはや、彼自身が大工の息子イエスだったときにそうであった、普通の死すべき存在を超えています。彼は今やクリストス、非個人的ないしは象徴的な人格になっており、もう単にこの家族やあの家族に属する人ではありません。全世界に属しています。彼がヨセフとマリアの息子であったとしても、こちらのほうがはるかに重要な役目であるということが、彼の生涯を通して明らかになります。

ですから、マニプーラは、神との同一化が起こるセンターです。人はそこで神の実質の一部となり、不死の魂を持ちます。もはや時間や三次元空間のなかにはないものの一部にすでになっているのです。つまり、人は今や第四次元の秩序に属しています。そこでは、時間が伸縮自在になっていて、空間もなければ時間もなく、無限の持続——永遠——しかありません。

これは全世界的な、古くからある象徴です。キリスト教の洗礼やイシスの秘密へのイニシエーションにしか見られないものではありません。たとえば、古代エジプトの宗教的象徴学においては、死んだファラオは地下の冥界へ行って、太陽の船[*7]に乗ります。おわかりのように、神的なものに近づくということは、人間《パーソナル》という存在の無用さから離脱し、永遠なるあり方を実現すること、一時的なものではない存在形態へと離脱することを意味します。ファラオは太陽の帆船に乗り込み、夜を旅して蛇を倒し、それから神とともに再び昇ってきます。そして、永遠に天上を進んでいるのです。後にはこの観念が広まり、その結果、ファラオと特に親しい貴族もラーの船に乗れるようになりました。それゆえ、ファラオの墓では、あんなにたくさんのミイラが見つかるのです。墓のなかの遺体はすべてファラオとともに甦ると考えられています。私はエジプトで新たに発掘された墓で非常に感動的なものを見ました。この特に高貴な人物の墓を閉じる直前に、労働者のひとりがほんの少し前に亡くなった赤ちゃんをなかに入れていたのです。赤ちゃんは、葦でできた粗末な小籠のなか、みすぼらしい服を何枚か着せられて、扉のすぐ内側に置かれていました。赤ちゃん――たぶん彼の子どもだったのでしょう――が大いなる裁きの日にその貴人とともに甦れるように、と。彼は自分の無用さについては納得していましたが、赤ちゃんだけは太陽まで行かせてやるのです。ですから、この第三のセンターは、正当にも、満ちあふれた宝石と言われます。それは太陽の大いなる富であり、人が洗礼を通して達する、尽きることなき豊かな神の力です。

　しかし、もちろん、これらはすべて象徴です。そろそろ心理学的に解釈してみなければなりません。これは象徴学的研究法ないし比較研究法ほど容易ではありません。[5] マニプーラを心理学的観点から理解するのは、はるかに容易ならざることです。誰かが洗礼の夢、浴槽や水に入る夢を見たとしましょう。実際に分析を行なっている場合、それが何を意味するか、みなさんはおわかりですね。無意識へと沈められて浄化されるということです。新生するために水に入らなければならないわけです。けれども、入浴の後どうなるかについては、不明なままです。無意識とお近づきになるとどうなるか、心理学の言葉で説明するのは非常に難しい。みなさんには何かお考えがありますか。とは申しましても、この問いは答えるのが容易ではありません。みなさんは、ある心理学的な理由のために、抽象的に答えようとされがちですから。

ライヒシュタイン博士　古い世界が焼け落ちていく、と言ってはどうでしょう。

ユング博士　それなら単に抽象的ということはなく、きわめて普遍的ですし、安全圏内ですね。

ライヒシュタイン博士　古い、型にはまった形式や観念が破綻していきます。

ユング博士　おお、そうです。私たちの世界哲学は大幅に変更されるかもしれません。ただし、それはマニプーラに達したという証拠にはなりません。

ライヒシュタイン博士　ですが、マニプーラは火の象徴ではありませんか。焼かれるものの象徴ではないのですか。

ユング博士　どうでしょう。それは単なる破壊の象徴ではありません。それ以上に、エネルギーの源を意味しています。しかし、あなたはまったく正しい――人が火について語るときには、常に破壊の響きがあります。ただ火のことに言及するだけで、破壊という考えを喚起するには充分です。そして、そこでみなさんは、抽象化を引き起こすような恐れに触れるのです。熱すぎるものに触れたくないとき、私たちは容易に抽象的になるのです。

ハナー嬢　つまり、人は対立し合うものを同時には見られないということでしょうか。

ユング博士　そうです。よく言い当てています。とても抽象的ですが、より完全に言い表すことはできましたね。

ソウヤー夫人　あのヴィジョンのなかで、患者は火に耐えなければならない場所にやって来ました。そして、それから星々が降りました。[6]つまり、非個人的なことがはじまったのです。

ユング博士　まったくそのとおりです――そこに手掛かりがあります。

バーティン博士　それは、より充分に生きる能力ではありませんか。より強く意識して生きることではありませんか。

ユング博士　私たちは、自分がまったく意識的に生きている、しかも非常に強い意識を持って生きている、と考えています。もしも無意識と親しくなってそれを真剣に受け止めたら、どんな影響が出てくるでしょうか。ご存知のように、人は無意識を真剣に受け止めず、「〜にすぎない」というおまじない的な考えをしがちです――幼児期の記憶にすぎない、禁じられた願望にすぎない、というような。なぜみなさんはそのような理論を受け入れるのでしょう。実際にはまったくちがうものなのですが。

クロウリー夫人　無意識と親しくなるとは、影[*8]の部分と親しくなるということです。

ユング博士　これも見事にそのとおりですが、それはどういうことを意味しているのでしょうか。

シグ夫人　孤立です。

ユング博士　孤立は結果として起こるかもしれません。しかし、まずはまさに孤立へと導く恐ろしいものを意味しています。ほかでもない、対立するものを意味しているのです。

クロウリー夫人　欲望でいっぱいになること、自分のありとあらゆる影の部分です。

ユング博士　そうです。欲望、情欲、いっさいの情動の世界が解き放たれます。無意識と親しくなれば、性、権力、そして私たちの本性のなかのあらゆる悪魔が解き放たれるのです。そうなると、不意に新たな自分を目にするでしょう。だからこそ、人は恐れを感じ、かくれんぼをする子どもたちのように、無意識なんかないよと言うのです。子どもはドアの後ろに隠れて、「このドアの後ろには誰もいないよ。見ちゃだめだよ」と言いますね。だからこそ、このドアの後ろには何もない、見てはいけない、これは重要なものなどではないという、あのふたつの結構な心理学理論があるわけです。[7]あれらはおまじない的な理論です。しかし、みなさんは、何かがあるとおわかりになるでしょう。そのような諸力があることを認めなければなりません。すると、抽象化しようとするのですね。すばらしい抽象的記号を作り出し、ある種の控えめなほのめかしでもってそれを語るわけです。婉曲に語るのです。船乗りたちがあえて「海の大ばか野郎。のべつ幕なし荒れ狂って俺たちの船を叩き潰しやがる、この黒い海の野郎め」などと言わなかったのと同じです。彼らは「友愛に満ちた情け深い海よ……」と言いました――そうした危うい印象を引き起こさないように、あるいは暗い風の魔物を刺激しないように。みなさん、カンタベリー大主教と言うかわりに猊下と呼びますね。ローマ法王がほんとうにばかげた回勅を出したとは言わずに、バチカンがそうしたとおっしゃるでしょう。あるいは、政治家を名指しでこのとんでもない嘘つきめと言うのではなく、ヴィルヘルム街、ダウニング街、ケ・ドルセー[*9]の嘘つきめと言うのです。それが婉曲なものの言い方です。私たちの科学がラテン語やギリシア語を使うのも同じ目的のためです。それは魔物に対するすばらしい盾です――魔物はギリシア語がわからないので恐れるのです。それゆえに私たちは、みなさんがちょうど示してくださったように、あのように抽象的に語るのです。

ですから、つまりはこういうことです――みなさんが火の世界に入ると、そこではものごとが赤熱してきます。洗礼を受けたら地獄へ直行というわけです――これはエナンティオドロミア[*10]（enantiodromia）です。さて、ここで東洋のパラドックスに行き当たります。すなわち、それは宝石が満ちあふれていることでもある、というのです。それにしても、情欲とは何でしょう。情動とは何なのでしょうか。そこには火の源があります。エネルギーが満ちあふれています。燃えない男など、何者でもありません。それではお話になりません。平面人間です。たとえばかなまねをして物笑いの種になるとしても、燃えなければなりません。どこかに炎が燃えていないといけないのです。さもないと、光は輝かず、暖かさも何もありません。これはまちがいなくひどく厄介です。苦痛で、葛藤に満ちており、時間の無駄に見えます――いずれにせよ理性に反しています。しかし、あの忌々しいクンダリニーは言うのです。「それは宝石が満ちあふれているということです。そこにはエネルギーの源があります」と。ヘラクレイトスが正当にも、「戦争は万物の父」と述べたのと同じように。

さて、この第三のセンター、情動のセンターは、太陽神経叢[11]に、すなわち腹部の中心に位置づけられています。みなさんにはすでにお話ししましたが、私がクンダリニー・ヨーガに関してはじめて発見したのは、これらチャクラが実は心の在処《ありか》と呼ばれているものと関係がある、ということでした。もう一度、私の友人であるプエブロの族長の話をさせていただかなければなりません。彼はこう考えていました。アメリカ人はみんな狂ってる。なにしろ、やつらは頭のなかで考えていると信じ込んでるんだから、と。彼は言いました。「だが、俺たちは心臓で考えるんだよ」。これがアナーハタ[8] (anāhata) です。ほかにも、自身の心の在処が腹部にあると言う未開の諸部族もあります。そして、これは私たちにとっても真実です。たとえば、胃で起こる心のできごとというのがありますね。だからこそ、「何かが胃にのしかかってる」などと言うのです。また、ひどく腹を立てると黄疸が出ますし、怖がっていれば下痢をし、特に息づまるムードのなかにいると便秘をします。おわかりのように、こうしたことは、心の在処とは何を意味するかを示しています。

お腹で考えるというのは、かつて、意識が非常にぼんやりとしていたために腸の機能を妨げるものごとにしか注意を向けない時代があった、ということを意味しています。そのほかのことはすべて、ただただ無視されました。そういうものごとは、何の影響も及ぼさないがゆえに存在していなかったわけです。中央オーストラリアのアボリジニーには、今なおその痕跡があります。彼らはあることを実現するために、このうえなく滑稽な儀式をします。人を怒らせるための儀式については、みなさんにお話ししましたね。かたちはちがっても、同じことがすべての未開部族に見られます。たとえば、狩りに行く決断をする前には、狩りの気分に入るための儀式をしっかりとやらなければなりません。さもなければ、決断できないでしょう。彼らは何かで興奮しないといけません。それは腸のみならず、全身のことに関係しています。

だからこそ、五〇年前の教師は、この原始的な方法を使っていたのです。私自身もそれを経験しました。私たちはＡＢＣを鞭で習いました。私たち、八人の少年は、ひとつの長椅子に座っており、先生は三本の柳の枝でできた鞭を持っていました。その鞭は、全員の背中にちょうど一度に触れられる長さでした。彼は言いました。「これがＡ」（ピシッ）、「これがＢ」（ピシッ）。おわかりのように、肉体感覚を引き起こすことは、古くからある教育技術だったのです。そんなに痛くはありませんでした。先生が八人の背中を同時に打つときには、ただこちらが縮み上がるというだけで、あまりきつくは感じられませんでしたから。けれども、それは刻印を残します。少年たちは実際、立ち上がって聴いていました。あの鞭は、「さあ、よく聴いて」のかわりだったのですね。「さあ、よく聴いて」などと言っても、誰も聴きはしません。先生なんかばかだと思ってますからね。しかし、鞭を鳴らして「これがAだ」と言えば、頭に入るのです。

　未開の人たちは同じ理由から、イニシエーションにおいて秘密を、部族の神秘な教えを伝えるときには傷を負わせます。同時に強い痛みを与えるわけです。切り傷をつけて灰を擦り込んだり、飢餓状態にして眠らせないようにしたり、ひどく取り乱すほど怖がらせたりします。そのとき、教えが伝えられるのです。教えはしっかりと定着します。肉体的な不快感や痛みとともに入ったのですから。

　さて、申し上げましたように、私たちに意識された最初の心の在処は腹部です。もっと深い場所は意識されていません。未開の心理学で、心が膀胱にあるとした形跡を私は見たことがありません。それで、その次が心臓《ハート》です。これは私たちにおいてもなお機能している、非常に明確なセンターです。たとえば、私たちはこう言いますね。「きみは頭ではわかっていても、心《ハート》でわかっていない」と。頭から心臓まではたいへんな距離があります。一〇年、二〇年、三〇年、もしかすると一生かかるかもしれない距離です。何しろ、あることを四〇年間にわたって頭で理解してきたとしても、一度だって心《ハート》には響かなかったということもありえますから。しかし、心臓《ハート》で知ってはじめて、そのことに気づきはじめるのです。心臓から太陽神経叢まで降りるとなると、それも同じくらい離れています。そして、捕まってしまいます。というのも、そこではまったく自由がきかないからです。そこに空気のようなものはありません。人は単なる骨、血、肉です。腸のなかにいます。そこでは、頭のない蠕虫のごとくに活動しているのです。しかし、心臓に来ると、人は表面に出ます。横隔膜はほぼ大地の表面に相当します。マニプーラにいるかぎりは、いわば、大地の中心にある恐ろしい高熱にさらされています。情欲、欲望、幻想の火しかありません。それがベナレスの説法[*12]でブッダが語っている火なのです。彼はこう言いました。全世界が炎に包まれている。あなた方の耳が、あなた方の目が、そしてあなた方の欲望の火を注ぐところすべてが。それは、あなた方が空しいことを欲望しているがゆえの幻の火である、と。ただし、そこには、解き放たれた情動のエネルギーというすばらしい宝物があるのです。

　つまり、人は無意識と親しくなると、しばしば常ならぬ状態に入っていきます――かっとなって爆発します。埋もれていた古い情動が浮かび上がってきます。四〇年前のできごとに涙しはじめるのです。それはほかでもありません、彼らが人生のその段階から早く離れすぎた、ということを意味しています。そこで埋《うず》み火がまだ燃えていることを忘れてしまったのです。彼らはそのときには意識していなかったのですが、低次の諸センターに触れるとその世界に連れ戻され、それが今なお熱いことに気づかされます。まるで灰の下に忘れられたままの火があったみたいに熱い。けれども、灰をどけてみれば、なんとその下では、まだあの火が残って燃えているというわけです。メッカへの巡礼者について次のように言われているとおりです。火を灰の下に埋めて去っても、翌年また来てみると残り火はまだ燃えている、と。

さて、人はマニプーラにおいて、明確な変化の起こってくる上位の層に達することになります。[9]このチャクラが身体的には横隔膜の下に位置していることは、そのときに起こる特殊な変化を象徴するものです。横隔膜の上に出ると、アナーハタ、心臓もしくは空気のセンターに至ります。というのも、心臓は両肺のなかに埋まっており、心臓の活動はすべて肺と密接なつながりがあるのですから。こうしたことを理解するには、素朴でないといけません。未開の経験のなかでは同じことなのです。実際、それは生理学的な真実です。私たちは、マニプーラが心理学的に何を意味しているかについては、多少とも理解しています。しかし、今や、大きな跳躍が起こるところに至りました。アナーハタです。心理学的には、地獄に堕ちた後どうなるでしょうか。情欲、本能、欲望、その他の渦に巻き込まれてしまったら、それから何が起こるのでしょうか。

クロウリー夫人　たいていはエナンティオドロミアです。なにがしか対立するものが布置されます。たぶん何らかのヴィジョンを見るか、何か非個人的なことが起こってきます。

ユング博士　エナンティオドロミアですか。エナンティオドロミアとは、人が何か非個人的なものを見出すことでしょうか。換言すれば、人がもはや自分の欲望と同一化しなくなることなのでしょうか。よろしいですか、こうしたことについて語るのは難しいという事実をふまえておかなければいけません。なぜなら、ほとんどの人がまだマニプーラと同じものだからです。それを超えるものを見出すことは、とびきり難しい。それゆえ私たちは、まずは少し象徴学にとどまらなければならないのです。すでに申しましたように、次のセンターは空気と関係があります。横隔膜は地表に相当すると思ってよいでしょう。はっきりアナーハタに入ると、私たちは大地から持ち上げられるという状況に至ります。何が起こったのでしょう。いったいどうやってそこまで行くのでしょうか。ご存知のように、マニプーラでは、自分がどこにいるのか、まだはっきりしていません。つまり、私たちはムーラーダーラにもいるのです。少なくとも両足はまだムーラーダーラに立っています。ところが、アナーハタになると、両足が地表より上に持ち上げられてしまいます。では、人を大地の上に文字どおり持ち上げうるものとは何でしょう。

マイアー博士　風です。

ユング博士　そうです。それならこの象徴学の範囲内にありますね。しかし、もう少しわかりやすくしてくれるものがほかにあります。

バーティン博士　ある種の蒸留ですか。

ユング博士　よい思いつきですね。そうなると、私たちは錬金術の象徴学へ直行することになります。錬金術師はこのプロセスを昇華と呼んでいます。けれども、今日私たちが話してきた象徴学にとどまってはどうですか。

アレマン氏　太陽は地平線の上に昇ってきます。

ユング博士　そうです。エジプトの象徴学によれば、人は地平線の上に昇ります。もしも太陽と同一になれば、人は太陽の船に乗って地平線の上に昇り、天空を旅するのです。太陽は高位の力です。みなさんがファラオにくっついていれば、ほとんど神のような位置にまで太陽が引き上げてくれるかもしれません。そして、マニプーラで太陽と接触すると、大地を超えた領域まで両足を持ち上げてくれます。風にもそれができます。原始的な信仰では、精神［霊］[*13]（spirit）は一種の風なのですから。

それゆえ、多くの言語において、風という意味と精神［霊］という意味とを併せ持つ言葉があります。たとえば spiritus（精神［霊］）です。spirare は吹く、息をする、の意になります。精神［霊］を意味する animus は、ギリシア語の anemos、つまり風が語源です。また、やはり精神［霊］を意味する pneuma も、風を意味するギリシア語です。アラビア語の ruch は、精神［霊］の風ないし魂ですし、ヘブライ語の ruach は、精神［霊］と風とを意味します。風と精神［霊］とのつながりは、精神［霊］がもともと息、つまりは吐き出される空気ないしは呼気だと考えられていたことによるものです。息を引き取るとともに、霊は肉体を離れます。ですから、ほかでもない、魔法の風か太陽かが人を引き上げるのです。両者のつながりはどんなところに見出せるでしょうか。みなさんはおそらく、分析心理学の文献でお読みになった、あの非常に興味深い事例をまだ覚えておいででしょう。

ソウヤー夫人　未開の人たちが手に息を吹きかけて日の出を崇拝することですか。

ユング博士　あれは太陽との同一化ですね。今申し上げたことと同じではありません。おわかりですね。私は風と太陽が同一であることを示す一例を公刊したことがあります。

バウマン氏　太陽は風の源となることがあります。

ユング博士　そうです。みなさん、太陽から一種のチューブがぶら下がっているのを見た精神病者の事例を覚えておいででしょう。彼はそれを「太陽ファルス」と言っていました。それが風を起こしていたのです。これは太陽と風が同一であることを示しています。[10]

バウマン氏　太陽が昇る前に声が聞こえるというギリシア神話があったと思うのですが。

ユング博士　それはエジプトのメムノン神[*14]です。太陽が昇るときに特殊な音を発するとされていました。というのも、ギリシアの伝説によれば、メムノンはアウロラ[*15]の、つまり曙の息子だからです。曙がやって来ると彼は母親に逢える、というわけです。しかし、これは正確には、風と太陽ではありません。おわかりのように、象徴はアナーハタで何が起こるかを教えてくれます。けれども、それは心理学的ではありません。今までのところでは、私たちはまさに神話のなかにいます。それが心理学的に何を意味するかを知るべきです。マニプーラ・センターより上、単なる情動の世界より上には、いかにして持ち上げてもらえるのでしょうか。

ハナー嬢　インフレーションを起こして、そして神と同一化して。

ユング博士　そうかもしれません。それは非常にインフレーション的ですしね。しかし、ここでは、正常な場合について話しているのです。私たちはクンダリニーの展開を正常なものだと考えています。それはたぶん何千年もの経験が凝縮されたものなのですから。

バウマン氏　人は強く情動に動かされると、自分自身をたとえば音楽や詩で表現しようとします。

ユング博士　そういう状態が人になにがしかのことを言わせる、とおっしゃるのですね。しかし、情動とは、いつでも何かを言わせるものです。人がなおも情動に捉えられているうちは、どんなことでも白日の下にさらけ出せます。人をマニプーラより上に持ち上げるものは、情動を超えたものでなければなりません。

メーリッヒ夫人　人は考えはじめる、ということなのではありませんか。

ユング博士　そのとおり。

ライヒシュタイン博士　そこではプルシャ[11]（purusa）が生まれる、と言われています。つまり、自己に関する最初の観念がいっそう完全に見えてくるのが、ほかでもない、ここにおいてなのでしょう。

ユング博士　そうですね。しかし、それが心理学においてはどのように現れてくるでしょうか。私たちはもう、ものごとを心理学的事実へ降ろしてみなければなりません。

ライヒシュタイン博士　この地点において私たちは個人的でない何かを意識するようになるということです。

ユング博士　そうです。人はものごとについて推論し、考え、思案しはじめます。つまり、ただ情動的に活動することから、一種の退却ないし離脱をはじめるのです。衝動に荒っぽく従うかわりに、情動から脱同一化して実際にそれに打ち勝つことを可能にする儀式を発明しはじめます。荒々しい気分のなかで自分を立ち止まらせ、突然、問うのです。「私はなぜこんなふるまいをしているのだろうか」と。

このセンターでは、そういう象徴学が見つかります。アナーハタにおいてはプルシャを、つまり神的な自己である小さきものを目にするのです。すなわちプルシャとは、単なる因果性や単なる自然のことでもなければ、目的もなく盲目的に流れ出ていくようなただのエネルギーの放出のことでもありません。[12] 人は情動のなかでまったく自分を失い、枯渇し、ついには燃えつきて何も残りません——灰が積もるだけ、それだけです。狂気においても同じことが起こります。ある状態に陥り、そこから出られなくなるのです。情動のなかで燃え上がり、爆発します。ただし、そこから離れられる可能性はあります。この可能性を見出したなら、その人はほんとうにひとりの人間になるのです。マニプーラでは、彼は自然の子宮のなかにおり、極端なまでに自動的です。それは単なるプロセスにすぎません。しかし、アナーハタになると、新しいものが現れてきます。自分自身を情動的なできごとより上に引き上げて、それらをじっと見つめるという可能性です。彼はみずからの心臓にプルシャを、親指ほどのものを、「小よりも小さく、大よりも大きい」[13] ものを見出すのです。アナーハタのセンターには、シヴァがリンガのかたちで再び登場しています。そして、小さな炎は、自己がはじめて胚種のように現れてくることを意味します。

デル氏　先生のおっしゃっているプロセスは、心理学用語では個性化のはじまりということになるのでしょうか。

ユング博士　そうです。それは情動からの離脱です。人はもはや情動と同一ではありません。自分自身を思い出すことに成功すれば、自分自身とあの情欲の爆発とを区別することに成功すれば、人は自己を見出します。個性化しはじめるのです。そう、アナーハタにおいて個性化ははじまります。しかし、ここでもインフレーションに陥りがちです。個性化（individuation）とは、人が自我になることではありません——もしそうであれば、利己主義者（individualist）になってしまうでしょう。ご存知のように、利己主義者とは、個性化することに成功しなかった人です。哲学的に蒸留されて不純物が取り除かれた利己主義者なのです。個性化とは、自我ではないものになることです。これは非常に奇異なことです。したがって、自己がどんなものであるのかは、誰にもわかりません。自己とはまさにその人ではないもの、自我ではないものなのですから。自我は発見します。自分は自己と緩やかに結びついた付属物にすぎないのだ、と。なにしろ、自我はいつもはるか下方のムーラーダーラにいて、四階のアナーハタには何かが存在するということに突然気づくのです。それが自己です。

さて、自分は同時に地階でも四階でも暮らしている、自分はプルシャそのものだ、などと誤って考える人がいるとしたら、どうかしています。彼はほかでもありません、ドイツ人がきわめて適切にも verrückt と表現しているものです。両足をどこか別の高いところに持っていかれてしまった、という意味です。彼はまさにそこで立ち上がろうとして、ひっくり返ってしまうわけです。私たちだって、プルシャをただ目にするだけなら、つまり彼の両足がそこで高く持ち上げられているのを目にすることだけなら、可能です。だからといって、私たちがプルシャであるわけではありません。それは非個人的なプロセスを表す象徴です。自己はきわめて非個人的な、きわめて客体的な何かです。もしもみなさんがみなさんの自己において活動するとしたら、みなさんはみなさん自身ではありません――そうお感じになるでしょう。まるで見知らぬ他人になったかのような感じで活動しなければなりません。みなさんは自分が買っているのではないかのように買い、自分が売っているのではないかのように売ることになるでしょう。あるいは、聖パウロが言うように、「生きているのは、もはやわたしではありません。キリストがわたしの内に生きておられるのです」［「ガラテヤの信徒への手紙」二章二〇節］ということです。これは、彼の生が客体的なそれになった、という意味です。彼自身の生ではなく、もっと偉大な者、プルシャの生になった、という意味です。

ある程度の文明レベルにある未開の諸部族は、アナーハタを発見しているのが普通です。すなわち、推論しはじめており、また判断しはじめています。もはやまったくの未開ではありません。彼らは儀式を手の込んだものにしています――彼らが原始的であればあるほど、その儀式は手が込んでいます。マニプーラの心理を押しとどめるためにそうした儀式が必要なのです。彼らはいろいろな取り引きや交際をするために、あらゆる種類の物、魔法の円、形式を作り出しています。そうした特殊な儀式はすべて、マニプーラの爆発を防ぐための特別な心理学的テクニックです。未開の人たちと取り引きをする場合、みなさんがあること――私たちからするとまったくどうでもよいこと――をするのが事実上しきたりになっています。しかし、このルールをちゃんと知っていなければ、未開の人たちとは何もできないのです。

たとえば、そこには明白なヒエラルキーがなければなりません。つまり、取り引きを持ちかけるのは、有力な者でなければならないのです。もしも私のほうが取り引きを持ちかけるなら、私は椅子を持っている必要があります。そして、ほかの者たちは地べたに座ります。すぐに座らないといけません。族長は鞭を持った男たちを従えており、彼らはただちに座らない者がいる場合には鞭を鳴らします。取り引きを持ちかける者は口を開きません。まずは贈り物――マッチ、煙草――を順に配ります。族長は必ず、下々の者たちよりもたくさんの煙草をもらわなければなりません。というのは、上に権威があることを示すため、そのときのヒエラルキーを強調する必要があるからです。[14] これはすべてマニプーラに対抗するための儀式です。そして、それが沈黙のうちになされたならば、取り引きを持ちかける者がしゃべりはじめます。シャウリ（shauri）がある、商売をしたい、と言うのです。それがはじまりになります。おわかりのように、私はみんなを呪縛するマントラ［真言、呪文］（mantra）を口にしなければならないのです――誰もしゃべることは許されず、みんなが傾聴します。それで私は自分のシャウリについて述べます。その後で私の商売相手もしゃべるのですが、とても低い、ほとんど聞き取れないような声でです。それに、彼は立ってはいけません。声が大きすぎると、鞭を持った者がやって来ます。声高にしゃべってはいけないわけですが、なぜかというと、それは情動を示すものであり、情動が存在するようになるや否や闘争や殺し合いが起こる可能性があるからです。また、取り引きが終わったら、シャウリ・キシャ（shauri kisha）と言わなければなりません。「今、取り引きは終わった」という意味です。

　私は一度、そのように言う前に立ってしまいました。すると、族長は激昂して私のところへ来て、「まだ立つな」と言いました。そこで私がシャウリ・キシャと述べると、すべてはうまくいきました。マントラを唱えれば、行ってよいのです。私は、魔法の円は今ことごとく消え去るなり、と言わなければなりません。そうすれば、誰か機嫌を損ねてはいないか、誰か怒ってはいないか、と気にせずに立ち去ることができます。さもないと危険です。何かが、もしかすると殺人が、起こるかもしれません。というのも、人が立ち上がるのは、明らかに正気をなくしたためなのですから。彼らがダンスで興奮しすぎて殺し合いをはじめるというのは、ときどき起こることです。たとえば、セレベス諸島を探検した、従兄弟同士のパウル・サラシンとフリッツ・サラシンは、ほんとうにきわめて友好的だった人々に殺されかけました。[15] そこの人々は戦のダンスを見せていて、たいそう戦の気分になり、ひどく狂乱したため、ふたりに槍を投げつけてしまったのです。逃げることができたのは、まったくの幸運でした。

　おわかりのように、アナーハタはまだ非常に弱々しく、私たちにはマニプーラの心理がきわめて身近なのです。今も私たちは、マニプーラの爆発を避けるため、人には礼儀正しくしていなければなりません。

第三講

一九三二年一〇月二六日

ユング博士　チャクラの検討を続けましょう。ご記憶のことと思いますが、私たちは主にマニプーラからアナーハタへの変容について話していました。アナーハタでは、ムーラーダーラからはじまって一連の四段階を経てきたことが達成されます。では、これら四段階は、どのように性格づけることができるでしょうか。

ライヒシュタイン博士　四大元素[*1]です。

ユング博士　そのとおりです。低次の四つのセンターには、各々それに属する元素があります――ムーラーダーラは土、スヴァディシュターナは水、それからマニプーラは火、最後にアナーハタは空気［風］となります。ですから、すべてを揮発性の――揮発性物質の――増大に伴う諸元素の変容の一種と見ることができます。そして、次に私たちが至るのはヴィシュッダ[1](viśuddha)、これはエーテル[*2]［空《くう》］(ether)のセンターです。では、エーテルとは何なのでしょうか。これについて物理学の観点から何かご存知ですか。

意見　エーテルはあらゆるものを貫いています。

ソウヤー夫人　それは捉えることができません。

ユング博士　なぜ捉えられないのでしょう。あらゆるものを貫いているのなら、なぜあらゆるところに見出せないのでしょうか。

デル氏　それは観測できません。つまり、それはひとつの観念なのです。

ユング博士　そうです。それは人の脳のなかにしか見つかりません。ほかにどこにもないのです。それは、物質が持っているはずの諸性質をまったく持たない実体、という概念です。物質ではない物質です。そのようなものは、どうしてもひとつの概念でなければなりません。では、ヴィシュッダ・センター――四大元素を超えた――において、人はどのような段階に達するのでしょうか。

クロウリー夫人　おそらく、いっそう意識的な状態、抽象的な思考ではありませんか。

ユング博士　そうです。抽象化の領域に至るのです。人はそこで、いわば経験的世界を超えて一歩を踏み出し、概念の世界に入ります。ならば、概念とは何ですか。私たちは諸概念の実体を何と呼んでいるでしょうか。

クロウリー夫人　心理学ですか。

ユング博士　あるいは、心的な心理学と言うのがよいでしょう。これなら、心的なことがらに関する科学を表すものとなるでしょう。私たちがそこで到達する現実は、心的な現実です。それは心的な実体の世界です、そういう言い方をしてよければですけれど。心的な現実の世界と呼ぶのがいちばん近いと思います。ですから、一連のチャクラを説明するもうひとつの観点があるとしたら、粗大《グロス》な物質から微細《サトル》な、心的な物質へと昇りつめていく、というものでしょう。さて、土からエーテルへというこの変容の観念は、ヒンドゥー哲学の最古の構成要素のひとつです。五大元素という概念は、サーンキャ哲学[*3]の一部になっています。サーンキャ哲学は仏教以前のもので、遅くとも紀元前七世紀には成立していました。ウパニシャッドのような、その後のヒンドゥー哲学は、すべてサーンキャ哲学を起源としています。ですから、この五大元素という概念は、遡っていけばきりがないでしょう――どれくらい古いか言うことはできません。こういう構成要素があることから、タントラ・ヨーガの基本的観念ははるか昔に遡るということがわかります。また諸元素の変容という観念を見ると、タントラ・ヨーガが西洋中世の錬金術の哲学と似ていることもわかります。そこには、まったく同じ観念を見出すことができます。粗大な物質から心という微細な物質への変容――当時の理解にあったように人間の昇華――です。

チャクラのこうした錬金術的側面についてお話しするに際して、マニプーラ、火のセンターの象徴にご注目いただきたいと思います。たぶん覚えておいでだと思いますが、火のセンターの図像には、奇妙な取っ手ともいうべきものがあります。ハウエル教授は仮説として、卍《まんじ》の一部だと説明しておられましたね。[2]さて、正直申しまして、私は脚が三本しかない卍の象徴というのを見たことがありません。トリスケロス[*4]（triskelos）というギリシアの図案がありますが、それがインドにあったかどうか、私にはわかりません。紀元前四〇〇年から紀元前二〇〇年の時期のシチリア島のギリシア硬貨に、それは刻まれていました――その頃、シチリア島はマグナ・グラエキア[*5]［大ギリシア］の一部で、大きくて繁栄している植民地でした。トリスケロスとは、このような三本脚のものです。しかし、卍はこんな感じ、四本脚で走っている感じですね。ですから、もしかすると、これらはマニプーラの三角につけられた取っ手なのかもしれません。私はどちらかというと、それらは壺の取っ手――壺を持ち上げるための――であって、その上にはやはり取っ手のついた蓋があるように思います。これはたぶん錬金術の側面から説明できるでしょう。マニプーラは火の領域ですから。それは台所ないしは胃です。食べ物が料理されるところです。人は食べ物を壺に、あるいはお腹に詰め込みます。そこでは食べ物が血によって熱せられます。食べ物はそのように下準備を施され、それで消化できるようになるわけです。

　料理することは、消化の先取りです。一種の予備消化です。たとえばアフリカですと、パパイヤの木には非常に特殊な性質があります。果実や葉がたくさんのペプシンを含んでいるのです。ペプシンは胃液のなかにもあって、すぐれた消化剤になります。黒人は肉を料理するかわりに、パパイヤの葉に二、三時間包んでおきます――部分的に消化されてくるわけです。予備消化されるのです。つまり、料理の技術というのは、すべて予備消化です。私たちはみずからの消化能力の一部を台所に移しました。ですから、台所は各家の胃となり、食べ物に下準備を施す仕事は、ほんものの胃からそちらに持っていかれてしまいます。口もまた予備消化の器官です。唾液は消化のための物質を含んでいます。そして、歯の機械的運動は予備消化的です。食べ物を切り刻むのですからね。それは、野菜を刻むときなどに台所でもやっていることです。ですから、実際、台所は人体から飛び出した消化管だと言ってかまいません。そして、それは、ものごとが変容させられる錬金術的な場所なのです。

　したがって、マニプーラは、物質が消化され、変容させられるセンターということになります。その次に期待するとしたら、完成したものとして示される変容でしょう。事実、このセンターは横隔膜のすぐ下にあります。横隔膜はアナーハタと腹部のセンターとを分ける線になっています。

　マニプーラの次はアナーハタ[3]です。そこでは、まったく新しいことが起こります。つまり、新しい元素がそこにはあるのです。空気です。もはや粗大な物質はありません。火ですら、ある意味では粗大な物質として理解されます。火は空気よりも厚く、濃い。それに、まったく可視的です。空気は見えませんが。

火はきわめて動きやすいけれども、まったく明瞭に区別でき、ある意味では触れることができます。けれども、空気はこの上なく軽く——風として感じるのでなければ——ほとんど触れることができません。それは火に比べれば相対的に静穏です。火は動き、燃えます。

　つまり、横隔膜のところで、可視的で触れることのできるものからほとんど不可視で触れ難いものへの閾を越えるのです。そして、アナーハタにおけるこれら不可視のものは、心的なものです。というのも、そこは感情とか心とかと呼ばれるものの領域だからです。心臓《ハート》は感情によって特徴づけられ、空気は思考によって特徴づけられます。それは息をする存在です。それゆえ、人はいつも、魂や思考を息と同一視してきたのです。

　たとえば、インドにはこういう風習があります。父親が亡くなるとき、長男は最期を見ていなければなりません。父親の最期の息を吸い込むためです。それは魂です。彼の生を継続させるためにそうしないといけないのです。スワヒリ語のrohoは、死にかけている人の苦しそうな呼吸を意味し、ドイツ語ではröchelnに当たるのですが、rohoには魂という意味もあります。アラビア語のruchに由来することは疑いの余地がありません。これは、風、息、精神［霊］を意味する言葉で、たぶんもともとは苦しそうな呼吸と同じ観念だったのでしょう。つまり、精神「霊」や心的なものの観念は、もともとは息や空気の観念なのです。ラテン語で精神《マインド》はanimusといい、それがギリシア語で風を意味するánemosと同一である、ということは以前にお話ししました。

　心臓は常に感情によって特徴づけられます。感情状態が心臓に影響を与えるからです。世界中どこでも、感情は心臓と関連づけられています。みなさんに感情がないなら心臓はありません。勇気がないとしたら心臓はないのです。勇気は明確な感情状態ですから。そして、みなさん、「心《ハート》に留めておきなさい」と言いますね。あるいは、何かを「そら《ハート》」で覚えるでしょう。ものはもちろん頭で暗記するのですが、心臓《ハート》に留めておかなければ覚えてはいられません。心臓で覚えた場合にだけ、ほんとうに自分のものになるのです。別の言い方をすると、それが感情に結びついていないならば、それがアナーハタ・センターに達するほど体のなかに沈んだことがなかったならば、非常に揮発性が高いため飛び去ってしまいます。それが保たれるためには、もっと下のセンターに結びついていないといけません。だからこそ、先週みなさんにお話ししたような生徒への教え方というのがあるわけです。先生が鞭を使うのですが、怒りや苦しみによって生徒に字を覚えさせるためにそうするのです。痛みと結びついていなければ、生徒は字を覚えてはいないでしょう。これは未開の人の場合、とりわけよく当てはまります。そういうやり方でなければ、何も覚えないのです。

思考や価値の真の重要性は、それらを人生における強制力と考えたときにだけはっきりします。未開の人たちの間でそのような価値や思考が認識されればじめたら、部族の秘密の教えのなかに具現されるでしょう。それは思春期のイニシエーションのとき、しっかりと覚えさせるため、苦痛や苦悩とともに与えられます。同時に、なにがしかの道徳的価値が教えられ、マニプーラの情欲の火がただ盲目的に活動するのを防ぎます。

つまり、まさにアナーハタは、心的なものごと、価値や観念の認識がはじまるセンターです。人が文明化されていくなかで、あるいは個人としての発達のなかでそのレベルに達したら、その人はアナーハタにいると言ってよいでしょう。彼はそこで、心的なものごとの力と実質、あるいは実在性にうすうす感づくのです。

たとえば、マニプーラに達している分析中の患者を考えてみましょう。マニプーラでは、彼はまったくもってみずからの情動と情欲の餌食となっています。私はこう言います。「でも、あなたは実際、もう少し理性的であるべきです。ご自分が何をなさっているか、おわかりになりませんか。親戚にたいへんな迷惑をおかけになっているんですよ」。これは何の印象も残しません。しかし、その後、こうした話が説得力を持ちはじめます。つまり、横隔膜の閾に行きあっている——アナーハタに達した——ことに気づくのです。ご存知のように、価値、確信、一般的観念というのは、自然科学においては見出せない心的な事実です。それらは捕虫網では捕まえられませんし、顕微鏡で見つけることもできません。アナーハタでしか見えるようにはならないのです。さて、タントラ・ヨーガによりますと、プルシャはアナーハタにおいてはじめて見えてきます。人の精髄、至高の人、いわゆる根源の人が、そのとき見えるようになるのです。ですから、プルシャは、思考や価値、感情といった心的なものと同一です。諸々の感情や観念を認めると、人はプルシャを目にします。そこではじめて人は、自分が自分自身とはちがう心理学的ないし心的存在のなかにいることにうすうす気づきます——自分がそのなかに包まれている存在に気づくのです。それはその人よりも偉大で、かつ重要なのですが、まったくの心的な存在です。

おわかりのように、ここで終わってもかまいません。人間性の成長はこれでほぼカバーされていると言えます。誰もが心的なものごとにはなにがしかの重さがあると確信しているわけですから、人類は全体としてほぼアナーハタに達しています。たとえば、大戦はみんなに、いちばんの重みを持っているのは imponderabilia［計量不能なもの］、つまり大衆の意見や心的な感染のごとき重さの量りようがないものなのだ、と実践的に教えました。戦争はいっさいが心的な現象です。その原因の根っこを探したとしても、たぶん人間の理性や経済上の必要性から

郵便はがき

料金受取人払

本郷局承認

5197

差出有効期間
2024年1月
31日まで

113-8790

（受取人）

東京都文京区
本郷7-2-8
吉川弘文館　営業部内
〈書物復権〉の会　事務局 行

ご住所　〒 TEL	
お名前（ふりがな）	年齢 代
Eメールアドレス	
ご職業	お買上書店名

※このハガキは、アンケートの収集、関連書籍のご案内のご本人確認・配送先確認を目的としたものです。ご記入いただいた個人情報は上記目的以外での使用はいたしません。以上、ご了解の上、ご記入願います。

11出版社　共同復刊
＜書物復権＞

岩波書店／紀伊國屋書店／勁草書房／青土社／創元社
東京大学出版会／白水社／法政大学出版局／みすず書房／未來社／吉川弘文館

この度は＜書物復権＞復刊書目をご愛読いただき、まことにありがとうございます。

本書は読者のみなさまからご要望の多かった復刊書です。ぜひアンケートにご協力ください。

アンケートに応えていただいた中から抽選で10名様に2000円分の図書カードを贈呈いたします。

(2023年1月31日到着分まで有効）当選の発表は発送をもってかえさせていただきます。

●お買い上げいただいた書籍タイトル

●この本をお買い上げいただいたきっかけは何ですか？
．書店でみかけて　2．以前から探していた　3．書物復権はいつもチェックしている
．ウェブサイトをみて（サイト名：　　　　　　　　　　　　　　　　　　　）
．その他（　　　　　　　　　　　　　　　　　　　　　　　　　　　　　　）

●よろしければご関心のジャンルをお知らせください。
．哲学・思想　2．宗教　3．心理　4．社会科学　5．教育　6．歴史　7．文学
．芸術　9．ノンフィクション　10．自然科学　11．医学　12．その他（　　　　）

●おもにどこで書籍の情報を収集されていますか？
．書店店頭　2．ネット書店　3．新聞広告・書評　4．出版社のウェブサイト
．出版社や個人のSNS（具体的には：　　　　　　　　　　　　　　　　　　）
．その他（　　　　　　　　　　　　　　　　　）

●今後、＜書物復権の会＞から新刊・復刊のご案内、イベント情報などのお知らせを
お送りしてもよろしいでしょうか？
．はい　　　　　　　　　2．いいえ

●はい、とお答えいただいた方にお聞きいたします。どんな情報がお役に立ちますか？
．復刊書の情報　2．参加型イベント案内　3．著者サイン会　4．各社図書目録
．その他（　　　　　　　　　　　　　　　　　　　　　　　　　　　　　　）

●＜書物復権の会＞に対して、ご意見、ご要望がございましたらご自由にお書き下さい。

勃発するものとして説明することはできないでしょう。人はこう説明するかもしれません。ドイツはいっそうの拡大を必要としていて戦争をはじめなければならなかった、あるいは、フランスは脅威を感じてドイツを打ち倒さなければならなかったのだ、と。ところが、誰も脅かされてはいませんでした——みんなそれなりにお金は持っていて、ドイツの輸出は年々増加していました。ドイツは必要なだけの拡大をしていたのです。思いつくような経済的な理由は、まったく当てはまりません。あの現象を説明できません。まさにあのときは、知られざる心的な理由から、ああしたことが起こらなければならなかったのです。人間の大きな動きは、何であれ、いつも心的な理由からはじまってきました。そう、私たちのしてきた経験こそが、心的なものを信じよと教えたのです。それゆえ私たちは、たとえば群衆心理をほんとうに恐れています。現代の人は、誰でもそれを考えに入れることになるでしょう。それに、かつては広告の価値など信じる人はいませんでした。それが今ではどうですか。あるいはまた、隔週発行の小さな紙きれ——ガゼットですね、今は新聞と呼んでいますが——が世界的な権力になるなどと、いったい誰が思っていたでしょうか。新聞は今日、世界的な権力として認知されています。それは心的な事実なのです。

ですから、私たちの文明はアナーハタの状態に至っていると言えます——私たちは横隔膜を克服したのです。もはや、ホメロスの時代に古代ギリシア人がしたように、心を横隔膜に位置づけたりはしません。意識の座は上方のどこか頭のなかにあるにちがいない、と信じています。私たちはすでに、アナーハタの向こうまで届く視力を持っています。プルシャに気づきつつあるのです。ところが、いまだに心的な実在の安定性を信頼していません。つまり、まだヴィシュッダには達していないのです。私たちは今なお、物と心的な力とからなる物質的世界を信じています。そして、心的な実在ないしは実質を、宇宙的な何かに関する観念とも、物理的な何かに関する観念とも、まったく結びつけることができません。私たちは物理学の観念と心理学の観念との架け橋をまだ見出してはいないのです。[4]

したがって、私たちは集団としては、アナーハタからヴィシュッダまでの懸隔を越えてはいません。ですから、ヴィシュッダについて語るとなると、人がなにがしか躊躇を覚えるのは当然です。それが何を意味するのかを理解しようとするとき、私たちは、把握し難い未来へとただちに踏み込んでいることになるのです。ヴィシュッダでは世界に関する現実的な概念を超えてしまうのですから、私たちはある意味でエーテル「空《くう》」の領域に達します。なんと、ピカール教授が成し遂げたのよりすごいことをやろうとしているわけです。[5] 彼は成層圏に行っただけです——きわめて稀薄なものに達したことは認めますが、それはまだエーテルではありませんでした。ですから私たちは、私たちを宇宙に放り上げてくれる、大規模な打ち上げ花火のようなものを造らなければなりません。それは、抽象的な観念と価値の世界、心が本質である世界、心的現実が唯一の現実である世界、あるいは、物が心的現実という広大な宇宙を取り巻く薄皮に、つまり心的な真の実在を取り囲むまやかしの縁飾りになっている世界です。

たとえば、原子の概念は、ヴィシュッダ・センターの抽象的思考に相当するものと考えてよいかもしれません。さらに、私たちの経験が万一そのようなレベルに達したとしたら、尋常ならざるプルシャの光景を目にするでしょう。なぜなら、そうなれば、プルシャがまさしくものごとの中心になるからです。それはもはや、ほの暗い姿をしてはいません。いわば、究極の現実になっているのです。おわかりのように、その世界は、私たちが物理学の最も抽象的な観念と分析心理学の最も抽象的な観念との架橋に成功したときに実現されるでしょう。その橋を造ることができたなら、少なくともヴィシュッダの門口には到達しているでしょう。それが条件です。つまり、この条件が満たされるなら、私たちは集団としてそれに到達しているだろう、道は開かれるだろう、ということです。しかし、このゴールはまだはるか彼方です。なぜなら、ヴィシュッダとは、まさに私が申し上げたようなことを意味するのですから。すなわち、心的な本質ないしは実体を世界の根源的な本質だと充分に認識すること、しかも思弁によってではなく事実によって、つまり経験として認識することを、です。アージュニャー（ājñā）やサハスラーラ[6]（sahasrāra）について思弁しても役に立ちません。神のみぞ知るです。それらについて考えることはできますが、その経験がなかったならそこにいることにはなりません。

ひとつの段階から別の段階へ移行した例をお話ししましょう。これ以上はないというくらい外向的な人の事例です。彼はいつも、世界は自分が知らないところならどこもみなすばらしい、と確信していました。そこにはほんとうの至福がありました。彼はそれに向かって突き進んでいかなければなりません。当然ながら、彼は常に女を追いかけまわしました。なにしろ、自分がまだ知らない女たちには、必ずや人生と至福の秘密が含まれているのでしたから。通りで女性が男性と話をしているのを見ると、彼は羨望を感じないではいられませんでした。それがまさに彼の求めてきた女性であるかもしれないのですからね。もちろん、ご想像のとおり、うまくいったためしはありません。どんどんうまくいかなくなって、彼は完全に物笑いの種になってしまいます。歳も取ってきて、究極の女性に逢えるチャンスはめっきりと減りました。こうして、新しいことに気づく時がやって来たのです。彼は分析に通いはじめ、次のようなことが起こってはじめて変化が生じました。彼は通りを歩いていました。ある若いカップルが、親しげに語り合いながら近づいてきました。その途端、彼は心臓に痛みを覚えました――それがかの女性だったのです。それから急に痛みは消え、彼は一瞬、きわめて明瞭なヴィジョンを見ました。彼はこう気づいたのです。「なるほど、それは彼らがやってくれるんだ。今もその最中だ。ものごとはちゃんとなるようになる。これ以上、気にする必要はない。やったあ」。

　さて、いったい何が起こったのでしょうか。ほかでもありません、彼が横隔膜の閾を越えたということです。マニプーラでは人は情欲に盲目なのですから。もちろん、そのようなカップルを目にすると、彼はこう考えます。「私もあれがほしい。私こそがあの男だ」と。そして、マニプーラでは、彼はその男です。彼はバッファローというバッファローすべてであり、当然ながら、自分のなかから跳び出して他人のなかに入れなければ不満を訴えます。ところが、彼はここで突然、自分がその男ではないことに気づきます。幻影のベールを、あの神秘的な同一性を突き破り、自分はそいつではないと知るのです。ただし、自分が彼と特殊な仕方で同一であるということ、その男は生の営みを続ける自分自身であるということも、うすうす感じ取ります。つまり、その男は捨て去られるわけではないのです。というのも、彼の実体は彼の個人的な自己であるだけではなく、その若い男の実体でもあるからです。彼そのものが生き続けており、ものごとはちゃんとなるようになるのです。そして、彼はそのなかにいます。外にいるのではありません。

　おわかりのように、これは、マニプーラというかたちより上の、あるいはマニプーラというかたちを超えた、心的な実在の姿です。それは思考［観念］にほかなりません――目に見える世界のなかでは何も変わっておらず、原子一個といえども場所を変えてはいないのです。しかし、ひとつ変わったことがあります。心的な実体がゲームに入ってきたのです。おわかりのように、ただの思考、あるいはほとんど筆舌に尽くしがたい感情、心的な事実が、彼の全状況、全人生を変えるわけです。そして彼はアナーハタへ、心的なことがはじまる世界へと踏み出すことができるのです。

　さて、アナーハタからヴィシュッダへの移行もそっくりなのですが、そこに入るのは先に進みすぎです。おわかりのように、アナーハタでは、思考と感情は対象と同じものです。たとえば、男性にとって感情はある女性と同じものであり、女性なら特定の男性と同じです。科学者の思考は、これこれという本と同じものです。それはそういう本なのです。つまり、感情にとってであれ、精神《マインド》にとってであれ、常に外的な条件があります。思考というのは常に特定の対象と同一なのですから、常に特有なかたちの思考です――たとえば、科学的な、哲学的な、美的な、といった具合に。同じように感情は、ある人やものごとと同一です。誰かがこれこれのことをしたからこそ、人は怒ります。

これこれという条件があるからこそなのです。それゆえ、私たちの情動、価値、思考、信念は、諸々の事実と、つまり私たちが対象と呼ぶものと、相互に依存的です。それらはそれら自体のなかにも、それら自体によっても存在しません。今申しましたように、それらは具体的な諸々の事実と織り合わされています。

おわかりのように、ときには、現実にもとづかない信念や感情をいっさい持たないことが、ひとつの理想になります。マニプーラからアナーハタへと超え出なければならない場合、その人には教育を施す必要もあります。情動は現実的な基盤を持つべきであるということ、単なる憶測で誰かに毒づいてはいけないということ、そうするのを正しいとしないなら必ず理由があるということ、を教えるのです。感情が事実にもとづくものであるべきだということをちゃんと学ばないといけません。

しかし、アナーハタからヴィシュッダに移るには、そういうことをすべて忘れるべきです。いっさいのことを認めるべきですらな事実とは何の関係もない、ということを認めるべきですらあります。たとえば、みなさんがある人やあることに対して感じる怒りは、たとえどのように正当化されるとしても、そうした外的なものによって引き起こされはしません。まったく独自に起こる現象なのです。これは、私たちが主体水準[*6]での見方と呼んでいるものです。ある人がみなさんを攻撃し、みなさんがその人を夢に見て、そのなかで同じ怒りを再び感じたとしましょう。私はこう言います。「その夢はまさしく、怒りがどんな意味を持っているか、現実にはいかなるものであるか、を教えてくれています」。けれども、みなさんは、その人がこれこれのことを言ったと強く主張します。つまり、そのような怒りを感じ、彼にそういう態度をとることを、まったくもって正当化するわけです。なるほど、それは完全にほんとうのことだと認めなければなりません。そして私は腰を低くしてこう言うのです。「よろしい。あなたは怒りをお感じになったのですから、そして今はまた理性を取り戻しておられるのですから、この夢について考えてみましょう。主体水準の解釈というのがありますのでね。あなたはその人のことを自分のとりわけ嫌いなやつ(bête noire)と考えておられますが、彼はまさしくあなた自身です。あなたは自分自身を彼に投影しています。あなたの影は彼のなかに現れます。そして、それがあなたを怒らせるのです」。当然、人はそのような可能性を認めたがりません。しかし、しばらくして、分析のプロセスが効果を発揮すれば、それがいかにもほんとうだとわかりはじめます。私たちはたぶん、私たち自身の最悪の敵とさえ同一です。換言すれば、最悪の敵は、おそらく私たち自身のなかにいるのです。

その段階に達したら、みなさんはアナーハタを離れはじめます。なぜなら、物質的な外的事実と内的ないしは心的な事実との絶対的な結合を解くことに成功したからです。みなさんは世界というゲームをみずからのゲームと考えはじめます。外側に現れる人たちをみずからの心的な状況の代表者と考えはじめます。何が降りかかろうとも、外界においてどんな経験や冒険をしようとも、それはみなさん自身を経験することなのです。

たとえば、ある分析は、その分析家が何者かということには左右されません。それはみなさん自身を経験することです。みなさんが分析で経験なさることは、私によるものではありません。みなさんが何者かということです。みなさんは私とともに、まさしくみなさん自身を経験するような経験をなさるでしょう。誰もが私に恋するわけではありません。誰もが私の辛辣な言葉に対して反撃するわけではありません。誰もが私の非常に激烈な表現を賞讃するわけではありません。分析のなかで私はいつも同じユング博士なのですが、そこでの経験というのは、人によって非常に異なる経過をたどります。個人はひとりひとり非常に異なっています。そして、そのために、分析は異なった経験となるのが常です。私にとってもです。私はそうしたあらゆる状況において私自身なのですが、患者のみなさんは多様であり、それゆえに分析の経験は私にとっていつでも多様なのです。けれども、当然ながら、患者はこう信じています。自分の分析は、私がそのなかにいるがゆえにこうなのだ、と。彼には、それが主体水準で自分自身を経験することでもあるとはわかりません。患者が分析をそのように――個人的な戯れごとだとか個人的な議論だとかというふうに――見ているかぎり、彼はそこから得るはずだったものを得てはいません。なぜなら、彼は自分自身を見ていなかったからです。彼がほんとうに自身を経験することとして分析を見はじめたら、ユング博士、つまりゲームのパートナーは単に相対的なものにすぎない、とわかるでしょう。そのパートナーは、患者がそう思っているところのパートナーなのです。彼はその人が自分の服を掛けているフックにすぎません。彼はそう見えるほどには実体がありません。彼はその人が主体水準で経験する彼自身でもあるのです。

それがわかるなら、ヴィシュッダへの途上にあります。なぜなら、ヴィシュッダにおいては、世界というゲームのいっさいが、主体水準での自分自身の経験と化するのです。世界そのものが心の反映となります。たとえば私が、世界は心的なイメージのみからできている、と言うとしましょう。つまり――何であれみなさんが触れるもの、みなさんが経験することは、すべてイメージされているものです。なにしろ、みなさんはイメージ以外、何ら知覚できないのですから。このテーブルに触れたとき、みなさんは実体があるとお考えになるかもしれませんんが、実際に経験していらっしゃるのは、触覚神経から脳へ伝えられる特有のメッセージなのです。そして、みなさんは、そういうことすら経験してはいないかもしれませんよ。私がみなさんの指を切断しても、みなさんはなおその指を経験なさいます。[*7] なにしろ、切断された神経は、そういうふうにしか機能できないのですから。そして、ここまで来ると、みなさんの脳でさえもひとつのイメージにすぎなくなりますね――こういう異教的なことを言うとすれば、私はヴィシュッダへの途上にいるのです。万一、私がみなさん全員をヴィシュッダへ連れていくことに成功したとしたら――そんなことにならないよう願っていますが――みなさんはきっと不満を口にされるでしょう。息苦しい、もう息ができません、と。それもそのはず、そこには呼吸できるものなど何もないのですから。それはエーテルです。ヴィシュッダに至れば、そこは空気のない空間なのであって、普通の人には、地上と同じような、呼吸ができるような機会はありません。そう、それは非常にきわどい冒険なのです。

さて、こうしたセンターについて語るとき、実際の諸象徴のことを省略するわけにはいきません。それらは多くのことを教えてくれます。まだみなさんにはお話ししていなかったのですが、動物象徴に関心を向けていただきたいと思います。ご存知のように、この動物のシリーズは、ムーラーダーラの大地を支える象からはじまります。これは、人間の意識を支える膨大な衝動、私たちにそうした意識的世界を建設するよう強いる力を意味しています。ヒンドゥー教徒にとって、象は飼い馴らされたリビドーの象徴として機能します。私たちにとっての馬のイメージとそっくりです。それは意識の力、意志の力、したいことをする能力を意味しています。

次のセンターにはマカラがいます。レヴィアタンですね。つまり、ムーラーダーラからスヴァディシュターナに移ると、それまでみなさんを養ってきた力が、まったく異なった性質を示すようになります。この世界の表面では象であるものが、深みにおいてはレヴィアタンであるのです。象は地表における最大、最強の動物です。そして、レヴィアタンは下方の水中におけるいちばん大きくて、いちばん恐ろしい動物です。けれども、両者はまったく同一の動物なのです。みなさんを意識へと向かわせ、意識の世界で支えてくれる力が、次のセンターに行くと最悪の敵であることがはっきりします。というのも、そこでは人はまさにこの世界から出ていこうとしているわけで、この世界にしがみつかせるものは、すべて最悪の敵となるからです。この世界における最大の至福は、無意識においては最大の呪いです。ですから、マカラは正反対になるのです。水中の象、みなさんを呑み込む鯨－竜は、それまでみなさんを養い支えてきたものです――ちょうど、みなさんを育ててくれたやさしいお母さんが、後には、みなさんを再びひと呑みにしてしまう、呑み込む母親になるのと同じように。もしも彼女のことを断念できないなら、彼女は絶対の否定的要素になります――彼女はみなさんの子ども時代と青年時代の生を支えてくれますが、みなさんがおとなになるためには、それをすべて捨て去らなければなりません。そうなると、母親の力はみなさんに敵対するものになります。つまり、誰であれ、別の種類の意識、水の世界、あるいは無意識を目指してこの世界から離れようとする人には、象が敵対してくるのです。そのとき象は地下の冥界の怪物になります。

マニプーラでは、牡羊が象徴的な動物になっており、牡羊は火神アグニ[*8]の聖獣です。これは占星術的ですね。牡羊座は火星の宿るところです。火星は情欲、衝動性、無分別さ、暴力などを司る火の惑星です。牡羊は適切な象徴です。それはまたしても象なのですが、新しいかたちを備えています。そして、それはもはや打ち勝ちがたい力——象の聖なる力——ではありません。今や供儀の獣であり、しかも相対的に小さな犠牲です——牡牛という大きな犠牲ではなく、情欲というもっと小さな犠牲なのです。すなわち、情欲を犠牲にしても、そんなにひどく高くはつきません。みなさんに敵対する小さな黒い動物は、もはや以前のチャクラにおける深みのレヴィアタンのようなものではありません。危険はすでに小さくなりました。みなさん自身の情欲は、実際、無意識に溺れてしまうことほど危険なものではありません。自身の情欲に無意識的であることは、情欲に苦しむことよりもずっと悪い。そのことが白羊宮、牡羊の表すところです。つまり、牡羊は、みなさんが恐れる必要のない小さな供儀の獣です。もはや象やレヴィアタンの強さを備えてはいないのですから。みなさんは、自身の根本的な欲望ないし情欲に気づいたとき、最悪の危険を克服したことになるのです。

次の動物は羚羊《かもしか》です。当初の力はまたもや変容しました。羚羊は、大地の表面に暮らす牡羊とはちがいます——ちがいは、羚羊は牡羊のように飼い馴らされた動物ではなく供儀の獣でもない、ということです。羚羊はまったくもって攻撃的ではありません。反対にきわめて内気で捕まえどころがなく、非常に俊足です——一瞬にして消えてしまいます。羚羊の群に出逢うと、その消え方にはいつも驚かされます。彼らは大きく跳ねて、まさに虚空に飛び出します。アフリカには、六メートルから一〇メートルも跳ぶ羚羊がいます——ちょっとびっくりですね。まるで翼があるかのようです。彼らはまた優美かつ温和で、途方もなくすらりとした脚と足をしています。大地にはほとんど触れることがなく、鳥に似て、飛び去るのに空気を動かす必要などほとんどありません。つまり、羚羊には鳥のような性質があるのです。それは空気と同じくらい軽い。大地にはここそこでしか触れていません。羚羊は大地の動物ですが、重力からほとんど解放されています。そのような動物は、心的な実体——思考と感情——の力と能率と軽さを象徴するのにふさわしい。それは大地の重さの一部をすでに失っています。それはまた、アナーハタにおいては心的なものごとがうまく逃げる、捉えがたい要素であることを示しています。それは、私たち医師が、ある病気の心因を見つけるのがきわめて難しいと述べるときに言おうとしている性質にほかなりません。

デル氏　それは一角獣[*9]に譬えることもできるでしょうか。

ユング博士　きわめて近いと申し上げてよいでしょう。ご存知のように、一角獣は聖霊の象徴です——それは西洋における等価物でしょう[7]。

ソウヤー夫人　一角獣は犀《さい》に由来します。ですから、犀もひとつの類例でしょう。

ユング博士　そうです。犀は一角獣の伝説のなかに生き延びています。一角獣は実在の動物ではありませんが、犀はこの地域においてはまさに実在の動物でした。たとえば、犀の半頭分が東ヨーロッパのどこか——ポーランドだったと思いますが——の油田で、よい保存状態で見つかりました。それは氷河期のヨーロッパ犀でした。ですから、一角獣はたぶん、人間がほんものの犀をここで目にしていた時代の微かな名残なのです。もちろん、証明することはできませんが、少なくとも、ここで私たちが扱っているプロセス——象から温和でやさしく足の軽い羚羊への変容——の非常によい類例です。

さて、これは心因の非常に適切な象徴です。医学における心因の発見は、まさにマニプーラからアナーハタへの移行に比較しうるものでした。私は教授たちがこう言ったときのことをよく覚えています。「さて、なにがしかの心的な障害というものがあります。想像がそれと何らかの関係があるのは当然です。混乱した心はあらゆる種類の症状を作り出せます」などと。そもそも、心は身体によって生み出された泡か精のようなもので、本質的には無なのであり、いわゆる心理的な原因作用というものは実在しない、それはもっと症候的なものだ、と考えられていました。フロイトでさえ、心因を実体的なものとは考えていません。彼にとって心とは、むしろ生理学的なものであり、身体の生における一種の傍流的できごとです。彼は、そのなかにたくさんの化学現象がある、もしくはあるべきだ、と信じています——あらゆることは身体の化学現象に帰着する、ホルモンすなわち神にはわかっている、というわけです。ですから、ほんとうの心因（なんと医学においてはいまだに認められていませんが）の発見というのは、たいへんな、そして暴露的なできごとなのです。これは、心そのものについて、身体とともに機能するのはもちろんですけれども、ものごとの原因になる資格を持っていると認めることになるでしょう。ご存知のように、医師がそんなことを認めるとしたら、彼はほんとうにはるかな道のりを歩んでいるのです。もしも彼が、微生物、風邪、望ましくない社会的状況、遺伝などと並んで、心因を病気の原因のひとつと考えているとすれば、心が実在していて実際に影響を及ぼすと認めていることになります。論理的な医学マインドは、それがほんとうに捉えうるものかどうか、あまり確信を持っていません。それには羚羊のような捉え難さがあるからです。それに、ご存知のように、心が現実のなかに姿を現す場合には、私たちに敵対しているのが普通です。というのも、敵対しないかぎり、それは私たちの意識と同じものにすぎないのですから。意識は私たちに敵対しません。そして私たちは、すべては自分の意識的な行為なのだと考えており、心的な要素については、自分の行為とはちがうものだと考えるのが常です。それを否認し、抑圧しようとします。たとえば、私が自分でも不愉快な手紙を書こうと思っているとしましょう。すると、すぐに、私に敵対する心的要素が現れます。私はその手紙を見つけることができません——それは神隠しに遭うのです。そして、それを無意識のうちにまちがった場所に置いていたことを発見します。私はその手紙をとりわけ注意深く扱おうとしていたのですが、それに対する抵抗があるために、まちがったポケットのなかに入れるか、何カ月も見つけられないような隅っこに置くかしてしまったのです。私たちはそれを、小悪魔が忙しく働いたせいにしがちです。人は、嫌でもしなければならないものごとが神隠しに遭うという事態のなかに、悪魔的なものを感じます。同じことがヒステリーに見られます。ものごとは、それがまさに問題となるであろうところで、奇妙な展開を見せるのです。正しいことを言うのが非常に重要なところで、まさにまちがったことを言ってしまうわけです。言葉は口のなかで変わってしまいます。ですから、生きている悪魔のようなものが敵対してきているという事実を認めざるを得ません。それゆえに、そのような人たちは悪魔に憑かれている、魔女に魅入られている、などという古い観念があったわけです。

バウマン氏　フリードリッヒ・テオドール・フィッシャー(Friedrich Theodor Vischer)の非常にすばらしい本で、『もうひとり』(*Auch Einer*)[8]というのがあります。

ユング博士　そうですね。ものを知っている人、すなわち、物のなかの小悪魔のことを知っている人にまつわるドイツ語の本です。たとえば、みなさんが眼鏡を失くすとしたら、そんなことをしそうにもない場所にあるのが常でしょう。その眼鏡がまったくぴったりというデザインの椅子の上かもしれませんね。それにみなさん、バターを塗ったパンを床に落っことすときは、決まってバターのついた面から落としていらっしゃるでしょう。あるいはまた、コーヒー・ポットをテーブルに置くとき、その湯気がどうしてもミルク・ポットの取っ手に噴き出るように置いてしまい、その結果、ミルク・ポットを持ち上げるときにミルクをこぼしてしまうのです。

デル氏　Die Tücke des Objekts(物の悪意)です。

ユング博士　そうです。物が持っている悪魔的な狡猾さです。フィッシャーは『もうひとり』のなかで、そのすべてを体系化しました。それは当然ながら非常に荒唐無稽なのですが、彼は心的な要素を正しく取り入れています。なぜなら、それは、ある点で自分の行為であるのに、自分の行為でないからです。つまり、それは悪戯のような感じで起こってきます。心因の捉えがたさは驚くべきものです。分析においても、いつもするりと逃げてしまいます。なにしろ、そこを攻めようとするといつでも、患者がそれを否定して、「でも、それは私のしたかったことなんです。それは私自身です」と言うのですから。彼はいつもそれを別のところにしまい込んでいます。彼自身がそれを見つけるのを恐れているからです。彼は、自分の頭のなかではどこかでネジが一本ゆるんでいるのではないか、と思っています。そして、それは自分が狂っていることを意味すると考えているのです。

ですから、マニプーラからアナーハタへの移行は、ほんとうにきわめて難しい。心が自分で動くもの、真正なものであり、自分自身ではないのだという認識は、理解し受け入れることがこのうえなく困難です。なぜなら、それは、自分と称している意識が終わりを迎えることを意味するからです。意識のなかでは、いっさいは自分が置いたとおりにそこにあります。しかし、人はそのとき、自分が自分の家の主人ではないことを発見するのです。人は自室にひとりで暮らしているのではありません。まわりには、現実をめちゃめちゃにする幽霊がいるのです。それはその人の君主制の終焉です。しかし、もしもこれを正しく、そしてタントラ・ヨーガが示しているとおりに理解するならば、こうした心因の認識は、プルシャをはじめて認知したということにすぎません。それは、このうえなく奇怪かつばかばかしいかたちで現れた、大いなる認識のはじまりなのです。おわかりのように、それが羚羊の意味するところです。

さて、ヴィシュッダでは象が再登場する、ということを覚えておいででしょう。つまり、ここで私たちは、ムーラーダーラでそうだったのと同じように、最強の力に、打ち勝ちがたい聖なる強さを持つ動物に、出逢います。すなわち、私たちを生へ、この意識的現実へと導いたすべての力に出くわすわけです。しかし、ここでは、それはムーラーダーラを、つまりこの大地を支えているのではありません。このうえなく空気に近く、いちばん非現実的で、最も揮発性が強いと思われているもの、すなわち人間の思考を支えているのです。この象は今や、諸々の概念から現実を作り出しているかのようです。私たちは、諸々の概念が、私たちのイマジネーション、私たちの感情や知性の産物——身体的な現象によって維持されているのではない抽象や類似——にほかならない、ということを知るのです。

それらすべてを結びつけるもの、それらすべてを表すものは、エネルギーという概念です。哲学では、たとえば、プラトンの洞窟の譬えを考えてごらんなさい。[9] 彼はあのどちらかというと拙い譬えによって、私たちの判断の主観性を説明しようとしています。これは哲学史において、後に認識論と呼ばれるようになった観念とまさに同じものです。プラトンが語っているのは、洞窟のなかで光に背を向けて座っており、外で動くものが壁に投げかける影を見ている人たちのことです。なるほど、これは、件《くだん》の問題を説明するのにまったくうってつけの譬えではあります。しかし、この問題がカントの『純粋理性批判』において哲学の抽象的方法で定式化されるには、その後二〇〇〇年以上の時間を要しました。

エネルギーのような哲学的ないし科学的諸概念――理論あるいは仮説と呼ばれますが――は、無きに等しいひと吹きの息のように、明日になれば変わってしまう、まったく役に立たないものだ。私たちはいつもそんな印象を抱きます。ただし、これらは、一見したところ、象が支え押し進めているものです。あたかも、その象が、実際には私たちの心の産物にすぎない諸概念からひとつの現実を作り出しているような感じです。ここに私たちの偏見があります――そうした産物はやはり現実ではない、と考えるのは偏見なのです。

しかし、全体的に見て、ここは引っかかります。ことはそう単純ではありません。みなさんの思弁は抽象へと向かいます。そして、そうした抽象を、みなさんは、自分の出した結論にすぎない、ときわめて明瞭にお感じになります。それらは作り物ですね。つまり、現実のなかで「そのまま」ほんとうにそうなっているかどうか、まったく確信がないわけです。けれども、たまたま、自分の出した結論を現実のなかで経験するようなことがあれば、みなさんはこうおっしゃるでしょう。「もうこれは現実だわ。私の思ったことが現実になっているからには」と。たとえば、みなさんが「明日は雷雨になるわよ」と言ったとしましょう。それは今の季節にはあまりありそうにないのですが、あらゆる気象データからみなさんはそう結論するわけです。もっとも、自分でもそんなことは起こりそうにないと思いつつですが。そして、翌日ほんとうに雷雨になると、みなさんは言いますね。「あんな結論に達していたなんて、びっくりでしょう。私の感じることは正しいにちがいないわ」と。つまり、みなさんは自分の思考を現実のなかで実体視するのです。そして、この現実が、全人的な影響を与えます。その影響は次第に浸透していきます――みなさんは雨でびしょ濡れになり、雷鳴を耳にし、稲妻にうたれるかもしれません――みなさんはすべてを引き受けるのです。

さて、チャクラの象徴学によりますと、ヴィシュッダで似たようなことが起こります。象の力は心的な現実に対して与えられます。私たちの理性は、それを単なる抽象にすぎないと考えたがるでしょう。しかし、象の力は、単なる知性の産物に対しては与えられません。知性の産物には説得力がないからです。

つまり、それらは物理的証拠なしですませられないのが常ですから。そして、純粋に心的なものごとには、何であれ物理的証拠のようなものがある可能性はいっさいありません。たとえば、物理的事実として、神の概念を作るなどということは不可能です。神とは物理的な概念ではないのですから。それは空間や時間における経験とは何の関係もありません。実のところ、空間や時間とのつながりはないのです。それゆえ、そのような影響が結果として現れることは期待できません。しかし、もしも心的な経験をすれば、もしも心的な事実が有無を言わせず降りかかってくれば、人はそれを理解します。そして、その概念を作ることができます。神という抽象ないし概念は、経験から出てきたのです。人の知性が作った概念ではありません。ただし、知的なものでもある、ということはありえますが。けれども、そうした経験の主要部分は、それがひとつの心的な事実であるということです。そして、諸々の心的な事実というのが、ヴィシュッダにおける現実なのです。したがって、現実という圧倒的な力は、もはやこの地上の諸事実ではなく、心的な諸事実を維持しているのです。

　たとえば、あることをとてもしたいのに、まるで絶対的な禁止を課されたかのように、やはりそれをしてはいけないんだと感じることがありますね。あるいは、あることをしたくないと強く思っているにもかかわらず、心的な要素がそれを求めることがありますね。ご存知のように、それには逆らいようがありません——そちらのほうへ進まざるを得ず、それに関して躊躇する余地はないのです。これが象の力です。不条理と呼ばれるもののなかにも、たぶんそれが感じられるでしょう。不条理とは、こうした象徴で表現されるようなヴィシュッダの現実が経験されたものです。

　それが比類なき第五のチャクラです。すでに息は切れています——文字どおりそうです——私たちは自分が呼吸している空気を超えているのです。つまり、言うなれば、人類の、もしくは私たち自身の、はるかな未来へと到達しつつあるわけです。誰にでも、少なくとも二〇〇〇年後の、いや、おそらくは一万年後の集合的経験となるものを経験する潜在能力があるのですから。私たちが今日扱っていることはすでに、かつて黎明の時代に原始の呪医が、あるいは古代のローマ人やギリシア人が何百万回となく扱ってきたことです——それはすべて先取りされていました。そして、私たちは来るべき何千年かを先取りしています。つまり、いまだ手にしていない未来へとほんとうに手を伸ばしているのです。ですから、第六のチャクラについて語るのは、いささかやりすぎです。[10] それは当然ながら、私たちの手の届く範囲を完全に超えています。なにしろ、私たちはヴィシュッダにすら達したことがないのですからね。それでも、その象徴がありますから、少なくともそれについて理論的なものを構築することはできます。

ご記憶のように、アージュニャー・センターは翼のある種のように見えます。動物は含んでいません。心的な要素は何もないということ、その力を感じさせるような、私たちに対立してくるものは何もないということです。はじめにあった象徴、リンガが、ここにおいては新たな形態、白い状態で再登場しています。暗い胚の状態ではなく、今や、全面的に燃え立つ白い光のなかにあり、充分に意識的です。換言すれば、ムーラーダーラで休眠していた神は、ここでは充分に目覚めており、唯一の現実になっているのです。それゆえ、このセンターは、人がシヴァと合一する段階だと言われてきました。神の力との神秘的合一[*10]（unio mystica）が生じるセンターだと言ってもよいでしょう。これはつまり、そこでは人が心的現実にほかならなくなるけれども、自分というのとはちがう心的現実に向き合っている、そんな絶対的な現実を意味します。そして、それが神なのです。神は永遠の心的対象です。神とは、まさに非自我を意味する語です。ヴィシュッダでは、心的な現実がなおも物理的な現実と対立していました。だからこそ、人はまだ、心の現実を保つために白い象という支えを用いたのです。心的な事実は、それ自身の生命を持ちながらも、なお私たちの内部で生じていました。

ところが、アージュニャーにおいては、心は翼を獲得します——おわかりのように、ここでは人は心にほかなりません。とはいえ、そこには、もうひとつ別の心があるのです。人の心的現実と対になるもの、非自我の現実、自己と呼ぶことさえできないものです。そして、おわかりのように、人はそのなかに消えていきつつあるのです。自我は完全に消えてしまいます。心的なものは、もはや私たちのなかの内容ではありません。私たちのほうが、心的なものの内容になるのです。白い象が自己のなかに消えてしまったこの状態は、ほとんど想像がつきませんね。象はもう、その力強さにおいてすら感知することができません。もはや人と対立していないからです。人は完全に象と同一になっています。人は、その力が要求していること以外の何かをしようとは、夢にも思いません。そして、その力はそれを要求しません。人がすでにそれをやっている——人がその力になっている——からです。その力は根源へ、神へと戻っていくのです。

上方の千弁の蓮華、サハスラーラ・センターについて語ることは、まったく必要ありません。というのも、それは私たちにとって、何ら実体の伴わない哲学的概念にすぎないからです。いっさいの可能な経験を超えているのです。アージュニャーでは、見るからに対象、神とはちがう自己の経験がまだあります。しかし、サハスラーラになると、それがちがわないことがわかります。つまり、次に来る結論は、対象はなく、神はなく、ブラフマンしかない、というものになるでしょう。そこには経験がありません。それは一なるものであって、第二のものを持たないのですから。それは眠っています。それはありません。したがって、それは涅槃なのです。これは完全に哲学的な概念であり、それまでの諸前提から導かれた論理的帰結にすぎません。私たちにとって実際的な価値はないのです。

ソウヤー夫人　お尋ねしたいのですが、諸々のチャクラを通って上昇していくという東洋の観念においては、新たなセンターに達するたびにムーラーダーラに戻らなければならないことになっているのでしょうか。

ユング博士　生きているかぎり、みなさんは当然ながらムーラーダーラにいます。四六時中、瞑想やトランス状態のなかで生きていられないことは自明です。この世界を歩き回らなければなりません。意識的になって、神々を眠らせる必要があるのです。

ソウヤー夫人　そうですけれど、二通り考えられると思うのです。これらをすべてまとめて行なうというのと、昇ったり降りたりして進むというのとです。

ユング博士　チャクラの象徴学は、夜の航海、聖なる山への登頂、イニシエーション、といった私たちの使うメタファーが表しているのと同じ意味を持っています。それは実際、継続的な発達です。跳んで上がったり下がったりするのではありません。なぜなら、みなさんが到達したものは、けっして失われないからです。たとえば、ムーラーダーラにずっといたのが、水のセンターに到達し、その後で戻っていくように見えたとしましょう。けれども、戻ってはいないのです。戻るというのは幻影です――みなさんは自分自身のうちの何かを無意識のなかに置いてきています。無意識と接触して、自分自身のうちの何かをそこに置いてこない、ということは誰にもできません。それを忘却するか抑圧するかしてしまうかもしれませんが、そうなれば、もはやみなさんは全体的ではありません。2×2が4になることを覚えたら、もうずっとそうなのです――けっして5になることはありません。無意識と接触はしたけれどもそれに関する幻想ばかりがいっぱい、という人だけが戻るのです。ほんとうに経験したのであれば、その経験を失うことはありえません。ちょうど、みなさんの実質、みなさんの血と重みをたくさんとどめてきた、というような感じです。みなさんは片脚を失ったのを忘れて、前の状況に戻ることはできます。もっとも、脚はレヴィアタンに喰いちぎられてしまっているのです。水のなかに入った多くの人がこう言います。「二度とあんなところに行くものか」と。しかし、彼らは何かを置いてきているのです。何かをそこにとどめてきています。そして、水の領域を通り抜けて情欲の火のなかに入ったら、ほんとうは戻ることができません。なぜなら、マニプーラで獲得した、自身の情欲とのつながりを失うことはありえないからです。

質問　それはヴォータンに似ていませんか。彼は片目を失います。

ユング博士　そのとおりです。そして、冥界の神オシリス[*11]にも似ています。彼も片目を失います。ヴォータンは、知恵の井戸であるミミル[*12]の井戸に片目を捧げなければなりません。知恵の井戸とは、無意識のことです。おわかりのように、片目は深みにとどまるか、そちらを向くか、しているのです。[11]そうしてヤコブ・ベーメ[*13]（Jakob Boehme）は、彼自身が述べているように、「自然の中心に魅入られたとき」、「裏返しの目」についての本を書きました。彼の双眸のうちの一方は、内側に向けられていました。冥界を覗き続けたのです——その結果、片目を失うことになるわけです。彼はもはや、この世を見る目をふたつ持ってはいませんでした。ですから、高次のチャクラにほんとうに入ったら、実は戻ることができないのです。みなさんはそこに居続けます。みなさんの一部は分離させることができますが、一連のチャクラにおいて遠くまで到達すればするほど、明らかな逆戻りは高くつくようになります。もしも戻って、そのセンターとのつながりの記憶を失ったら、みなさんは亡霊のようになってしまいます。現実のなかで、みなさんはただの無、単なる影になります。そして、みなさんの経験は空しいものにとどまってしまいます。

クロウリー夫人　先生は、それまでに通過してきた諸々のチャクラを同時に経験するのだとお考えですか。

ユング博士　もちろんです。申し上げましたように、私たちは実際の心理発達の歴史において、ほぼアナーハタに達しており、そこからムーラーダーラを、そしてその後に続いていた過去の諸センターを経験することができます。記録に残された知識や伝統によって、あるいはまた私たちの無意識を通してです。誰かがアージュニャー・センターに達したとしましょう。完成された意識の状態であって、ただの自己意識ではありません。それはいっさい——エネルギーそのもの——を含む非常に拡大された意識であり、「そは汝なり」[*14]（Tat tvam asi）ということを知っているのみならず、それ以上のこと、つまりあらゆるもの——すべての木、すべての石、すべての息、すべての鼠の尻尾——が自分であるということをも知っている意識でしょう。自分でないものは何もないのです。そのような拡大された意識においては、すべてのチャクラが同時に経験されるでしょう。それは至高の意識状態なのですから。それ以前の諸経験がすべて含まれていなかったなら、それは至高のものではないでしょう。

第四講[1]

一九三二年一一月二日

ユング博士 アレマンさんからのご質問があります。

なぜ私たちの日々の生活をムーラーダーラだけで起こっているものと考えるべきなのか、わかりません。ムーラーダーラというのは、どちらかと言えば、自然と完全に調和して生きている動物や未開の人たちのあり方なのではありませんか。私たちの文化的な生については、むしろもっと高いチャクラのストゥーラ［粗大］な側面と見るべきではないでしょうか。一方、クンダリニーの覚醒は、スークシュマ［微細］な側面を意識的に理解することに似ています。それは次のような意味になるでしょう。すなわち、クンダリニーを覚醒させるために、私たちはものごとの根っこまで、「母たち」[*1]のところまで降りていって、何よりもまずムーラーダーラの、大地のスークシュマな側面を意識的に理解しなければならない、ということです。

アレマンさんは非常に複雑な問題を提起してくださいました。私にはその難しさがわかります。というのも、それは、私たち西洋人の立脚点がインドの観念に相対したときの難しさであるからです。私たちはパラドックスに直面します。私たちにとって、意識は高いところ、いわばアージュニャー・チャクラに位置していますが、それなのに、ムーラーダーラ、つまり私たちの現実は、いちばん下のチャクラにある、というパラドックスです。そして、さらにもうひとつ、矛盾と思われることが出てきます。すでに見てきたように、ムーラーダーラとはこの世界のことなのですが、それはいかにして、チャクラの体系にあるように、骨盤内に位置づけられうるのでしょうか。

それでは、もう一度、全般的な説明をしてみましょう。ただし、まずは、チャクラの象徴学とストゥーラ－スークシュマの哲学とを完全に切り離しておかなければなりません。ストゥーラ、スークシュマ、パラー［超越的、至高］という三つの側面は、哲学的な見地であり、観念的な視点です。理論的には、どのチャクラも三つの側面すべてから見ることができます。しかしながら、チャクラは象徴です。それらは、複雑で多面的な連関や状況を、イメージのかたちでひとつにしたものです。

Symbol（象徴）という言葉は、ギリシア語の動詞 symballein に由来します。ひとまとめにして投げ込むという意味です。それは、ひとつに集められた材料、ひとまとめにして投げ与えられた材料、ということにも関係があるのです。それを私たちは、その表現が示すとおり、ひとそろいになった全体として受け取ります。この Symbol という語は、「ひとつにまとまって見えるもの」(Zusammengeschautes)、あるいは「ひとつにまとめられた姿」(Zusammenschau) と訳せるでしょう。諸側面の多様性やものごとの多面性がひとつにつながった全体を形成している場合、また、個々の部分すべてが非常に緊密に織り合わされているがゆえにそのつながりを壊さずには、そして全体の意味を失わずには、いかなる部分も切り離したり取り去ったりできない場合、私たちは必ずひとつの象徴に頼ることになります。現代哲学はこのような見方を、ゲシュタルト理論という概念にまとめてきました。[2] 象徴とは生きているゲシュタルト[*2]、すなわち、さしあたり私たちの知的な定式化能力を超えていて、イメージを通してでなければ表現のしようがない、きわめて複雑な諸状況の総体なのです。

たとえば、認識という問題をもう一度とりあげてみましょう。思索家たちは、この巨大で多面的な難題を、哲学の黎明以来ずっと抱えてきました。たとえばプラトンは、まだそれを克服するには至りませんでした。つまり彼は、あの洞窟[*3]という象徴にとどまって、直観を通して語らざるを得なかったのです。カントが認識論を定式化するまでには、その後二〇〇〇年を必要としました。

そう、チャクラもまた、いまだイメージ的にしか表現できない、きわめて複雑な心的諸状況を表す象徴です。チャクラはそれゆえ、私たちにとって大きな価値があるのです。なにしろ、チャクラというのは、心の象徴論を生み出すための真正の試みを意味しているのですから。心は途方もなく複雑なもので、未知の諸要素から成るたいへんな広がりがあり、さまざまな側面がびっくりするほど重なり合い織り合わさっているので、心について知っていることを表すため常に象徴を用いなければなりません。心に関する理論は、どれをとっても未熟です。個別性に絡め取られたり、関連性を見失ったりしていますから。

まさに私の試みてきたチャクラの説明から、みなさんおわかりになったと思いますが、意識のみならず心の総体を研究するとなれば、いかにわかりにくい内容と複雑な状況を扱わなければならないことでしょうか。そのとき、チャクラが、この暗い領域における貴重な道連れになってくれるのです。東洋、とりわけインドは、常に心の全体を理解しようと試みてきたからです。東洋は自己に対する直観を持っており、それゆえ、自我と意識については、自己の多少とも非本質的な部分にすぎないと考えています。こうしたことはすべて、私たちには非常に奇異に思われます。インドがあたかも意識の背景に魅了されているかに見えるのです。なにしろ、私たち自身はまったくもって前景に、つまり意識に同一化していますからね。しかし、今や、私たちのなかでも背景が活気を呈してきています。それは非常に近づきにくく、たいへんわかりにくいので、私たちはまずそれを象徴的に表現するよう強いられます。つまり、たとえば、ムーラーダーラが骨盤内に位置しており同時に私たちの世界をも意味する、といったパラドクシカルな状況は、象徴的にしか表現できません。意識は頭のなかにあるのに、私たちは最下部のセンター、ムーラーダーラでも生きている、という明らかな矛盾についても同じです。

最初の英語セミナーで見ましたように、ムーラーダーラは私たちの心の状態の象徴です。そこでは、私たちは、この世の因果的な絡まり合いのなかで生きています。[3] ムーラーダーラは、私たちの意識的な生の絡まり合いと依存性をあるがままに表すものです。ムーラーダーラは単なる外界ではありません。外的、内的なあらゆる個人的経験に関する私たちの全意識です。毎日の意識的な生においては、私たちは高度に発達した獣であり、環境によって縛りつけられ、絡め取られ、条件づけられています。ところが、私たちの西洋的意識は、そのような見方をまったくしていません。反対に、この世界のまったく上のほうで生きています。獣とは対照的に、私たちはアージュニャー・センターで生きているのです。意識は頭に位置づけられており、私たちは頭にそういう感覚を持っています。頭のなかで考え、意志するのです。私たちは自然や環境条件の主人であり、未開の人を縛りつけてしまうようなわけのわからない諸法則を制御します。とても高いところにいて、自然と獣を見下ろしているわけです。私たちからすれば、「原人」とはネアンデルタール人ですが、獣と大差ありません。私たちは神が獣としても顕現するということがわかっていないのです。獣（Tier）は、私たちにとって「下品」(tierisch)を意味します。私たちより上にあってしかるべきものが、私たち以下の退行したもの、低いものと受け取られています。だからこそ、「私たちはスヴァディシュターナのなかに降りていく」、あるいはマニプーラの情動性のなかに「落ちていく」のです。私たちはこの意識と同一化していますから、下意識ということを言います。無意識のなかに入るときには、より深い段階へと降りていくわけです。人類は全体として、アナーハタの非個人的な価値に対する義務を感じているかぎりにおいて、たぶんアナーハタ・チャクラのレベルにいる、と言ってよいでしょう。あらゆる文化が非個人的な価値を創り出しています。日々のできごとに縛られることのない活動性を持つ思索家は、ヴィシュッダ、もしくはほとんどアージュニャー・センターにいると言ってよいでしょう。

けれども、それはすべてストゥーラな側面にすぎません。ストゥーラな側面とは、個人的な側面のことです。個人ということでは、私たちはあたかも高いところにいるように見えます。私たちの意識と非個人的な文化全体は、おそらくアナーハタ・センターにあり、私たちは総じてそこにいると思っているのです。意識と同一化しているので、意識の外側にも何かがあるということや、この何かは上方ではなく下方にあるということがわかっていません。

しかし、例の心理学やタントラ哲学によって、私たちは、非個人的なできごとが起こることがわかる立脚点に到達できます。非個人的な立脚点から見るというのは、スークシュマな側面です。私たちはこの立脚点に到達できます。というのも、私たちが文化を創造している以上は、非個人的な価値を創り出しているからです。それによって、スークシュマな側面を目にしはじめるからです。文化を通じて、私たちは、個人的な心理的可能性とはちがうものに対する予感を得ます。そこには非個人的なものが現れるのですから。チャクラの体系は文化のなかに姿を現します。それゆえ、文化というものは、さまざまな段階に分けられます。腹部の、心臓の、頭部のセンターの文化といった具合です。ですから、私たちは、個人や人類の進化のなかに、それらさまざまなセンターを経験し、指摘することができます。私たちは頭からはじめます。つまり、目と意識に同一化しています。超然として客観的に世界を見渡しているわけです。それがアージュニャーです。しかし、関与なき観察という純粋な領域のなかに永遠にとどまることはできません。私たちは自分の考えを現実のものとしなければなりません。考えを口に出して、空気に預けるわけです。認識に言葉を与えるとき、私たちはヴィシュッダという喉頭の領域にいます。しかし、とりわけ難しいことを、あるいは肯定的、否定的感情を引き起こすようなことを言うや否や、心臓が高鳴り、それからアナーハタ・センターが活性化されはじめます。そして、さらに一歩進んで、たとえば誰かとの諍いがはじまったならば、あるいはいらいらし、腹が立ち、逆上したならば、私たちは明らかにマニプーラにいることになります。

さらに下に行くと、状況は信じがたいものになってきます。というのも、そうなると、体がしゃべりはじめるからです。そのため、英国では、横隔膜より下のものはすべてタブーです。ドイツ人はいつも横隔膜より少しだけ下まで行きますから、情動的になりやすい。ロシア人は総じて横隔膜より下で生きています。彼らは情動でできているのです。フランス人とイタリア人はあたかも横隔膜の下にいるかのようにふるまいますが、そうでないことは自分でよくわかっています。それはまわりもよく知っていることです。

スヴァディシュターナで何が起こるかを語るのは、実は非常にデリケートで苦痛なことです。たとえば、ある情動がきわめて強いものになると、もはや言葉を通してではなく、生理学的に姿を現してきます。それは口ではなく別の道を通って、たとえば膀胱を通って、体の外に出るのです。スヴァディシュターナとは、総じて心を持った生のはじまりです。人類は、この層が活性化されてきてムーラーダーラの眠りから覚め、はじめて身体的な礼儀という規範を知りました。道徳教育のはじまりは、そういうことのなかにあったのです。欲求はそれにふさわしい場所で満たすということです。今でも小さな子どもたちに対する教育のなかで見られるように。犬たちもまたこれを知りました。木々や曲がり角に名刺を置いていく以上、彼らはもうスヴァディシュターナのなかで生きているのです。後から来る犬はそのメッセージを読み、その場所がどうなっているか、前に来ていた犬が餌を摂っていたかいなかったか、大きな犬だったか小さな犬だったか、を知ります。これは繁殖期にはとりわけ重要です。犬はこうして、互いに関するありとあらゆる情報を伝え、みずからをそれに合わせることができるのです。

心を持った生に関するこの最初にして最下等な表現を、今なお人間も使っています。非常に幼稚な犯罪者はその一例です。みなさん、グルムス・メルデ［糞便の山］(grumus merdae) というのをご存知でしょう。泥棒は自分が盗みを働いた場所に糞便を残して、こんなふうに言うのです。「こいつは俺のサインだ。ここは俺のものだからな。俺の場所を横切るやつに災いあれ」。これは魔法の技術でもあり、太古の時代の遺物でもあります。未開の状況では、こうした記号言語が実際、たいへんな、決定的ともいえる意義を持っていますから。獣の糞便は、非常に重要で不可欠なしるしです。人間はそれによって、痕跡を残しているのが害獣なのか益獣なのか、そしてその痕跡は新しいのか古いのか、を読み取ることができます。もちろん、同じことは、人間の糞便についても言えます。敵意ある部族が近くに存在している場合、人間の新鮮な糞便があればひとつの警報となります。生の状況が未開なものであればあるほど、この層の心的なものは価値が高くなるのです。それは自然が発した最初の言葉でもあります。スヴァディシュターナの心理は、それゆえ、私たちの夢のなかにしばしば見られますし、ウィットに富んだ言葉や中世の露骨なジョークは、そういうものでいっぱいです。

ムーラーダーラに関しては何もわかりません。そこでは、心を持った生はまったくの休眠状態にありますから。ですから、アレマンさんが、ムーラーダーラというのは完全に自然と調和して生きている動物や未開人のあり方だとおっしゃるのは、まったく正しいのです。一方、私たちの文化的な生は、高次のチャクラのストゥーラな側面として見なければなりません。そうなると、クンダリニーの覚醒は、スークシュマな側面を意識的に理解するということと同じです。まさにそのとおりです。しかし、ムーラーダーラの、つまりは大地のスークシュマな側面を意識的に理解するには、どうすればよいのでしょうか。

ここで再び、あの大いなる難題に、あのパラドックスに出逢うことになります。つまり、私たちは意識においてはアージュニャーにいるのですが、にもかかわらずムーラーダーラで生きている、というパラドックスです。それはストゥーラな側面なのです。しかし、もうひとつの側面はどうすれば得られるのでしょうか。ストゥーラな側面に没頭していて、それと同一化しているかぎり、人はものごとをはっきりと理解できません。外部にある立脚点に立ってはじめて、その前にいたところを全面的に理解できるのです。ですから人は、たとえばしばらく外国で、つまり別の大地で暮らし、それによって自国を外から眺められるようになると、ようやく自分の属する国、大陸、民族を客観的に判断できるというわけです。

では、いかにすれば、個人的な立脚点、ストゥーラな側面を離れて、もうひとつの立脚点、非個人的な立脚点を生じさせ、それによって自分が実はこの世界のどこにいるのかということを、すなわちムーラーダーラにもいるのだということを認識できるようになるでしょうか。ムーラーダーラとは、まさに心的な睡眠状態です。つまり、そこでは私たちには意識がなく、それについては何も言えません。私は次のように語りはじめましたね。私たちは文化によって非個人的な価値を創り出しており、それを通して、別の心理学的可能性を予感して別の状態に達することができるのだ、と。非個人的な価値を創り出すことを通して、私たちはスークシュマな側面に関わりはじめます。つまり、象徴を創り出すときには、ものごとをスークシュマな側面から見ているのです。私たちの心もスークシュマな側面から見ることができます。チャクラの象徴は、心のスークシュマな側面です。象徴を用いてでなければ、みなさんにこの立脚点についてお話しすることもできません。それはまるで、第四次元の立脚点から、空間に縛られず時間のなかに広がって、私たちの心理と人類の心理とを眺めるようなものなのです。このような立脚点から、チャクラの体系は創り出されています。それは時間と個を超越した立脚点なのです。

この種の超個人的な立脚点が、インドにおける一般的な精神的観点です。インド人は、私たちがするように水素原子を出発点として世界を説明することはありませんし、人類あるいは個人の発達を低次から高次へ、深い無意識から至高の意識へというふうに述べることもありません。彼らは人類をストゥーラな側面から見たりはしないのです。スークシュマな側面からしか語りません。ですから、彼らはこう言います。「原初にひとつのもの、ブラフマンがあった。第二のものはなかった。それが唯一の確かな現実であり、在と非在である」[4]と。彼らはサハスラーラではじめます。神々の言葉を語り、人間を上方から下方へと考えます。スークシュマな、あるいはパラーな側面から考えていくのです。彼らにとって、内的経験は啓示です。彼らはそうした経験について、けっして「私がそう思った」とは言わないでしょう。

もちろん私たちは、東洋をまったくちがったふうに見ています。私たちの意識的なアナーハタ文化と比較すれば、インドの集合的な文化はムーラーダーラのなかにある、とまちがいなく言えます。その証拠としては、インドの生活状況を考えてみさえすればよいでしょう。つまり、その貧困、汚さ、衛生の欠如、科学的および技術的進歩に関する無知のことです。ストゥーラな側面から見れば、インドの集合的な文化もまさにムーラーダーラのなかにあり、一方、私たちのそれはアナーハタに達しています。けれども、インドの見方では、人間をスークシュマな側面から理解するのです。そして、そうした立脚点から見ますと、いっさいがまったく反対になってしまいます。私たちの個人的な意識は、実際にアナーハタ、あるいはアージュニャーにさえ位置づけることが可能ですが、にもかかわらず、私たちの心的な全体状況は、明らかにムーラーダーラにあります。

私たちが世界をサハスラーラの見地から説明しはじめ、たとえば次のようなヴェーダーンタの言葉で講義を開始したとしましょう。「この世界のはじまりにはブラフマンだけがあった。ブラフマンはひとりきりだったので、開けてはいかなかった。それはみずからのことしか知らなかった。そして、こう気がついた。私はブラフマンなのだ、と。これによって、それはこの宇宙になった」。こんなところから開始したら、私たちはまちがいなく気がふれていると見られるでしょう。でなくても、少なくとも信仰復興のための集会をしていると思われるでしょうね。ですから私たちは、分別があって現実を生きているのであれば、まずは常に日常の平凡なできごとから、そして実際的かつ具体的なことから話しはじめます。ストゥーラな側面からはじめるわけです。私たちにとって疑いの余地なくリアルなのは、自分の仕事、住んでいる場所、銀行口座、家族、社会とのつながりです。ちゃんと生きようと思うなら、いかなる場合であろうとも、こうした現実が自分の前提になっているのだと考えなければなりません。個人的な生なしには、「今ここで」なしには、非個人的なものに達することができません。まずは個人的な生を成就する必要があります。それによって、非個人的なものごとのプロセスへと導かれるのです。

　非個人的なものごとは、みなさんご存知のように、そして私たちのセミナーの数々のヴィジョンに繰り返し見てきましたように、自我の外部での、そして意識の彼岸でのできごとです。件《くだん》の患者のファンタジーにおいて、私たちは常に、誰々さんとしての彼女とは何の関係もなく、彼女のなかの普遍的な人間の魂から現れてくる、そしてそれゆえに普遍的な内容を持つ、そんな象徴と経験を見ています。分析では、非個人的なプロセスは、個人的な生がすべて認識されてはじめてはじまります。心理学はこうして、自我意識を超えた立脚点と経験を開くのです。同じことはタントラ哲学でも起こりますが、そこでは自我がまったく何の役割も演じていない、というちがいがあります。この立脚点とこの経験は、どうすれば世界の圧倒的な現実から自由になれるのか、つまり、どうすれば世界に絡め取られている意識から自由になれるのか、という問いに答えをくれます。覚えておいでだと思いますが、たとえば、あの水と火の象徴の絵、患者が炎のなかに立っている絵がありましたね。あれは無意識のなかへ、スヴァディシュターナの洗礼の泉へと潜ること、そしてマニプーラの火に苦しむことを表現しています。今こそ、水に潜ることと火のなかに立つことが下降ではなく、つまり低い段階への落下ではなく、上昇であることが理解できますね。なぜなら、それは、意識的な自我を超える発達であり、個人的なものから非個人的なものへと向かう経験であり、人間に普遍的なものへと向かう個人の拡大であるからです。集合的無意識の同化というのは、その解消ではなく、文化の創造なのです。

　この立脚点に達してはじめて、つまりスヴァディシュターナの洗礼の水に触れてはじめて、私たちの意識的な文化が、そのあらゆる高さにもかかわらず、いまだムーラーダーラにあるということがわかります。私たちは個人的な意識ではアージュニャーに達しているかもしれません。私たちの民族は、全体としてはアナーハタに位置づけることができましょう。しかし、それはすべて、いまだに個人的な側面、ストゥーラな側面でのことです。なぜなら、それは私たちの意識にしか当てはまらないのですから。そして自我は、意識と同一化しているかぎりこの世界に絡め取られており、この世界はムーラーダーラ・チャクラの世界なのですから。けれども、そうであることは、ある経験をして意識を超える立脚点を獲得してみなければわかりません。心の大きな広がりを知り、意識の領域にもはやとどまらなくなってようやく、自分の意識がムーラーダーラの世界に絡め取られていることがわかるのです。

そう、チャクラの諸象徴もまた、意識の外側の立脚点を与えてくれます。それらは、ひとつの全体としての心に関する直観であり、そのさまざまな状態や可能性に関する直観です。宇宙的な立脚点から見た心を象徴しているのです。あたかも超意識が、すべてを包摂する神の意識が、上方から心を見渡したかのようです。この四次元的な意識から眺めれば、私たちがいまだにムーラーダーラで生きているという事実を認識できます。それがスークシュマな側面です。その側面から見ると、無意識へ入っていくときに私たちは上昇しています。なにしろ、それは私たちを、単なる個人的なものから、日常的意識から解放してくれるのですから。そのなかでは、私たちは実のところ下方にいて、絡め取られ、根づいています。そして、幻に支配されており、隷属的で、高等動物と比べてそれほど自由ではありません。なるほど私たちには文化がありますが、この文化は特有のものです。ムーラーダーラにおける文化です。たしかに私たちは意識をアージュニャー・センターにまで発達させることができますが、私たちのアージュニャーは個人的なアージュニャーであり、それゆえにムーラーダーラにあるのです。にもかかわらず私たちは、ちょうどアメリカ・インディアンが自分はアメリカで暮らしているということを知らないのと同じように、自分がムーラーダーラにいるということを知りません。私たちのアージュニャーは、この世界に捕らえられています。それは、この世界に閉じこめられた光の火花です。そして、私たちは考えるに際して、そうした見地からそのように考えているにすぎません。

しかし、インド人は、世界の大いなる光という見地から考えます。彼は個人的なアージュニャーの見地からではなく、宇宙的なアージュニャーの見地から考えます。彼はブラフマンから考え、私たちは自我から考えるのです。私たちは個々のものから大きなものへと考えていきますが、インド人は大きなものから個々のものへと考えていきます。スークシュマな側面から見ると、いっさいが反対です。そこから見ると、私たちがあらゆるところでいまだに因果性の世界に閉じこめられていること、上方にいるのではなく、まったくもって低いところにいることがわかります。私たちはいまだに穴のなかに、この世界の骨盤のなかに座っているのです。そして、私たちのアナーハタ文化は、ムーラーダーラのなかのアナーハタです。それはムーラーダーラに閉じ込められた私たちの意識性にすぎません。スークシュマな側面から見れば、いっさいはいまだムーラーダーラにあるのです。

キリスト教もスークシュマな側面を基盤としています。キリスト教にとっても、この世界はより高次の状態への準備にすぎません。そして、今ここの状態、この世界への捕らわれは、誤りであり罪なのです。初期教会の秘蹟と儀式はすべて、人をただの個人的な状態から解放し、高次の状況に象徴的に関与できるようにする、ということを意味していました。洗礼の秘儀――スヴァディシュターナに沈むこと――では、「古きアダム」[*4]が死んで霊的な人間が生まれます。キリストの変容と昇天は、望ましい終末、すなわち個人的なものから非個人的なものへと引き上げられることの象徴的表現であり先取りです。なぜなら、古い教会のキリストは、秘教司祭という意味を持っており、それゆえに、神秘家や参入者が同様に実現しうることを約束しているからです。

しかし、西洋の非キリスト教徒にとっては、今ここというのがとにかく唯一の現実です。ストゥーラな側面、ムーラーダーラへの根づきを、まずは充分に生きなければなりません。後にそれを超えて成長していけるように、です。ずいぶんと彼方まで行かなければ、自分がムーラーダーラに捕らえられているということはわかりません。そのようにしてこそ、個人的な意識はアージュニャー・センターの高みまで発達します。そうしてこそ、文化が創られるのです。それはたしかにいまだ特有の文化なのですが、その背後には神が、非個人的なものが存在しています。私たちはそうして、スークシュマな側面に到達するわけです。そのときになってはじめて、私たちに頂点と見えたものが個人的なものでしかなく、意識の光の火花にすぎなかったのだとわかります。そのとき私たちはこう悟るのです。心の全体からすると、私たちの個人的な意識だけはアージュニャーに達したのだけれども、宇宙的なチャクラの体系から見るなら、私たちは今もなおムーラーダーラにいるのだ、と。

これはイメージを使って説明するのがいちばんよいでしょう。宇宙的なチャクラの体系を、ひとつの巨大な摩天楼だというふうに想像してみて下さい。それは地下深くまで達しており、その地下部分には、六つの地下室が順に積み重なっているとしましょう。人は第一の地下室から第六の地下室まで上がっていけるのですが、そこではまだ大地の内部にいるということがわかるでしょう。この地下室の体系全体が、宇宙的なムーラーダーラです。私たちは、第六の地下室、個人的なアージュニャーに達してはいても、なおその宇宙的なムーラーダーラにいる、ということに気づくのです。このことは常に肝に銘じていないといけません。さもないと、個人的なものを宇宙的なものとまちがえ、個人の光の火花を神の光とまちがえるという、神智学[*5]の犯した誤解に陥ってしまいます。そうなると、もうどこにも行けません。途方もないインフレーションを経験するばかりです。

宇宙的なチャクラの体系から見ると、私たちがまったく低いところにいるということや、私たちの文化がムーラーダーラのなかの文化であり、神々がいまだ眠っている個人的な文化にすぎないということもわかります。それゆえ私たちは、個人的な意識の火花に対して神々の光をはっきりさせるために、クンダリニーを覚醒させなければなりません。私たちは、思考の世界や心的なもののなかでは、こうした別の状態に達することができますし、自分をスークシュマな側面から眺めることができますが、そうするといっさいがひっくり返ります。自分が穴のなかに座っていることがわかりますし、無意識とは降りていくところではなく、上方への発達を意味しているのだ、とわかるのです。無意識を活性化させることは、神的なもの、クンダリニーを覚醒させることであり、神々の光を灯すべく個々に非個人的な発達をはじめることを意味します。クンダリニーは眠れるムーラーダーラの世界で覚醒させられなければならないのですが、このクンダリニーというのは、それを通してでなければ宇宙的ないし形而上的に高次のチャクラに到達できない、非個人的なもの、非自我、心の全体性のことです。ですから、クンダリニーは救済者（Soter）、救済者としての蛇[*6]でもあるわけです。このような見方が、スークシュマな側面です。スークシュマな側面とは、諸々のできごとの内なる宇宙的意味、「サトル・ボディ」、非個人的なもののことです。

　パラーな側面について、ハウエル教授は、物［身体］を超えたもの（der metaphysischen）とおっしゃっていましたが、これは、私たちにとっては純粋に理論的な抽象概念です。西洋的精神では、そこからは何もはじめられません。インド的な考え方にとっては、そうした実体化された抽象概念は、もっとずっと具体的かつ実質的なのです。インド人からすれば、たとえばブラフマンないしプルシャは、疑問の余地なき所与なのですが、私たちにとっては、きわめて大胆な思弁の最終産物です。

ベインズ夫人　ハウエル教授は、物を超えたものという語をどんな意味で使っておられるのでしょうか。[6]

ユング博士　やはりスークシュマな側面ということです。それについては象徴を用いなければ語れません。そうした象徴には、たとえば水や火があります。無意識への下降（katabasis）ですね。

クロウリー夫人　サンスカーラ［行］（Samskāras）と創造性との間には関係があるでしょうか。また、永遠の少年[*7]（Puer aeternus）とはどうでしょうか。[7]

ユング博士　サンスカーラはムーラーダーラに譬えられます。なぜなら、それは、私たちがそのなかで生きている無意識的諸条件のことだからです。サンスカーラとは、遺伝された胚種、無意識的な決定因、来たるべきものが持つ先在的な性質、根っこにおける生なのです。しかし、永遠の少年というのは、その根から出てきた芽であり、統合の企てであり、ムーラーダーラからの解放の企てです。なにしろ、先在する諸条件の統合を通してでなければ、私たちはその諸条件から自由になれないのですから。

ライヒシュタイン博士　サンスカーラとは諸元型のことなのでしょうか。

ユング博士　そうです。私たちの最初の存在の形態は、諸元型のなかでの生です。子どもたちは、「僕、私」と言えるようになるまでは、そこで生きています。この集合的無意識の世界は非常にすばらしいので、子どもたちはそのなかに再三引き戻され、たいへんな苦労をしなければそこから離れられません。この途方もなくすばらしい心的背景の記憶を失っていない子どもたちがいます。これらの記憶は、象徴のなかに生き続けています。インド人はそれらを「宝石の世界」あるいは「マニドヴィパ」(Manidvipa) と呼びます。つまり、神酒《ネクター》の海に浮かぶ宝石の島です。不意の衝撃とともに、子どもは、この集合的無意識という驚異の世界からストゥーラな側面へ、換言すればスヴァディシュターナへと入り込みます。子どもは、自分の体に気がつき不快を感じて泣くや否や、みずからの生に、みずからの自我意識になり、それによってムーラーダーラを捨てるのです。子ども自身の生が今はじまります。つまり、意識が心の全体性から分離しはじめます。根源的なイメージの世界、輝ける驚異の世界が、永遠にその背後に存在しているのです。

クロウリー夫人　チッタ[8]［心］とクンダリニーにはつながりがありますか。

ユング博士　チッタとは、意識的および無意識的な心的領野、集合的な心性、クンダリニーという現象が生起する領域です。チッタはまさしく私たちの認識器官であり、クンダリニーがそのなかに侵入していく経験的な自我です。[9]クンダリニーは本質的に、チッタとはまったく別のものです。それゆえ、彼女の突然の出現は、チッタとは絶対的に異質な要素の生起です。もしもチッタとまったくちがっているのでなかったら、彼女は知覚されないでしょう。

しかし、こうした諸概念についてあまり思弁を重ねるべきではありません。それらは、インド的な思考にのみ属するような表象に関連があるのですから。したがって、私たちはそれらを使うのを控え目にしなければなりません。一般に、私たちの心理学用語で充分間に合います。インドの諸観念は、私たち自身の用語では不充分な場合にかぎって、専門用語として使うのがよいでしょう。ですから、たとえば、ムーラーダーラだとか、ストゥーラな側面、スークシュマ〔微細〕な側面だとかの概念は、インド的なものから借りてこざるを得ません。私たち自身の言葉には、これに相当する心的事実を表現するものがないからです。けれども、チッタのような概念は借りません。クンダリニーの概念も、私たちにはたったひとつの使い道があるだけです。すなわち、無意識にまつわる私たち自身の諸経験を表現するために利用するのです。そういう諸経験は、非個人的プロセスのイニシエーションに伴ってしなければなりません。経験的に知られているように、そういうときには蛇の象徴が非常にしばしば現れてきます。

付録

付録1
インドの類例[1]
一九三〇年一〇月一一日

［編集部注］英語版まえがきにもあるように、この講義録のみ、ユングの講義の逐語録ではなく、要約版となっている。

セミナー最終日の今日は、私たちの見てきたものが何を意味しているのか、それをどう理解すべきなのか、ひとつの考えが示されることになっている。この一連のイメージは、処方として提示されているわけではない。私たちはヨーロッパの世界や私たち自身のものごとを跳び越す必要はないし、あのようなプロセスから治療法を創り出そうとする必要もない。内的なイメージの復活は、有機的に発展させていかなければならない。

ここで、次のような異議が唱えられるかもしれない。ユング博士は自身がこうしたことを知悉していたわけだが、彼がそこにいなかったとしてもこの事例はやはりこうした経過をたどっていたのだろうか、と。換言すれば、ある種の思考伝播、ないしは目に見えないような類いの影響が生じてはいなかっただろうか、ということである。これに対しては、周知のごとく運命に関して検証することはできない、と答えるしかあるまい。この瞬間、あの瞬間がそのようでなかったら、あるできごとがどうなっていたか。これを確定することは不可能である。精神的［霊的］な発達に関しては、時間や場所がちがっていても同じようにものごとが起こったということを見出した場合にのみ、主観的要因を排除できる。ユング博士はそうした類例を見出そうと試みた。類例はあらゆる時代の文献のなかに指摘できる。

さらにユング博士自身も、世界各地の人たちが示した同様なイメージ発達の実例をあれこれ所有している。これは証拠となるだろう。しかし、さらにもうひとつ、非常に感動的な証拠がある。ある偉大な文化が、そうした内容と象徴を、二〇〇〇年以上にわたって、宗教的、哲学的教えとして保持しているのだ。すなわちインドである。そこには、ユング派の患者サークルでおのずから現れてきた一連のイメージの、歴史上の類例が見つかる。これもまた、こうした内的なプロセスが、ユング博士の観点に影響されたものではなく、心の根本的な構造に照応したものである、ということを証明している。

そうした類例は、とりわけインドのタントリズムのなかに見つかる（タントラは経典の意）。タントリズムとは、中世の仏教がヒンドゥー教の諸要素と激しく混淆したときに生まれ出た運動である。つまり、インドで小乗仏教（「小さな乗り物」）が滅び、チベットとモンゴルで大乗仏教（「大きな乗り物」）へと発展したときのことである。大乗派が分かれたこの時代は、仏教において特有の宗教的混淆が起こった時期である。つまり、ヒンドゥー教が、瞑想の実践を通して仏教の様相を変えたのだ。そのために、多くの中間的形態のものがもはや仏教とは認めがたくなったくらいである。シヴァ教[*1]の宗教形態は、主としてタントラ的な観念でできていた。中間的な仏教におけるヨーガの実践は二派[*2]に分かれる。サーダナ［成就法、行法］（Sādhana）の流れとヴァジュラヤーナ［金剛乗］（Vajrayāna）の流れである。

サーダナ実践の魔術的儀式においては、マントラ［真言］（Mantras）（力の言葉）がひとつの役割を担う。マントラを用いれば、神を召喚することができる。神のヴィジョンの出現には、ヤントラ[2]（Yantra）（マンダラ）が力を貸してくれる。ヤントラは信仰用の図像で、中心に神が描かれている。その神に集中して観想していると、それは生気を帯びてくるのだ。観想者は神のなかに入り、神は観想者のなかにいる（神との同一化、観想者の神格化）。この方法は、まったきものとの一体化のためにも使われるが、世俗的な目的の魔術（行者のペテン）にも用いられることがある。

この対極にあるのが、ヴァジュラヤーナの一派である。ヤーナ（Yāna）とは乗り物ないし道を意味する。ヴァジュラ［金剛（杵）］（Vajra）は両価的で、神的という意味とファリックという意味の両方を持つ。そして、稲妻、力、リビドー、神のエネルギー、知性、意識の力を表しうる。さもなければ、それは雷電であり、神秘主義ではリンガム［男根］Lingamを表す。その女性的な対がパドマ－蓮華（Padma-Lotus）であり、神秘主義ではヨニ［女陰］Yoniを意味する。この信仰のなかでは、しばしば、ヴァジュラと蓮華の合一の象徴が見出される。

ヴァジュラが両価的な意味合いを持っていたため、右道と左道が発展してきた。前者はヴァジュラのなかに神のエネルギーを見る。それは哲学的な指向性を代表しており、ときとして過剰な精神性に走ってしまう。かなり眉をひそめられる左道は、性的な観点の唱道者である。彼らにとって、ヴァジュラは個人の性の成就を表す。（このふたつの観点の衝突には、今日の心の科学に起こっている問題との類似がたやすく見てとれる。）

　大乗はいっさいが仏の胎芽だと教えている。それらはタターガタ［如来］（Tathāgata）の、つまり完全なるものの胎芽なのである。いっさいは同一のエネルギーから形成されている。つまり、すべてのものには、ヴァジュラが内在しているのだ。同じように、仏の第四の身体[*3]（微細身 subtle body）もまた、至福という形態をとったあの稲妻の力の顕現である。それがヴァジュラサットヴァ［金剛薩埵］（Vajrasattva）、ないしはアーナンダ〔歓喜〕（Ānanda）、すなわち至福なのである。（ニーチェ、「……なぜなら、すべての快楽は永遠を、深い深い永遠を欲するからだ」。[3]）この至福の状態において、そしてヴァジュラという形態をもって、永遠のタターガタは自身のシャクティを抱擁している。これは、神が、自身の女性的形態、自身の子孫、自身の放射、自身の物と永遠に共棲するということである。この観点は、なかんずくシヴァ教のなかに見られる。[4]――崇拝される神はシヴァ、たくさんの腕を持つ者。彼は山上の狩人、稲妻、隠された創造力である。彼はもっぱら瞑想に耽っている。妃はシャクティ、すなわち、力の放射、能動的な創造力。――この観念は、古ウパニシャッドにあるプルシャ［精神的原理］とプラクリティ［物質的原理］の概念に相当する[*4]（シヴァとシャクティ＝プルシャとプラクリティ＝リンガムとヨニ）。シヴァはまた、シヴァ・ビンドゥ［シヴァ点］（Shiva-Bindu）（ビンドゥは点の意[*5]）、すなわち点の姿をした潜在的な創造力とも考えられていて、信仰用の図像にはそのように描かれている。このシヴァ・ビンドゥのまわりに、つまりこの中心を取り巻いて、シャクティが輪、すなわちチャクラの姿で安らっている。これがマンダラの原初的な形態である。そのようなチャクラをパドマ―蓮華とも呼ぶ。神秘的な音の連なりである「オーム・マニ・パドメ・フーム」（Om mani padme hum）は、ここと結びついている。この言葉は、「おお、蓮華のなかの宝珠によりて」と訳すのがいちばんよい。これは、至高の完全性と最初のはじまりを同時に意味している。そのなかには、言葉で言えるかぎりのものすべてが含まれる。このような思弁は、私たちの場合には目指すことのできる最終地点だが、インド人にとっては開始地点ないし出発地点にすぎない。インド人は内的なものからはじめるが、私たちはいつも外的なもののなかで生きている。インド人にとって目に見える世界はマーヤー［幻影］（Māyā）、見せかけ、幻想、マーヤー・シャクティ、すなわちシャクティの産物である。[5]意識はマーヤー、すなわちずっと以前の経験（サンスカーラ［行］）の投影でできたベールなのだ。子どもらしい白紙のごとき意識は、先祖の経験によって——私たちなら集合的無意識と呼ぶものによって——あらかじめ方向づけられている。ただし、インド人は、シャクティは本質的に意識を持っている、と言う。（ここに、この想像もつかないものを理解するための鍵がある。）子どもの最初の夢は、サンスカーラを、諸元型を含んでいる。子どもたちの絵のなかにチャクラやマンダラらしきものが見出されるのも、なんら驚くべきことではない。[6] 小さな子どもたちは、たいへんな年寄りである。その後、急速に若返っていく。私たちは中年期にいちばん若くなる。集合的無意識、サンスカーラとのつながりを完全に、あるいはほぼ完全に失った、まさにそのときに。年月を重ねて新たにサンスカーラを思い出すにつれて、私たちは再び年寄りになっていく。

ヴァジュラヤーナの派内では、特殊なかたちのヨーガ修行が発展した。シャクティ・ヨーガないしはクンダリニー・ヨーガ (Kundalini-Yoga) である (Kundala はとぐろを巻いた、Śak は力を持っている、能力がある、の意)。シャクティ・クンダリニーあるいはデヴィー・クンダリニー［クンダリニー女神］(Devī-Kundalini) は女神である。彼女は女性原理、おのずから顕現してくる力であり、中心の宝石を取り巻く。彼女はシャブダブラフマン［音におけるブラフマン］(Shabdabrahman)、創造の言葉である。蛇のように、中心、黄金の種、宝石、真珠、卵のまわりにとぐろを巻く。[7] クンダリニーの蛇は、しかしながら、デヴィー・クンダリニー、きらめく光の鎖、「世界を混乱に陥れる者」(world bewilderer) でもある。[8] 混乱を引き起こして、意識の世界、マーヤーのベールを生み出す。それは世界を想像しているアニマ、デヴィー・シャクティ［シャクティ女神］なのである。[9]（これはもちろん、男性心理学に相当する見方である。女性の観点から見るなら、アニムスが世界を考え出していることになる。）

シヴァはシャクティを放射している。シャクティはマーヤーを生む。マーヤーとは欲望であり、それゆえ錯誤でもある。つまり彼女は錯誤の火なのである。欲望する意識は、純粋に観想的な意識に出逢う。この放射は、視覚的には、水平的にも垂直的にも描写されうる。前者の場合は、すでに述べたマンダラとなる。マーヤーはそこでは、光り輝く火の輪として描かれる（揺らぐ炎）。後者の場合は、下方に闇と混乱、上方には純粋な力と光を示唆する表現が見られる。[10] 信仰用の図像における意識階層のこうした垂直的配置は、人体内の諸チャクラに関する教えに一致している。[11] 最古のウパニシャッドによると、心臓（四つの室がある！[*6]）は魂ないしは認識の座、覚醒した意識の座である。それはあらゆる枝葉の根であり、プラーナ (Prāṇa) の、生命の息の座である。プラーナはヴァーユ［風］(Vāỵu) である。ヴァーユはムーラーダーラ、すなわち根本の支えに由来する。ハンマ・ウパニシャッド (Hanma Upanishaden) はこう教える。

心臓の領域には八葉の蓮華がある、と。八葉は羅針盤に相当し、道徳的性質と心的状態の両方を示す。中心にはヴァイラーギャ［離欲］（Vairāgya）、無欲、無関心、脱離が住まう（マイスター・エックハルト Meister Eckhart）。

別のある教えによると、ブラフマンには、四つの主要な点から到達することができる。それらは、頭、咽喉、心臓、臍に別々に姿を見せている。ディヤーナビンドゥ・ウパニシャッド（Dhyānabindu Upanishaden）は次のように言う。「四つの腕を持つ偉大で力強い者、すなわちヴィシュヌは、臍で崇拝するべきである」と。チャクラにおいては、こうした諸要素が、クンダリニーの助力を得て浄化される。クンダリニー・ヨーガでは、六つのチャクラ、すなわちセンターが区別されている。第一のチャクラは会陰のあたりにあり、ムーラーダーラと呼ぶ。第二のチャクラはスヴァディシュターナと名づけられていて、小骨盤内に位置する。

第三のチャクラは臍の領域にある。これをマニプーラという。アナーハタは心臓と横隔膜に位置している。咽喉部にはヴィシュッダがある。最上位のセンター、アージュニャーは頭部、眉間に存在する。こうした身体的なチャクラよりもさらに高位に、いくつかの形而上的なチャクラがある。つまり、マナス・センター（Manas-Zentrum）があり、その上にはソーマ・チャクラ（Soma-Chakra）があるのだ。チャクラに関するこうした教えを、神智学者が今日そうしがちなように、具体的かつ肉体的なものと誤解してはならない。これらのセンターは肉体的な所与ではない。それらについて語る際には、それらが「あたかも」臍のあたりに位置しているかのように考えるべきなのである。さて、二本の蛇のような線が、[*7] ムーラーダーラからアージュニャー・チャクラへと至っている。[12] 実は、一方は左の睾丸にはじまって、諸々のチャクラのまわりを取り巻いて、右の鼻孔に行く。他方は右の睾丸に発して、左の鼻孔に終わる。この一対の経路を、イダー（idā）およびピンガラー（pingalā）という（イダーは月、女性的、ピンガラーは太陽、男性的）。左を行く方は月ないし水の流れ、右を行く方は太陽ないし火の流れである。これらの他に、中央の流れ、スシュムナーもある（例の患者の最後の絵と比較せよ）。[13] 知恵と認識を介しての解放は、こうした経路で起こってくる。認識を得た者はブラフマンになる。

個々のチャクラ

ムーラーダーラは最も下位に位置するチャクラで、地のセンターである。その座は会陰にある。ムーラーダーラにあるものは、無意識的、潜在的で、眠っている。シヴァ・ビンドゥは中心点に存在する。そのまわりにクンダリニー・シャクティが、一匹の蛇として巻きついている。ビンドゥは、そのまわりに蛇が巻きついている、自己発生したリンガムに相当する。ひとつの殻が両者を取り巻いている。この殻がマーヤーである。クンダリニーが覚醒するとき、意識、世界が生まれる。もちろんシャクティは、自身のなかではじめからすでに意識的でもある。彼女はイマジネーションを通して、サンスカーラ［行］の写しに相当する世界を創造する。しかしながら、クンダリニーは、飢餓に促されなければ覚醒しない。この飢餓は、精神的［霊的］な修行の結果、対立し合うペアが和解すると生じてくる。[14]外的なプロセスがついに止まったとき、内的なものが動き出す。クンダリニー・シャクティは起き上がり、それによって彼女の頭が明るくなっていく。これは意識化のプロセスである。[15]ムーラーダーラ・チャクラを象徴する動物は象、つまり堅固さと強さのイメージ、大地のイメージである。ムーラーダーラ・マンダラには、ヨニ［女陰］がトライプラ［三重の城砦］(Traipura) として存在する。それはリンガムとひとつになった女性的な三角形*8であり、葉で表されることもある。[16]

第二のセンターはスヴァディシュターナで、錯誤と欲望の座である。性器の領域に当たる小骨盤に位置する。スヴァディシュターナは水の領域に相当し、膀胱を支配している。その動物は水の怪物である。マンダラは赤い六葉の蓮華と月を示す。

マニプーラ・チャクラは臍の領域に位置している。これは火の場であり、対立し合うペアの場である。それらが情動と情欲を引き起こす。臍に集中すると、怒りは抑えられる。「マニプーラは宝石のように輝く」。[17]マニプーラは同時に、肉の領域のセンター、肉体としての人間のセンター、肉食動物のセンターである。（シャクティ・ラーキニー女神 Śhakti-Lakini には、血ゆえに赤く、獣脂に濡れた乳房がある。）アグニ神（Agni）の乗り物である羊が、マニプーラの動物である。

アナーハタは第四のセンターである。それは心臓と、あるいはむしろ横隔膜との関係が深い。ここ、大気のなかに、ヴァーユ・プラーナシャクティ［生気の力の風］(Vāyu Pranaśhakti)（プラーナ＝プネウマ pneuma［息、霊、精神］）は座を占めている。ここには、プルシャ、意識の人が住む。そこからはアートマンが見え、ヨーガ行者は今や知るに至る。「私は彼なのだ」と。アナーハタでは、予見されていた精神［霊］が生まれる。意識化がはじまるのだ。ここに付きものの象徴は天樹カルパタル［カルパ樹、如意樹］(Kalpataru) で、あらゆる望みを叶えてくれる。その下には祭壇、マニピタ［宝石で飾られた祭壇］(Manipitha) がある。[18]

第五のチャクラはヴィシュッダで、頸部、とりわけ喉頭部に存在する。ここには発語の座が、そしてそれゆえに精神的［霊的］なセンターがあるのだ。それは、「白い象に乗った白いエーテル（アーカーシャー［虚空、虚空蔵］Ākāsha）のいる、紫のセンター」である。シャクティ・シャーキニー女神

(Śhakti-Śhakini) は今や白くなっており、シヴァは両性具有の姿で、半分は白く、半分は金色である。両者はいっしょに神秘的な合一を成就する。ヴィシュッダは月の領域であり、同時に「大いなる解脱への門」でもある。人はそこを通って、錯誤や対立し合うものから離れていく。アーカーシャ[*9]とは、諸元型の充満を意味する。それは、イメージの世界の放棄、永遠なるものの意識化に関係がある。[19]

　アージュニャーは第六にして最高位の肉体的センターである。(アージュニャー Ājñā は、知識、理解、命令の意。) 眉間に位置する。[20] ここでは、導き手、グルの命令を上方から受け取る。アージュニャーのマントラ［真言］には、二枚の白い葉を持つ蓮華が描かれている。[21] ヨニの三角は逆向きになっている。それは白く、中央でイタラ・リンガム［異なれるリンガム］(Itara-Lingam) が稲妻のように光を放つ。つまり、アートマンはここで炎のように輝くのだ。それはファルスの形態をとった、純粋で普遍的な力である。アージュニャー・センターに配されるマントラは、オーム[*10] (Om) である。第六のチャクラには、マハト［大なるもの］(Mahat)(精神 mind)[22]とプラクリティ［根本原質］(Prakriti) の座がある。ここで、「サトル・ボディ[23]」が、金剛の体[*11] (『黄金の華の秘密』を参照せよ) が、発達する。その本質を、ゲーテは「ファウストの不死性」と呼んだ。それは個別にはタイジャサ［光より成れるもの］(Taijasa) として、また集合的にはヒラニヤガルバ (Hiranyagarbha)、黄金の種［胎］(オルフェウス教[*12]では世界卵[*13])、「大いなる自己」として現れる。死が訪れたとき、ヨーガ行者はプラーナをアージュニャー・チャクラへと移す。彼はそこから、神性へ、永遠へ、ニルヴァーナ［涅槃］(Nirvāna) へ——身体的なものを超えて存在する諸チャクラへ——去っていくのだ。そうしたチャクラは、「神酒の海の島」の「礎のない家」のなかにある。

　その後は、引き続き、無意識由来の絵のシリーズを見た。それらは、さまざまな患者たちが描いたもので、インドの心理学について今まで見てきたことの西洋的類例となっている。

付録２
ハウエルのドイツ語講義におけるユングのコメント

一九三二年一〇月五日～八日

1932年10月5日

（ユング博士が瞑想の技術に関していくつか意見を述べたいと希望。）

瞑想のプロセスについては、心理学的な分析に明確な類似が見られます。もちろん、相違に関しては、ハウエル先生がまるでエーテルのなかを漂っているかのように高みから眺めて、みごとな概念的枠組みを提示してくださっているのですが。それは、私たちが最近、自身で経験して得た基盤の上に置いてみれば、いっそうわかりやすくなるでしょう。たしかに、私たちの無意識の陰気で現世的な諸像をインドの表現と比較するのは、難しいことです。私たちがチャクラについて瞑想するには、まずあの原体験を苦労して取り出してこなければなりません。ヨーガに出てくる見事な諸像を取り入れることはできませんし、はたして私たちの経験は総じてタントラ的諸形態に当てはまるのだろうか、という疑問がやはり残ってしまいます。すべては、インドがすでに持っているこうした素材を私たちが持っているかどうかしだいです。だからこそ、私たちは、それに相当するものに接近できるような、私たち自身の方法を見つけなければなりません。

一〇年か一五年ほど前、患者たちがはじめて「マンダラ」[*1]を持ってきた頃、私はタントラ・ヨーガについてまだ何も知りませんでした。当時はインド学者もそれに馴染みがなかったのです。あるいは、タントラ・ヨーガが知られてきても、ヨーロッパ人のみならず広くインドの人にも笑われました。その見た目の珍奇さが小ばかにされただけでした。しかし、もうこの蔑みはやめなければなりません。

実際のところ、こうしたものは大地から個々に、そして直接にやって来るのですが、真剣に受け取るのが難しいような、つまらない、ばかげたかたちではじまるのです。

例をあげます。ある女性患者のことをとりあげてみましょう。六年に及ぶ散発的な分析を経て、とうとう私は、非常にためらいつつも彼女と「ヨーガの道」を進まなければならなくなったのです。彼女は熱心なカトリック教徒でした。カトリック教徒には、死産した無意識があります。教会が無意識の性質なるものをあらかじめ完璧に作り上げ、制御し、押しつぶしてきたからです。非常に早い時期の証拠があります。たとえば、大司教、アレクサンドリアのアタナシオス[1]は、聖アントニオの伝記のなかで、弟子の修道士たちに無意識由来の何がよくて何が悪いかを教示しています。彼が言うには、悪魔も「真実の言葉」を話し、ほんとうのことを語るのです。しかしながら、と彼は続けます。「万一、神に反抗する者が私たちの教師になるようなことがあれば、私たちにとっては不名誉であろう。義の鎧を身につけ、贖いの兜をかぶり、闘いのときには信仰心から精神の矢を撃とうではないか。悪魔はまったく取るに足らぬものなのだから。たとえひとかどのものであるとしても、その強さは、十字架の力に抵抗できるものを含んではいない。[2]」

また、イグナティオ・デ・ロヨラの[*2]霊操[3]は、インドにおける瞑想や私たちの無意識由来のファンタジーに相当する、キリスト教的な方法です。この霊操というのは、教会の教示に従って行なう瞑想です。その目的は、信仰上の諸象徴を訓練で覚え込むことです。それによって、教義上許されないいっさいの考えやファンタジーの消失が引き起こされるのです。

こうした態度のため、私の患者には完全な麻痺が生じました――はじめから何でも外界にあるので、内界では何も見えなくなったのです。私は六年にわたって彼女を、いわば分析によって教会へと戻してみました。その結果、彼女は、聴罪司祭には話していなかったことを告白したのです。すなわち、自分は神も法王も信じてはいない、それなのに教会の懐で死ぬことになるなんて、と。彼女は年齢（当時、五五歳）に似合わず、内ではいっさいが死んでいて暗いがゆえに苦しんでいました。なぜなら、彼女はなおも生きており、その生がみずからの権利を主張してくるのですからね。私は困りました。というのも、その生きている精神はとにかく確かな地位を得たがっていて、そうなればあの原体験が現れてくることがわかっていたからです。

そこで私は彼女に、眠りに落ちる前にイメージが現れてくるかどうか観察してみるよう言い、夢について尋ねました。彼女はそれまでは夢を見ていました。ところが、私が尋ねて以来、まったく見なくなってしまったのです。そこで、彼女には、横になって目を閉じてもらうことにしました。すると、ヴィジョンが現れました。つまり、彼女は暗い壁を見ていたのです。彼女はこのイメージに踏みとどまり、集中し（ダーラナ［執持］dhāraṇa）、それを凝視し（betrachten）――「孕ませ」[*3]（trächtig machen）――なければなりません。それが生命を持つことができるようにです。

そのようにしていると、壁は分節して木々になりました。暗い原生林になったのです。それから、木々の下で何かが動きはじめました。それはニュー・メキシコで、「何か」というのはあるインディアンの部族全体でした。アメリカ人のインディアン元型が、彼女のなかで生命を持ったのです。

森の前に湖が現れました。（森は人類のもともとの住処であり、無意識を表します。なかを見通せない平らな水面を持つ湖も、やはり無意識を表すイメージです。）インディアンたちは湖岸からカヌーを出し、女や子どもを乗せて湖を渡りました。対岸には砂漠があり、インディアンたちはそこにテントを張って火を熾し、料理して食事をしました。それから、テントに戻っていきました。彼らは明らかに眠りに就いたのです。真っ昼間で、太陽が天空にじっと動かずにいたにもかかわらず。族長だけが外にとどまっていて、砂漠の方を向いていました。

ここには、チッタ［心］の世界が見られます――患者が作り出したのではなく、それ自身の生をそれ自身の法則に従いながら――「意志を持って」――生きる諸像です。

患者は次に、族長に繰り返し集中してみましたが、彼は動きませんでした。それ以上、何も起こらなかったのです。患者は明らかにドグマの壁のところまで来てしまいました。それは、個人が無意識を経験する前に、あらゆる地獄の罰を下すのです。

それでも、彼女の得た安心感といったら、もはや見失うことのないそのイメージの効果で一年を過ごすことができてしまったくらい、大きいものでした。一方、中断に向かう動きも生じていました――彼女はたとえば、砂嵐のなかを進む大型輸送車輌を、あるいは吹雪のなかを行く馬の乗り手を見ました。これらのイメージは、彼女が無意識との接触を通して危険に瀕していることの傍証になっています。しかし、そんな中断は許されません。この物語を終わらせてしまわなければならないのですから。患者はそこにとどまり、インディアンとともに進むよう努力しなければなりません。

一年後、彼女は分析に戻ってきました。そして、ある日のこと、彼女は、例のインディアンがそのなかに立っている、静かで乾いた清澄な砂漠の空気に、とりわけ強い印象を抱きました。突然、その空気のなかに、それまでにはなかった湿気が少しだけ感じられました。とうとう何かが動いたのです。彼女はとても感激したので、おかげでさらに一年、過ごすことができたほどでした。

その後、彼女は再びやって来て、インディアンはもういない、と言いました。彼は消えていたのです。いったいどこに行ってしまったのでしょう。彼女は第二のヴィジョンを経験しており、はじめのヴィジョンは第二のものに吸収されていました。つまり、羽根と王冠を身につけた白い蛇が、光輝と落ち着いた威厳をもって現れたのです。

彼女は自分では、このイメージの意味していることをまったく意識していませんでした。これは、羽根のある蛇の姿をしたメキシコの大気と風の神、ケツァルコアトル[*4]のよく知られた表象です。ケツァルコアトルはインディアンを救済する神であり、アメリカ人の心にとっては無意識的な精神《ガイスト》を体現するものです。

このヴィジョンは私の患者に強烈な印象を残し、勇気を与えました。そして一〇年後、ついにあらいざらいの告白をなさしめたのです。もちろんそれは治療的な効果を発揮しました。

実際のところ、何が起こっていたのでしょうか。あの湿気は露として降りてきて栄養を与え、インディアンの覆面を押し破りました。そこで彼は、彼自身のほんとうの意味を、つまり非ドグマ的な異教の顔を彼女に見せた、というわけです。教会の立脚点から見ると、それは、キリスト教徒を迷わせるために救済者を装ったにすぎない悪魔の容貌です。ですから、ユカタン半島を征服したスペイン人たちはすでに、国中にあった十字架を悪魔の誘惑だと解釈していました。初期のキリスト教徒は、ディオニュソス神話とキリストの生涯との類似性[*5]を認識しており、やはり悪魔が自分たちを迷わせるためにわざとそうしたキリストの先取り（Antizipatio Christi）を作っておいたのだ、と考えました。

この患者が分析の間になしたことは、まさにプージャー［崇拝、供養］（Pūjā）――祈りを捧げ続けること――でした。それが後に変容を引き起こしたのです。ラヤ［消滅］（Laya）、つまりあの諸像の再分解は、私たちにとっては理解という知的なプロセスに相当するでしょう。この患者は自分に何が起こったのか知らなければなりません。自分自身の神話を理解しなければならないのです。理解というプロセスを通してイメージを分解してしまわないなら、それは私たちを捕らえ、引き留めるでしょう。それを意識の高みへと同化させてはじめて、新しい諸像が現れてくることができるのです。

1932年10月6日

ユング博士　心理学的側面からここでさらに付け加えうることは、分析というものの純粋に経験的な結果についてです。[4] 分析の典型的な経過においてはいつも、抑圧や投影などの認識を通して、より大きな気づきが得られます。分析のプロセスはこうして意識の拡大[*6]を引き起こすのですが、対象への自我の関係はまだ残っています。自我は葛藤のなかで諸対象と絡まり合っています――人はなおひとつの部分、プロセスの一部なのです。さらに分析を継続してはじめて、ヨーガとの類似は現れてきます。そのなかで、意識はその対象から切り離されるのです（『黄金の華の秘密』）。この過程は、個性化のプロセスとつながっています。個性化のプロセスは、自己がみずからを唯一無二のものとして諸対象や自我から切り離すことではじまります。あたかも、意識が諸対象や自我から離れて、非自我に――別の中心に、つまり異質ではあっても本来は自分であるものに――移るかのようです。意識のこうした離脱は、タマス［暗質］（Tamas）およびラジャス[*7]［激質］（Rajas）からの解放です。情欲からの解放、諸対象との絡まり合いからの解放なのです。それは、これ以上、哲学的に証明できない何かです。それは心的な経験です。実際には、解放感というふうに表現されます。人をそれまでパニックに陥れてきたものは、もうパニックを引き起こしません。動揺せずに、世界における対立し合うものの緊張を見ることができます。無気力なのではありません。絡まり合いから自由になっているのです。意識は無対象性の領域へと移されています。この経験は、生に実際的な影響を及ぼします。しかも、きわめて明白なかたちで。マラ［悪魔］（Mara）に脅かされるブッダの話ほど、そのことを見事に描き出したものはないでしょう。マラとその配下の悪魔たちが、こぞって彼を悩ませようとするのですが、ブッダの玉座は空っぽなのです――彼はもうそこに座ってはいません。あるいは、リグ・ヴェーダ（I：一六四）には、次のような一節があります。「ふたりの固く結ばれた友だち同士が、そろって一本の同じ木を抱擁している。ひとりは甘い果実を食べており、もうひとりは平然とただ見下ろしている」[5]。

ユング博士　ここでは、問題の各事例の間にあるちがいを考えに入れておかないといけません。なぜなら、そうした諸象徴が何を意味しているかは、まったくもって、その人特有の意識の状態によるからです[6]。この木は生命樹[*8]です。もしもそれが聳え立っているのなら、発展し前進する生を暗示しています。「ヨーガの道」を選んだのなら、人ははじめにこの象徴を見出すかもしれません。それはまた、その道の価値に疑いが生じているときにも現れます。「ヨーガの道」は植物の道——動物の機能に対立する植物の機能——です。自我意識は、いわば、語ったり自由に移動したりできる動物のようなものです。しかしながら、木は、植物が何も回避できないこと、根づいていることを意味します。このことに気づいた人は、突然こう感じるのです。「あ、私は、閉じこめられているんだ」と。そのとき、まっすぐ上に向かって伸びる木のイメージが、彼の不安を、回避不能であることのなかに恐いものが見えるという不安を鎮めてくれます。

ところが、この道をすでに歩んでいるなら、そして成長するという信念が固まっているなら、キリスト教的な偏見が出てきます。成長するものは上に向かって成長しなければならない、という偏見です。そうなると、木のイメージは、てっぺんに根があるという現れ方をするようになるかもしれません。これは、その成長が天空ではなく深みへ降りていく、ということを示しています。

上方にも下方にも根があるという木もあります。この場合は、人はどこに行こうとも根の領域にたどり着く、ということを強調しています。これは、あまりにも多くを願ったり望んだりする人が夢に見るものです。彼はこう言われているのです。「あなたのまわりにあるものは、どれもが土です。その土とあなたはひとつになるべきです」と。

反対に、上方にも下方にも樹冠があるということもありえます。この場合は、すべてが葉であり、花であり、果実です。「上なる天国、下なる天国」ですね。見たところ発達が下方に向かっているときにも、やはり花と実がつくでしょう。こうしたことが先の各々の事例で実証できました。

1932年10月8日

ユング博士　ツィンマー教授は、あのマテリアルについて、比較的理解しやすいものだとおっしゃいました[7]。私は非常に複雑だと思います——個々のちがいが途方もなく大きく、あまりに不明確なため取りつく島がないではありませんか。個々の問題をユニークなものとして理解するわけにはいきません。ですから、あらゆる参考文献がありがたいのです。たとえば、ツィンマーの著書『インドの聖なるイメージにおける芸術的形態とヨーガ』、アヴァロンによるタントラ・ヨーガの翻訳のようなものです。それらを見ると、そうした問題に取り組んでいる人たちが常にいた、ということがわかります。それゆえ、インド的な観念の世界は、私にとって個人的な諸経験を明確にするための手段となったのです。

一九〇六年のことでしたが、私ははじめて、精神を病んだ女性患者の次のような蛇のイメージに遭遇しました。つまり、その蛇は彼女の背中を這い上がっているところで、頭部が二股に分かれていたのです。一九〇九年には、全体的な意義に気づかないまま、その事例に関する講義さえ行ないました。

終戦直後、二八歳の娘さんが、一〇時間以内に治してほしい、と私のところへやって来ました。お腹のなかに一匹の黒い蛇がいると言います。彼女はその蛇ゆえにやって来たのでした。それを目覚めさせるべきだと思ったからです。彼女の抱えている問題は、地に足がついていないということでした。直観に頼るばかりで、現実感覚がまったくなかったのです。彼女はヤミの売春宿で暮らしていたのですが、そのことに気づいていませんでした。つまり、自分の足音を聞いたこともなければ、自分の姿を見たこともなかったというわけです。彼女は、自分が風船のなか、あるいは上にいる夢を見ました。私は彼女をそこから撃ち落とさなければならなかったのです。ある日、彼女は来て言いました。お腹のなかの蛇が動いて、向きが反対になった。それからゆっくりと上方に移動し、ついには彼女の口から出てきたが、その頭部を見ると黄金の色をしていた、と。これは、私が聞いたことのあるクンダリニーの道としては、最短のものです。なるほどこれは経験されたというわけではなく、直観されたにすぎません。けれども、それはすでに、当座の治療効果を発揮していました。この事例は、クンダリニーがおのずから出現してくることをわかりやすく示す一例です。

私がチャクラについてはじめて知ったのは、後のことです。しかし、それからもずっと、私はそのことを言いませんでした。私の患者たちのプロセスを妨げないように、です。

諸々のチャクラは、一般に、人間の意識のさまざまな段階を示す象徴です。民族学的および心理学的には、三つの異なる心の局在を区別できます。そのうち、第一のものは、ムーラーダーラ－スヴァディシュターナの近辺に、第二のものはマニプーラとアナーハタに、第三のものはヴィシュッダとアージュニャーに相当します。低次の諸センターの心理は、未開の人たちのそれに似ています――無意識的、本能的で、神秘的融即に巻き込まれているのです。生はここでは、いわば、自我を伴わないひとつのできごととして現れています。人は自分が欲したり行為したりしているということを意識しません。すべては、まるで第三者に起こるように起こるのです。

次なる局在は横隔膜の領域にあります。つまり、マニプーラ－アナーハタです。これは上方と下方への揺れ、横隔膜の上と下への揺れを伴います。横隔膜の下では、あらゆるできごとは自明です。マニプーラには情動の人がおり、繰り返し圧倒され、不断にみずからの情欲の犠牲になっています。

「私が欲する」ということは、横隔膜より上ではじめて出てきます。心臓――アナーハタ――では、自己の観念、つまり生がそこに関係づけられる絶対の中心ないしは実体の観念が、はじめて現れてくるのです。こうした自己の観念が、アナーハタにおける炎です。合理的な諸機能は、ここから動きはじめます。今もなおこのことを表している言いまわしがあります。私たちは「胸に手を当てて［正直に話せ］」と言ったり、自分のことを言うときに胸を叩いたりしますね。プエブロ・インディアンは、ホメロスの時代の人がそうしていたように、心臓で考えます。彼の精神は横隔膜（Zwerchfell）［diaphragm］のなかに位置しているのです（phren――情動的で思慮のある魂）。私たちの心の局在はなるほど頭部にありますが、身振りはなおも太古的であり、情動が流れ込んでくると、私たちの心理はマニプーラへ滑り落ちるのです。

　しかし、私たちがそれに気づくことはほとんどありません。自分はアージュニャー・センターで生きている、と信じ込んでいます。つまり、自分がわが家の主だと確信しているのです。しかし、もしも、私たちの考えは私たちに従属している現象であって、私たちが考えを持っているのだ、などと思い込んでしまったら、考えのほうが私たちを持っている場合がいかに多いか、をあまりにも忘れがちになります。心と頭脳が同一だと考えると私たちは神のごとくになりますが、情動が私たちのなかの深い諸センターを再び活性化させるのです。

　歴史のなかにも、クンダリニーのプロセスを見ることができます。まずはじめに、原始人の腹部意識が発達しました。彼は自分のお腹にのしかかったり胃にもたれたりするものにしか注意を向けませんでした。聖パウロはまだこう言っていました。「お腹があなた方の神である」[*9]と。それから、ホメロス時代の人の横隔膜意識が発達しました。緊張した呼吸状態や心拍の変動に現れてくる自分の情動というものを感じたわけです。

　近代の西洋人がはじめて、頭部も影響されうるということに気づきました。それ以前には、頭部は、感情のある身体にくっついた一個のボタンとたいしてちがわなかったのです。実際どれほどそうだったかは、黒人たちが岩に描いた人間の絵を見るとはっきりわかります。たとえばレオ・フロベニウス[*10]（Leo Frobenius）が、その著『エリトレア』[8]（Erythräa）のなかにそうした絵を載せています。そこには、極端に胴長で、その上に非常に小さな、もしくは痕跡程度の人頭か獣頭がのっかっている人間の絵が見出せるでしょう。

　現代人だけが「今、私は考えている」と言えるのです。ヴィシュッダ・センターは言葉を表出します。これを凌ぐものがあるとすれば、抽象作用のセンター[*11]でしょう。

　もうひとつ、重要な類例を指摘しておきたいと思います。そうした諸象徴を含む例では、どの場合でも、主要なモチーフとして太陽の軌道というのがある、ということを忘れてはいけません。クンダリニーに似ているのは、太陽の蛇[*12]です。それは後に、キリスト教神話においてキリストと同一視されることになります。あの一二使徒は、黄道帯の蛇が支えている一年周期の軌道の星宿の数々と考えられているのです。これらはすべて、創造の力の変動を表す象徴です。ムーラーダーラには、夜の太陽があります。そして横隔膜のもとには日の出があるのです。アナーハタからはじまる上位の諸センターは、正午から日没までの変化を象徴します。太陽の一日とは、クンダリニーの歩み――上昇と下降――のことであり、精神的［霊的］諸徴候を伴う進化と退化なのです。太陽の軌跡は、人生の軌跡とそっくりです。

　さらにまた、諸チャクラは、あらゆる種類の象徴的な段階形成に似ています。秘儀の諸段階にも似ています。アプレイウスが『黄金のろば』で述べている[*13]ように、そこでは、参入者が暗闇に踏み込み（下降 katabasis）、七つの段階を経て太陽神（deus sol）として甦ってくるのです。

　私にとっていちばん理解しにくかったのは、ビンドゥに坐す神のこと、そしてシャクティのことでした。私たちの場合、アニマははじめ、あまりにもグロテスクかつ陳腐に見えるのが常ですから、そのなかにシャクティの存在を認識することは困難です。しかし、それならば、このビンドゥの神とは何なのでしょうか。彼はビージャ［種子《しゅうじ》[*14]］に坐す永遠に不可視の中心的神格の反映なのです。人はそれを理解できません。彼は狩人がどうしても捕らえることのできない兎のようなものです。それは自己です――自我よりも大きいため理解できないのです。この自己は、私たちのなかに微かな痕跡を残しています――それがビンドゥに坐す神です。ビンドゥに坐す神とは、私たちが自己との間に持つ関係のことであり、自我における意志であり、私たちが必要に駆られてその道を進むよう強いるダイモニオン[*15]――個人の小さな神、内なるシヴァ――なのです。[9]

付録3 ハウエルの英語講義

一九三二年一〇月八日

ハウエル教授　昨日の議論について何かご質問がありますか。

ショウ博士　諸チャクラを通っていく道の第六段階の入口ではクンダリニーは見えないわけですが、私たちがそこまで至らないと彼女を覚醒させることができないのなら、東洋と同じくらい遠くまで現実から離れていってしまいそうに思います。私たちはもっと単純なもの、土の混じったものを身につけておくべきです。

ハウエル教授　みなさんに申し上げましたように、私の考えは、「六つのチャクラの説明」という古典的文献やたくさんのウパニシャッドにもとづくものです。これらを見ますと、完全な覚醒は、ヨーガ行者がヴィシュッダの出口に達し――彼は純化され浄められなければなりません――大いなる直観が出現するアージュニャーの入口まで達してはじめて起こる、ということが非常にはっきりわかります。

昨日、それは仮説であると申し上げました。そのことについては、アヴァロンや現代インドの著述家の助けを借りるのではなく、たぶん一〇〇〇年の歴史的発展について教えてくれる原典を通して考えなければなりません。今、私たちが書いているものの大部分は、非常に遅い時期のことを扱っておりまして、本来の意味は見えなくなっています。歴史上の進化の過程で、あらゆる種類のことが生じ、本来のものに重ねられてきました。私は常に、本来のものに到達しようと試みています。なぜなら、そのほうが、インドで現在のかたちになった、あるいは一〇〇年前のかたちになったヨーガよりも、きっと私たちに近いにちがいないからです。

　原典というのは、古典ヨーガのことです。ヴィヤーサ[*1](Vyasas)による注解、すなわちヨーガバーシャ［ヨーガ義疏］(Yogabhāsya)の助けを借りて、『ヨーガ・スートラ』[2]から引用させてもらわなければなりません。私が説明したのは、最高の段階にあるクンダリニーです。ヨーガ行者の修行の進展においては、男性の力と女性の力との合一があるのが常です。この合一は、すでにご存知のように、三角形とリンガで象徴されます。男性の力を通して知識が成長していくときには、いつも女性の力が働いている、という事実があります。ただし、女性の力が三角形という象徴で登場するのは、三つの段階においてのみですけれども。これは、私たちの内的発達において、女性の力が非常に重要な役割を担っているような時期がある、ということを意味します。そして、女性の力のエロス的な側面が、知識の覚醒と何か関係があるということです。私はそれを粗大《グロス》なクンダリニーと呼んでいます――非常に崇高で微細《サトル》で精神的［霊的］なクンダリニーとは言わずに。クンダリニーの覚醒について語るとき、多くのヨーガ文献、ハタ・ヨーガ、そしてヨーガ行者自身は、実は、男性の力にずっと連れ添う女性の力のなかにある、あの創造的要素の覚醒のことを言っているのです。しかし、「六つのチャクラの説明」では、すでに示しましたように、微細で崇高な女性の力だけがクンダリニーによって象徴されています。つまり、西洋にとっては、そして現在のごときインドにとっても、クンダリニーの覚醒とは男性の発達に影響を与え続けている力の覚醒のことにほかならない、と言ってよいでしょうが、これはあのクンダリニーではないのです。私たちは、女性の力にふたつの側面があるという事実、そしてクンダリニーがある程度まで這い上がったとしてもほんもののクンダリニーを覚醒させたことにはなっていないという事実、これらについて確信を持っていなければなりません。

クロウリー夫人　それでわかりました。私はふたつのプロセスがなぜ同時に進まないのか理解できませんでした――それが彼女を覚醒させるものだからなのですね。

ハウエル教授　クンダリニーの覚醒とは、私たちがいつも話していますように、アージュニャーで待ち受けている覚醒への準備にすぎません。心的状態の進化について全般的に考えてみれば、私たちはきっとそこからまだ随分と遠いのですが、それは私たちの行く手にあるのです。

　さて、クンダリニーはシヴァと合一（ご存知のように、内なる自己との合一を意味しています）してから戻ってくるのですが、これは人に直観が開けてきたことを象徴します。つまり、アージュニャーでこれらふたつの力の合一が起こったら、心的な生の全領域にその力が浸透します。ですから、もう彼女は、最も低い、エロス的な領域にさえも下降していけるのです。もしもクンダリニーを覚醒させた後に俗な生活を送るとしたら、それはまったく別ものです。同じに見えるかもしれませんが、彼の以前の経験とは全然ちがっています。それは新しいものなのです。しばらく日本の類例を見てみましょう。鈴木大拙[*2]の『仏教に関する一〇のエッセイ』(*Ten Essays in Buddhism*)という本をご存知ですか。そのなかに、「十牛図[*3]」と呼ばれる絵についてのエッセイがあります。牛というのは、最終的なリアリティの象徴です。長い探索の末に、修行者は牛を見つけます。これは、彼が自身の最内奥のリアリティを摑んだことを意味します。そうして、非常に重要な特徴として、これはヨーガでは明確に扱われませんが、牛を見つけると修行者はもはやそれを気にしなくなるということがあります。彼は眠ってしまい、牛の世話をしません。牛がそこにいることを彼はちゃんと知っているのです。すなわち、最高の直観を得てしまったら、いつでもそれを見続けているわけではありません。あたかもそのなかに何もなかったかのように、彼はそれを再び意識下へと落とし込むのです。ですから、彼は陽光を顔に浴びながら、そこに横になって眠ります。そして、目を覚ますと町へ行くのです。

「至福を授ける手で町に入っていく〔入鄽垂手《にってんすいしゅ》〕」彼のあばら屋の戸は閉められており、最高の賢者なら、彼がもういないことを知っている。彼の内面の生は、まったく窺い知ることができない。なぜなら彼は、古代の諸聖人の足跡をたどることなく、自分自身の道を進むからである。彼は瓢簞を持って市場へと出かけていき、杖にすがりながら帰ってくる。彼が大酒飲みや食肉解体業者と過ごす姿が見られる。彼も彼らもみんな仏になっている。

胸をはだけ、裸足で、彼は市場へと入っていく。
泥と灰にまみれて、彼は何と大らかに笑うのだろう。
神々の奇跡の力は要らない。
なにしろ、彼が触れれば、あら不思議、枯れ木に満開の花が咲くのだから。[3]

さて、これの心理学的側面については、たぶんユング先生が何か言ってくださるでしょう。

ユング博士　私はまさに、なにがしかの質問に答えるためにここに来ました。もとより私には、ハウエル先生がお話しくださっている範囲内でそのようなことを明確にできる力はありませんが、みなさんに心理学的な見方にまつわるご質問がおありでしたら、喜んでお答えします。みなさんにとって何が明確であり、何が明確でないか、私には想像がつきません。当然ながら、この特殊な用語法と観念形態を私たちの心理学の言葉やプロセスと関連づけるには、たいへんな困難が伴います。

たとえば、「いかにすればクンダリニーを覚醒させられるか」というショウさんのご質問について考えてみましょう。あなたからすると、クンダリニーを覚醒させるためには、後になってはじめて獲得できるものをあらかじめ身につけていなければならないように思われるのですね。

ショウ博士　それはまさに、ユング先生がなすべきでないとおっしゃっていることをしているような感じがするのです。先生はいつも大地の価値を、精神的なものと大地的なものの両方の必要性を、非常に強調しておられます。

ユング博士　そうです。しかし、それはヨーガも言っていることです――ヨーガは体において正当なのであって、虚空においてではありません。

ハウエル教授　もちろん、タントラ・ヨーガのなかには、古典ヨーガに抗うなにがしかの反応があります。古典ヨーガは、最高の直観に達したところで止まりたがります。世界を進むがままに任せようとする傾向もあります。一方、タントラ・ヨーガはまさにそういうことに対抗する反応であり、クンダリニーがムーラーダーラへ帰らなければならない、という観念のなかにそれが見られます。ここでは、あの高い精神的［霊的］な生の危険性と必要性を理解するために、歴史の面からも考えてみなければなりません。

クロウリー夫人　プルシャとアートマンのちがいについて、ユング先生の心理学的なご意見をお聞かせいただきたいのですが。[4]

ユング博士　心理学的な観点からは、それらを区別することはほとんどできません。世界のなかでは大きなちがいがあるかもしれませんが、心理学になると同じです。哲学においてさえ、これらふたつの概念は同じように用いられてきました。少なくとも、そのちがいは微妙すぎて、心理学では何の用もなしません。

クロウリー夫人　アートマン（自己）の究極的な経験は、プルシャ以前に直観的に見えるでしょうか。

ユング博士　ヒンドゥー教の言葉で考えると、一万の様相のなかで自分を見失ってしまいます。それは極端に複雑です。心理学的観点から見るのは、もっとずっと単純です。言葉にするとあまりにも単純すぎるくらいです。というのも、実際、ひとりでそのなかを進んでみると、プロセス全体がいかに難解で複雑であるかがわかるからです――ヒンドゥー教徒があの一見単純なものを説明するのに、なぜこれほどたくさんの象徴を発明してきたか、わかるようになってきます。けれども、心理学では非常に異なったやり方で表現します。そのとき分析の行なうことは、まずは還元です。態度を分析することです。真の精神的活動や心理的プロセスを抑えつける、多くの抵抗と個人的なことを意識化しなければなりません。こうした抑制というのは、すべて、非常にたくさんの不浄物なのです。変容の心理プロセスがはじまるには、その前に心が浄化されなければなりません。

それゆえ、ヨーガでは言うのです。クンダリニーの道を歩もうとほんとうに考える前に、チッタ（心）を浄化しなければならない、と。それは分析においても同じです。みなさんは、完全な客観性を得るまで、つまり自身の意志からは独立した何かが心のなかで動いていると認められるようになるまで——たとえば、あるファンタジーの存在を客観的に認められるようになるまで——心を澄ませなければならないのです。そういうものを認められるようになるには、それに先立ってたくさんの禁止を解かなければなりません。そうなるまで、客観的な心理的プロセスは生じえません。しかし、心的な諸内容には自律性があるということ、その観念がみなさん自身の発明にではなくそれ自身の自律的活動に由来しているということを認められるなら、事態がどう進むか見届けられます。そうであれば、客観的プロセスがはじまりうるのです。後には、自己、プルシャが覚醒するかもしれません。

クロウリー夫人　まったくそのとおりだと思います。ふたつの道には大きなちがいがあります。

ユング博士　準備のための道というものがあり、それから真の覚醒となります。あなたはアートマンの実現のことをおっしゃっているわけですが、それは結果です。そして、実践に役立てんがためにプルシャとアートマンを区別するということをなさらないようお勧めします。

クロウリー夫人　先生がご説明下さっているようなこととは別に、非常に顕著なちがいがあるように思うのですが。

ユング博士　私はチッタについてお話ししていました。前半はチッタの洗練、後半はクンダリニーの覚醒です。この覚醒のなかでしか——つまり、客観化ができるようになったときにはじまる心理的プロセスの後続の諸段階のなかでしか——自己は姿を現しません。そこでプルシャが現れるのであり、前半においてではありません。

ハウエル教授　アートマンとプルシャに実際上のちがいはありません。両者は同義語です。唯一のちがいは——そこが難しいのですが——自己が異なったやり方で映し出されているということです。これはまさにユング先生がお話しくださったことです。はじめのうちは、チッタのなかで自己をはっきりと見ることができません。ちょうど流れる水に映っているようなものです。けれども、その後、だんだんはっきりしてきます。アナーハタにおいては、下方で何度も瞬間的に目にしてきたのと同じ自己があるのですが、もはやまったく疑いの余地がない自己として立ち現れます。下方で鏡や水が動いているかぎり、それは疑わしいものかもしれませんが、今やそこにあることがわかっています。それを失うことはありえません。もっとも、それはまだあの創造的な活動、赤い色に包まれており、人はそのなかをさらに進んでいかなければならないのですが。上方では、それは静穏さのなかに映し出されます。絶対的にはっきりとしています。チッタは実は、プルシャの鏡にすぎません。この段階ではクレシャ［煩悩］（kleśa）はありません。そして、これが起こるときには、絶対的な存在、自己の実在があって、そうなると、アートマンはパラマートマン［至高のアートマン、最高我］（paramātman）との一致を見せます。これは、発達しつつあるチッタにおける映し出され方のちがいの問題なのです。

ハナー嬢　私は西洋のアプローチと東洋のそれのちがいをめぐってひどく混乱しています。東洋は怪物であるマカラの口を通り抜けていくように見えるのですが。

ユング博士　ハウエル先生は、この問題に東洋がどう取り組んでいるかについて、非常にはっきりとした見取り図を示してくださっています。[5] そして、分析心理学を学べば、西洋での取り組み方がわかります。

ソウヤー夫人　その混乱は、両者を、つまり東洋と西洋、ヨーガと分析をぴったり合わせようとすることから起こるのだと思います。

ユング博士　タントラ・ヨーガがクンダリニーの覚醒と呼ぶプロセスを、私は心的な客観性と言っています。たとえば、私たちが英語のセミナーで扱っているヴィジョン[*4]は、異質な地平における経験です。あれはストゥーラな側面からではなく、スークシュマな側面から考えなければなりません。そうしたことは、どこでもない場所で起こるのです。普遍的《ユニヴァーサル》で非個人的なのです――もしもそれを非個人的なものとして理解しないなら、宇宙的《ユニヴァーサル》なものとの同一化によるインフレーションに陥るのがおちです。ですから、プロセスのすべては、心のなかのなにがしかのものは純粋に非個人的であるという事実からはじまるのです。みなさんはそれらの存在に責任がありません。それらは天国から落ちてくるか、地獄から浮かび上がってくるかするのであり、みなさんにはどうやっても説明がつきません。なにがしかのファンタジー、なにがしかの夢は、まったく明らかに非個人的な領域からのもので、けっして何らかの意図があって生み出されたものではありません。これらは、みなさんが自分自身から離れてひとつの役割をはたせてこそ、経験できる内容です。

それゆえ、人はいつも、奇跡劇を演じようとする傾向を持っています。みずからのあり方の通常の枠組みから踏み出して、ある役割を引き受けようとするのです。中央オーストラリアの最も未開のアボリジニでも、次のような非常に洗練された観念を持っています。すなわち、彼らがトーテムの儀礼[*5]を執り行うとき、それは彼ら自身としてではなく、夢幻時[*6]（alcheringa times）の先祖としてやっているのだ、ということです。彼らは神的な英雄と同一化します。私はもうユング博士ではありません。ツァラトゥストラです。[*7] そうなると、まったく法外な言葉を発することができるのです。というのも、私は長い長い年月が発する声とともに語る——偉大な先祖に包まれて語っている——のですから。そして、その後、化粧を落として、再び普通の住民に戻ります。さて、そのようなものは、ある心理学的な要求に答えているのでなかったならば、生きながらえることができなかったでしょう。つまり、それはまさにもうひとつの現実《リアリティ》なのです。なにしろ、それはちゃんと機能しているのですからね。私たちの合理主義では、いかにしてそれが可能なのか、もちろん理解できませんが、それはたしかに機能しています。

たとえば、誰もがごく普通の生活を送り、少なくともふたりの子どもをもうけなければならない、という観念があります。しかし、多くの人は子どもがふたりもいないか、もっとたくさんいるか、子どもを持つことなどまったく夢にも思わないか、です。つまり、実生活は非常に変則的であり、生きているはずのない多くのもの——修道院、女子修道院——が生きています。それらはみんな生きており、しかも、一九世紀的なブルジョア合理主義に逆らっているのにきわめて生産的に生きているのです。

つまり、そうした非個人的な類いの経験においては、人はまるで自分でないもののように、ひとつの舞台装置のようになります。これはすべての奇跡劇に本質的に備わっている要素であり、そういう状況が人工的にもたらされます。私はみなさんによくミトラ教の秘儀のことをお話ししてきました。ミトラ教のイニシエーション[*8]では、人はミリテス（milites）、つまり神の兵士になり、ライオンになり、またヘリオドロモイ（heliodromoi）、すなわち神の太陽の御者に変えられました。[6] これらはまさに、さまざまな段階の非個人的経験でした。たとえば、神の兵士とされていたローマの宿屋の主人は、後にはそれだけではなくなります。もちろんちがってくるのです——彼は自分がいつもそうであったものでもあり続けているのですが、三次元的世界とはちがう高次のレベルで自分自身を経験したのです。それは、窓から別の次元の道を、心的な現実《リアリティ》を覗くことが許される、非個人的なレベルなのでした。

このような考えの証拠となるのは、それが自動的に働くということです——それはソドムとゴモラ[*9]の火のように私たちに降りかかり、私たちの生さえも破壊しうるのです。みなさんは自分のことをこれでよしと思い、世界についてもこれでよしと思っているのですが、突然、広場恐怖のために通りを横切ることができなくなってしまいます。みなさんがそれを作り出したわけではありません。それがみなさんの首根っこを摑んだというだけのことです。では、それというのはいったい何者なのでしょうか。私たちはそれをただの病気だと言いますが、これは単なる言葉でしかありません。恐怖を引き起こす悪霊だと言うこともできるのです。これは心的な世界の自律性を示す例であり、そこではそういうものが生きている、という証拠です。それゆえ、そのような神経症に罹っている人すべてに、私はこう助言します。今すぐそのなかに入っていき、それを生きなさい。そうすれば、あなたがそれを手中におさめることになり、もはやそれがあなたを摑んでいるのではなくなりますから、と。

　さて、クンダリニー・ヨーガは、非個人的な経験を東洋のやり方で象徴的に定式化したものです。東洋がその象徴学を通して私たちに伝えようとしていることを西洋式に理解するとすれば、多大な困難が引き起こされるでしょう。こうしたことを文字どおりに受け取ろうとするとき、私たちを力づけてくれる人は、きっとハウエル先生以外にはないでしょう。それは、西洋式に理解するときにのみ、また単純すぎるのでもなく複雑すぎるのでもないところでのみ、生命を持っているのです。ものごとがはっきりしないとき、人は、そいつはとっても単純なことだよと言うものです。世界でいちばん単純な人たちというのは、実は大きな世界的混乱を引き起こす人たちです。こうしたものごとは、けっして単純ではありません。しかし、みなさんが、東洋の経験と西洋の経験のつながりを理解するのを助けてくれる、なにがしかの確かな心理的類似を経験しているのなら、それで大丈夫です。

ハナー嬢　東洋のやり方は、少々ドグマ的なように思えるのですが。

ユング博士　それに関わってきた、何千年もの年月、何千人もの人々、何千ものきわめて優秀で知的な頭脳のことを考えてごらんなさい。当然、ドグマ的になります。

ハナー嬢　心理学もすでにドグマ的なのでしょうか。

ユング博士　そうです。人が無意識などというものはないと言えば、あなたは「それは異端の考え方ですね」とおっしゃいます。そうであるなら、あなたは内実がドグマ的になりつつあるのです。そして、そのことには気づきません——アフリカで黒くなる[*10]のと同じように。[7]

ティーレ嬢　ハウエル先生は昨日、こうおっしゃいました。たぶんズーゾー[*11]（Suso）を除いては、より高い意味合いで、クンダリニーをほんとうに覚醒させたヨーロッパ人はいない、と。[8]しかし、分析のプロセスの助けがあれば、行くところまで行けるのでしょうか。

ハウエル教授　きっと千年後には。

ユング博士　インドがきわめて特殊な国であることを忘れてはいけません。あそこでは、原始の人間が太古の昔から生きながらえていて、絶対的な連続性をもって成長してきました。私たちは連続性をもって成長してきたのではありません。私たち自身の根っこから切り離されました。それに、ヒンドゥーの人たちは非常に異質な人種です。アーリア人であるだけでなく、原住民であるドラヴィダ人の影響もたくさん入っています。それゆえ、タントラ・ヨーガには非常に古い大地的なものが見られます。ですから、この特殊なヨーガ哲学が私たちのこの血にはなじみのないものであることは認めなければなりませんし、私たちが何を経験するにせよ、まったくちがう成り行きを見せるでしょう。私たちはそうした諸形態をそのまま引き継ぐことはできません。そんなことをするのはひどい誤りです。私たちにとっては、そうした諸形態は人工的なプロセスになってしまいますから。

意見　西洋的概念に則ったプロセスのうちのなにがしかは、インドのヨーガのそれに似ている、と思ったのですが。

ユング博士　そうです。分析心理学はもちろん、それに似た類いの企てです。初期のそれを苦心して作り上げていた頃、タントラ・ヨーガとこんなに近い類似性があることはわかっていませんでした。タントリズムの文献は翻訳されておらず、その種のことの専門家でさえ、タントラ・ヨーガについてはほとんど知らなかったのです。それは、ジョン・ウッドラフ卿の翻訳によって、最近ようやく知られるようになりました。私たちが行なっているのは、同じ領域における、まったく混じりけのない素朴な企てです――もちろん、インドとはちがう私たちの気質や態度に従って、別の手段を用いているのですが。

ハウエル教授　おわかりのように、分析心理学が今なしている準備作業を、ヨーガがひとつの体系となる四〇〇年ないし五〇〇年前の諸段階と比べてみる必要があります。ヨーガは、ブッダの時代ないしはその少し前に、はじめてひとつの体系になりました。分析心理学によってなされつつあることは、ブッダから四〇〇年ほど前の思想家とバラモンによってなされていたわけです。彼らの名は忘れられてしまいました。私たちは、言うなれば、小さな洞察の閃きが現れたのを目にすることしかできません。たぶん次々に小さなことが付け加えられて、理解が深まっていたのでしょう。そこへ、この体系を創り出すことになる、ひとりの偉大な精神の持ち主が登場したのです。彼の役目は、当時の精神や魂を秩序立てることでした。けれども、それも一時的なことで――たとえば数百年しかもちません。これは心的な適応のプロセスであり、人類の歴史全体を通して続いていることです。たとえばキリスト教は、もはや私たちみんなに妥当だというわけではありません。つまり、ちゃんと機能していないのです。数百年後には別の体系が現れるでしょう。それはタントラ・ヨーガが消えたのと同じように消えていくでしょう。こうした諸体系はすべて、象徴と文章によって生という大問題に取り組もうとする人間の企てです。それはあなたと私のためのものであるのみならず、共同体全体のためのものでもあるのです。ひとつの共同体全体に妥当な諸象徴の主たる性格は、何世紀にもわたる作業を通してのみ育て上げることができます。そうなれば、個々人が本来の作業をすべて行なう必要はありません。それはすでにその人のためになしてあるわけです――そして私たちは、共通の心的、精神的文化を獲得するのです。しかし、数百年経つと、その時代は終わりを迎えます。象徴は変わります。もしくは、人の生が変わります。そして、危険は、新時代にその象徴を妥当なものとして持ち続ける、ということのなかにあるようになります。

　分析心理学を眺めてみますと、まちがいなく、基礎のところからはじめて大きな建物を築きつつあります。となると、数世紀後には非常に硬直したドグマになり、破壊者たちがやって来て、これは全然だめだと言うでしょう。しかしながら、どんな体系もなにがしかの真理に達していて、それは永続している、というのはまちがいないかもしれません。キリスト教になにがしかの真理があることはわかります。つまり、かけがえのない諸々の絶対的現実《リアリティ》というものがあるのです。にもかかわらず、私たちは新しい真理と象徴の体系を見出さなければなりません。それはインドでも同じです。歴史的に見ますと、タントラ・ヨーガは、齢一〇〇〇歳のヨーガが新しい心的状況に適応してきた唯一のかたちです。そして、その状況はもうインドから消え去っています。もしもインドの人たちがタントラ・ヨーガに従って生をまっとうしようとするなら、たぶん私たちがそうする場合とちょうど同じくらいひどいまちがいを犯すことになるかもしれません。ガンディのことを考えてみましょう。新しい諸象徴は共同体全体のためのものでなければなりません。ガンディは、この新しい心的、精神的状況のなかから、まったく新しい方法によってそうした諸象徴を創り出した人物です。すでに申しましたように、彼が海に行って、ひとかたまりの塩を人々に見せるとすれば、それはひとつのチャクラと同じくらいすばらしいのです。彼らはチャクラを必要としません。あの糸車を考えてみてください。糸車を持つガンディを彼らが目にしたなら、チャクラに集中しなければならない理由などどこにありましょうか。彼らは糸車を黙想し、より高い思考の地平――犠牲の観念など――に至るのです。それは、もしそう呼びたければ、新しい「タントラ・ヨーガ」と言ってもよいものです。しかし、キリスト教においてもそうであるように、失われることのないタントラ・ヨーガ的諸要素のなかにも、永遠かつ普遍的な、象徴化された諸々の真理があります。それらを私たちは研究しているのであり、それらには価値があります。それがチャクラの教育学的価値です。そうなると、場所や時を問わない類似した経験というものがあるわけです。私はあえて、タントラ・ヨーガに見られる、分析心理学に対する心理学的類似について語るのを避けてきました。というのも、それを語ると、混乱を引き起こしてしまうと思うからです。私はみなさんにこのヨーガを提示するだけにします。みなさんはご自身で比較できます。

クロウリー夫人　昨夜、ユング先生は、西洋流に表現されたマンダラの数々をお見せくださいました。[9] そこではわかりやすい比較がなされました。すでに発達しきったヒンドゥーのマンダラに比べると、発達途上のチャクラを、ものごとのはじまりを見ているような感じでした。

ハウエル教授　インドのものは完璧です。昨日拝見したものは、粗削りな素材にすぎません。あれらのなかから、たぶんチャクラが成長してくるのでしょう。ああした絵を拝見しますと、人間の魂というものが、あれほど互いにちがっているにもかかわらず、時と場所を超えた統一性をいかにたくさん備えているか、よくわかります。

ユング博士　ああ、あれはチャクラですね。

ハウエル教授　私が申し上げているのは、ひとつの共同体全体に対して力を持つチャクラということです。

ユング博士　はい、それはすべて協同を必要とします。何千人もの人たちと計り知れない長い年月による労作です。

クロウリー夫人　それにしてもびっくりしたのは、ユング先生が次々に明らかにしてくださったように、諸チャクラにおける類似が実に完全であるということです。

ユング博士　それがあるからこそ、タントラ・ヨーガは私たちにとって実に価値のある道具なのです。分類と用語法において助けとなり、そうしたことに関する諸概念を創り出してくれます。それゆえ、タントラ・ヨーガの研究は、これほどに魅力的なのです。

バウマン氏　ハウエル先生は、ヨーガ行者がクンダリニーを覚醒させるためにはアージュニャー・チャクラに達しなければならない、とおっしゃいましたね。

ハウエル教授　あのような微妙《サトル》な意味合い、あのような精神的［霊的］な意味合いにおいては、そう申せましょう。

バウマン氏　分析には準備段階があります――個人的な抑制などを取り除かなければなりません――その後で非個人的なものに至ります。しかし私は、まだ最初の段階にいるときに非個人的な内容の描画をすることができると思うのです。それは実際にも起こります。

ユング博士　おお、そうですとも、この上なくすばらしい絵を描くことができます。かつ、まったくどこにもいないのと同じというわけです。芸術家は特に。誰でも絵は描けます。小さな子どもでも。そして、それにはほとんど価値がありません。ご存知のように、絵はある事実、ある心理的経験の表現であるにちがいなく、みなさんは絵がそのような表現であるということを知っていなければなりません。それを意識していないといけないのです。さもなければ、みなさんは、水のなかにいる魚や森に生えている木と同じようなものかもしれません。というのは、どの木もすばらしいマンダラを作り出すからです。菊科の花はマンダラです。太陽のイメージです。ところが、当の花はそのことを知りません。人間の目はマンダラです。しかし、私たちはそれを意識していません。ですから、人をして問題の非個人的性質を意識化できる地点まで至らしめるには、分析における長くて骨の折れる作業が必要です。そして、この非個人的なものは、まさしく東洋の精神に対する西洋の類例なのです。クンダリニーは非個人的なものです。そして、西洋の精神にとって、私たち自身の精神のなかの非個人的なものをひとつの客観的なできごととして理解することは、極端に難しいのです。

ひとつ例をあげましょう。私はかつてある著述家の治療をしました。とても頭のよい人でした。彼は知的かつ非常に合理的で、すべてを原則に従って説明しました。すなわち、何にでも自然の原因があり、いっさいは道理に適っているというのです。彼はあらゆる学派でたくさん分析を受けてきており、自身の夢についても因果的還元論[*12]の原理にもとづいて説明するのが常でした。もちろん、実際に、どの像、どの事実、どの情動についても、あるはっきりした経験に由来していると言うことは可能ですし、以前の経験になかったものにはまず出くわしません。人は当然ながら、この種の考え方でやれるかぎり、それを続けます。私は、しまいには何か還元できないものを夢が持ち出すだろう、と思いました。そして、長期にわたっていっしょに作業を続けていたところ、彼はついに正体を突きとめることのできない人物が登場する夢を見たのです。たとえば、女性が人生の上で重要な役割を担っていた頃、彼はたくさんの女性を夢に見ました。それまでなら彼は彼女たちを記憶のなかに探すことができ、「彼女は誰々夫人にどこか似ています」と言えました。ですから、私たちは全部をいっしょに縫い合わせることができました。ところが、そのときは、ひとつに縫い合わせることのできない女性が現れたのです。彼は記憶の像を見つけるのにひどく難渋し、ついには降参しなければなりませんでした。連想はほんとうに何も浮かばず、その像の道理に適った起源を示せないと認めざるを得なかったのです。ですから私は言いました。「さあ、あなたの因果的還元という原理の終わるときが来ましたね。では、まったくちがうことを提案しましょう――こういうものがあなたの個人的な経験のなかに起源を有していたのではなく、まったく独力で現れてきている、という考え方です。ちょうど、招いてもいない誰かがこの部屋に歩み入ってきた、あるいは壁から飛び出してきたようなものですね――彼女は歩きます、語ります――幽霊にちがいありません」。当然ながら、彼はこの提案に抵抗を示しました。そこになかったものが心に入ってくることなどありえない、と言うのです。彼には、私たち西洋人の態度の一部となっている、心的世界の軽視が見られました。けれども彼は、自分が作り出したのではなくて、夢のなかでたいへんな情動を引き起こす、非常に明確なものが心のなかに現れた、と認めなければなりませんでした。それは、客観的な自律的要素に対する認識のはじまり、心理的なプロセスのはじまりとなったのです。まるでほんものの女性が彼の生活のなかに入って来たようなものでした――彼女がなぜいるのかはわからなかったのですが、彼は彼女の存在を扱わなければなりませんでした。私はそういう像のことを言うために、アニマという術語を作りました。それは、西洋の偏見によるならば、あるべからざる像なのです。

　さて、これが、クンダリニーのプロセスに似たものがはじまる瞬間です。そのときには、あるものがまったく独力で現れて発展していきます。そのプロセスをどこまでも追求すれば、タントラ・ヨーガの言葉で表現しうる結果へと至ります。私たちはタントラ・ヨーガに感謝しなければなりません。なぜなら、タントラ・ヨーガは、私たちが実際に経験しているカオス的な経験を表現するのに使える、最も分化した諸形態および諸概念を提供してくれるからです。ハウエル教授が正しく位置づけておられるように、私たちはあることのはじまりにいます。そして、このはじまりにおいては、状況はきわめて個別的かつカオス的なのです。何世紀も経ってやっと、そうした状況がほんとうに定着して、なにがしかの諸側面へと結晶化しはじめます。そうなると、もちろん、ドグマがついてくるのは避け難いことです。

バウマン氏　ユング先生は昨日、ある患者からの手紙にマンダラがあったことに触れておられました。中心のまわりに魚たちがいるというものです。彼女は「私がひとつの中心のようになって、まわりを魚たちが漂っているような状態を見出せたら、と思っています」と述べた[10]ということですが、それが私には非常に印象的でした。

ユング博士　いいえ、あれは、彼女があの魚たちのように調和した状態でまわりを動けるような中心への道を見出す、ということです。彼女がその中心になるのではないでしょう。それは私たち西洋人の考え方です。私たちが中心だと考えるのは誤りです。私たちは自分がこの世界の神だと思っています。それゆえ、人が神になるというタントラ・ヨーガの観念は、私たちには危険です。私たちはそうした偏見を持ってスタートします。しかし、私たちはほんとうは悪魔的な恐ろしい存在なのです。実のところ、自分自身を外から見てはいません。自分たちのことをとてもすばらしい人間で、高い尊敬に値し、道徳的であるなどと思っていますが、現実には血なまぐさい海賊なのです。ヨーロッパ人が自分自身について思っていることは偽りです。私はインディアンと黒人から教えてもらいました。私たちの世界をよく見てごらんなさい。そうすれば、私たちが何者であるかわかります。しかし、私たちは自分が神であるという偏見を抱いているため、誰であれ中心を夢に見たならば、密かにかつ本能的に自分をそこに置いてしまうのです。みなさんは私が昨晩お目にかけた絵を覚えておいででしょう――中心に石があり、そのまわりに小さな宝石がたくさんある絵です。あの絵に関係がある夢についてお話しすると、たぶんおもしろいでしょう。私があのマンダラを描いた犯人です。当時は、マンダラが何を意味しているのか、まるっきり知りませんでした。そして、たいそうつつましいことに、私はこう思ったのです。私がこの中心の宝石であって、小さな光たちはきっと、もっと小さくはあるけれども自分も宝石だと信じているとてもすばらしい人たちなのだ、と。それが私たちのすることです――私たちはいつも、アナトール・フランス（Anatole France）が『ペンギンの島』[11]（*L'Isle des Pingouins*）で示した例のとおりにやっています。聖マロは天上的な友好状態のなかでペンギンたちに洗礼を施しました。そこで、みんなが聖カタリナに、ペンギンたちの魂をどうすべきだろうかと訊いたところ、彼女は神にこう言ったのです。「彼らに魂をおあげなさいませ。でも小さいのをですよ」と。それが私たちの原理です。私はあの光たちに小さい魂を与えました。大盤ぶるまいでした。私は自分のことを非常にすばらしいと思ったのです。私は自分をこんなふうに表すことができる。ここに私のすばらしい中心があり、私はほんとうに申し分ないのだ、と。

それから、私は夢を見たのです。[12] 私はリヴァプールにいました。実際に行ったことはないのですけれど。とても暗くて、ぬかるんでいました。雨がぬかるみを作っていたのです。私はレインコートを着たスイス人たちと通りを上がっていました。私たちは話し合っているのですが、それは非常に不快でした。私は雨と寒さをしのげるところがないかと考えていました。[13] 私たちは高台のような場所に来ました。町のなかの平坦なところです。そこには、広くて美しい公園がありました。はじめはわかりませんでしたが、それが昨日お目にかけたマンダラだったのです。いくつかの小径が交差しており、中心には小さな湖がありました。その中心には島があり、島の上には、あの薔薇のような色合いをした木蓮の木、美しい木があったのです。その木は陽光をいっぱいに浴びて立っていました――それは暗い雨の夜の非常に輝かしい光景、満開のすばらしい木でした。私はそれに魅了されました。そのとき、不意に私は、連れの者たちがそれにまったく気づいていないことを発見したのです。彼らはただ歩き続けており、リヴァプールのその公園の左側の通りの角に住んでいる別のスイス人のことを話しはじめました。私はその場所を想像してみました。その角にはたったひとつ街灯があり、彼はそこでアパート住まいをしているのです。彼らは言いました。「リヴァプールのこんな汚い場所に住むなんて、あいつはどうしようもないばかにちがいないよ」。しかし、私は彼のことを、とても知的な人物だと思っていました。そして、なぜ彼がそこに住んでいるのか、わかりました――彼はその島の秘密を知っているのです。つまり、彼は正しい場所を見出していたのです。[14] さて、リヴァプール（Liverpool）というのは生の中心です――肝臓《リヴァー》（liver）は生命の中心です――そして私は中心にいません。どこか暗い場所に住んでいる愚か者です。私はあの小さな側光たちのひとつなのです。こうして、自分がマンダラの中心であるという、私の西洋的偏見は修正されました――私がすべてであり、ことの全体であり、王であり、神である、という偏見のことです。私たちはそういう観念からはじめているのです。ヒンドゥー教徒は原始的な人であり、そのような考えは持っていません。自分が人間でないなどとは、はじめから思ってもみません。ですから、しまいに神になるなどということはありえません。しかし、私たちは神を予感しています。ですから、降りてこなければならないのです。

ハウエル教授　チャクラの形態と象徴学について、すでに論じた点についていくつかおさらいしながら、二、三補足しておきます。私の考えでは、チャクラのあの数学的な図像はすべて、諸法則に従うものとしての宇宙の生命と心的な生とを示しています。それから、蓮華の観念とは、心的な生の全体がひとつの有機的な中心《センター》のなかに体現されているということです。どの花弁にも文字があったことを覚えておいででしょう。それらの文字は瞑想のなかで低く唸るのですが、唸っている間に、各々の文字の意味に気づかなければなりません。グルのみがその意味を教えることができます。文字は、その特定の部位に隠されている、成長途上の有機的側面を象徴しています。これは意識されていません。各々の花弁のなかには、気づかれて中心とつながれなければならない力が隠されています。そこにある物［身体］を超えたものという観念、[15] および心を超えたものという観念とは、こうです。すなわち、心という有機体の真の中心、それは宇宙という有機体の真の中心にあるのですが、そういう中心に、生を無意識のうちに制御するまったき意識下の力が存在しているということ、そして、人がそのまったき力の意味に瞑想によって気づくべきだということです。それは意識のなかに上がってこなければなりません。意識のなかで作用させることができれば、それはもっと強くなるのです。

ビージャ[16]［種子《しゅうじ》］（bīja）についても瞑想のなかで気づくべきです。このビージャのなかで内的に働いている力は、はっきりと発達した人格というようなものではありません。それには名前がついていないのです。ビージャはまさに、みずからがその象徴となっている要素に潜む意識下の力――これは、その人の心的な基盤のなかで作用します――を象徴していますが、瞑想によって気づかれたときにのみ実際の力で作用しうるのです。ご存知のように、私はその力をビージャ・デーヴァ［種子神］

(bija-deva) と呼んでいます。[17] そのなかから、ビンドゥ・デーヴァ［ビンドゥ神］(bindu-deva) が映し出されてきます、もしくは成長してきます。ビンドゥ・デーヴァも［ビージャ・デーヴァと］同じ力ではあるのですが、無意識から明瞭な意識へと映し出されたものなのです。しかし、それは女性の力であるシャクティほど明瞭に意識に入ってくるわけではありません。それ［シャクティ］については問題ないと思います――私にははっきりわかりました――これはアニマだということが。タントラ・ヨーガによれば、あの隠された男性の力は、この女性の力と結びついて、私たちの内部で働くのでなければなりません。このことは、私たちの人生のさまざまな時期に意識的に気づかれるのです。大いなる真理を表象するこうした象徴を、私は導きの象徴 (leading symbol) と呼んでいます。長い年月にわたる経過のなかでのみ見出すことができるような、導くような性格を持った象徴のことです。

もちろん、色彩象徴というのもあります。赤が血を、大地の底深くにある諸力を意味するということはご存知でしょう。そして白は高次の直観を意味します。金色のものが見つかるところでは、それがどこであれ、明確な洞察に関する思いつきが得られます。ただし、最高の洞察というわけではありませんが。ですから、ムーラーダーラにおける金色は、花弁の文字にも見られ、どうやらこの領域には意識下で働く洞察の力があるのです。エロス的な生の内部では、洞察の力が働いています。エロス的なものは、ものごとの本質の洞察に至る道であるらしく、それは上方の精神的な側面へと成長していきます。そうなると不思議なのは、マニプーラでは青味がかった灰色の花弁に青い文字があり、アナーハタでは葉の上の文字にも果皮にも赤がある、ということです。赤はそこでは、楽音を表しているのです。私の考えでは、アナーハタは創造的な生を象徴しています――蓮華の花弁は赤く、洞察の力はあの金色の三角の中心にあります。この領域に潜在している楽音は、とにかく生きています――生が別のリアリティを持っているのです。血のリアリティは外から来て、みずからのやり方を持ち込み、両方を調和させようとします。

こうしてみなさんに説明しておりますのは、これらのことをめぐってどう作業するかのヒントにしていただくためです。ここで老子の次のような言葉を引用するのもよいでしょう。「あなたが考え出せるような意味は、意味ではない[18]［道の道とす可きは常の道に非ず］」［『道徳経』*[13] 第一章］。私が申し上げることはすべて、そうした見方で見てください。私の言葉はみんな忘れて、みなさんがはじめなければならないやり方ではじめてください。こうしたものごとには、さまざまなアプローチの仕方があります。もちろん、私の説明にはなにがしかの基盤があるわけですが、みなさんは、みなさん自身が挑み解決する謎としてそれをやり抜かなければなりません。意味というのは、ひとつではないかもしれません。心的な生と外的な生における一致と呼べるようなことがありますから。ちょうど、ひとつの夢にふたつの正しい意味がありうるのと同じです。その外的なできごとと心的なできごとは、まったくちがうものかもしれませんが、似た性格を持っていて同じ夢で象徴される、ということがありえます。たぶん外のものはわかりますが、内のものはまだ見つかっていないのでしょう。それはチャクラと同じかもしれません。ひとつの象徴の意味は、もうひとつのそれとぶつかり、深い直観によってのみ見出されます。すでに申しましたように、そういう活気に満ちた生は常に動いています。その動きのなかに入り込まなければ、そこに到達することはできません。そこにおいて、私たちは、語るのがかなり難しいものに出くわすのですが、色彩象徴が大いに助けてくれるというわけです。いわば、その色に沈み込んで意味を見出すのですね。

再びアナーハタ・チャクラをとりあげてみましょう。中心には三角があり、そのまわりにyamというビージャがあります。そして、ふたつの三角が組み合わさってできた、暗くくすんだ色の六芒星があって、それが昇る太陽の色で取り囲まれています。その外側には、もっとずっと見事な赤色をした一二の花弁があります。覚えておいでのように、花弁の数は、ムーラーダーラ以降、次第に増えていきます——生がますます開花していくのです。つまり、それは、色彩という生きている音楽です。では、その意味を感じてみましょう。知性も使ってよろしい。このあらゆる種類の連想が浮かび上がって来うるでしょう。このyamというのは、空気ないしは嵐のビージャです。非常に暗くくすんだ六芒星にまわりを取り囲まれていて、この美しい赤はそこから発しています。私ならこう説明します。嵐とカオスがないとすれば、そこにはほんとうの創造の力はないのだ、と。それゆえ、これは嵐のマンダラであり、まったくもって暗く、そのような心的状態を表しているのです。宇宙の状態でもあるかもしれませんね。大いにありうることです。その後、それは創造の力に突破口を開き、輝く赤色が現れてくるというわけです。

質問　いくつかのチャクラでは、男性の力を表す象徴が欠けていますが、その意義をお聞かせいただけますか。

ハウエル教授　男性の力と女性の力は、ムーラーダーラ、アナーハタ、アージュニャーにおいては、明確な諸象徴になっています。同じ象徴が、マニプーラ、スヴァディシュターナ、ヴィシュッダには見られません。ただし、そういう力が常にそこにあることはわかっているのですけれども。男性の力と女性の力が目一杯いっしょに働く三つの段階というのは、エロス的な生、創造的な生、直観的な生の三段階です。ですから、そこにはヨニとリンガがあるのです。しかし、中間的な諸段階があります。私はスヴァディシュターナを、人生のなかで自分を見失っている領域ないし心的状態と考えています——目標がなく、ただ生きたいと思っているだけです。さらにまた別の諸側面もあります。各チャクラには三つの側面があるのです。体内におけるあれほどの水の循環のなかには、水の流れのストゥーラな側面があります。そして、このストゥーラな側面は、自然のなかでは海によって表されます。私たちの身体は、全体に対する小さな対応物にすぎません。つまり大宇宙に対する小宇宙です。ストゥーラな心的状態とは、人生のなかでまさに自分を見失う経験をすることでしょう。そして、そこで、あの女性の力が役割を担うのです。なぜなら、秘められた意味においては、それは制御する力ではないからです。私はマニプーラを、身体的構造全体の働きの基盤となっている生命のことだと思っています。ここには消化する火があります。このチャクラは巨大なエンジンのようです。それは私たちの身体と全存在の経済学ということになるでしょう。ここでは、女性も、はっきり目に見える役割を担っているわけではありません。彼女は隠されたままです。その後、上方のヴィシュッダでは、創造の作業を終えた賢者の段階に至ります。それは知識の純粋な光のなかに生きる人です。(白いhamというビージャの外側にあったあの美しい青色の輪、暗い色の蓮華の花弁に囲まれた輪を覚えておいででしょう。)しかし、直観の最終段階に達するために、彼女は再び登場してきます。クンダリニーについてご説明したときに申し上げたとおりです。

では、さまざまな動物についてはどうでしょうか。象は、インドでは運搬力を意味するのが常です。同じ理由で、象はヴィシュッダに再登場してきます。それから、スヴァディシュターナには海の怪物がいます。これに関しては、すでにその象徴学を説明しようと試みました。また、心臓の蓮華には羚羊《かもしか》がいます。「ハタヨーガプラディピカ」(*Hathayogapradipika*)のなかの文献から、それが万能で逃げ足の速い精神を意味することがわかっています。この創造の領域においては、知性は常に逃げ去ろうとしがちです。心臓の蓮華の羚羊には足枷をつけなければなりません。ほんとうにどんな方向にでも跳んで逃げる可能性があるのです。

以上は、知的プロセスと感情の両方を通してその象徴に達する方法のヒントです。

ユング博士　かくも見事に、そしてかくも明瞭に象徴学をお教えくださり、先生には感謝の申し上げようもありません。こうしたことが私にとって多少別の意味を持っているとすれば、言うまでもなく、チャクラの問題に対する私のアプローチが異なったものだったからです。ご存知のように、私がこの領域に関する経験をはじめてしたのは、チャクラの教えに出逢う機会がまったくなかった頃のことでした。最初にこの主題に触れたときは、絶望感に襲われました。これはまったく異国の人たちの特異な象徴学だ、私たちには何も伝わってこない、と感じたのです。しかし、それから私は、たいへん悩まされた、きわめて難しい事例に関わりました。[19]患者はヨーロッパ人を両親に持つ、インド生まれの娘さんです。血に混じりけはなく、みなさんと同じヨーロッパ人でした。しかし、生まれてから六年間はインドで暮らしており、そこでは、まったく無学なマレー人の乳母がついていました。この類いのことは教えられておらず、患者はこうしたことをまったく知りませんでしたが、どういうわけか、無意識のなかにはそのような東洋的観念が入り込んでいたのです。彼女はヨーロッパの環境に適応できませんでした。彼女の本能がそれをことごとく拒んだからです。彼女は結婚したり、当たり前のことに関心を示したり、私たちの慣習に適応しようとしたりはしませんでした。あらゆることに逆らい、それゆえ、当然のことながら非常に神経症的になりました。[20]彼女はまずふたりの分析家を激怒させ、それから私のところへ来ました。そして、私を怒らせることにもほとんど成功しかけていました。というのも、彼女の夢がまったく理解できないと言わなければならなかったからです。彼女の夢の三分の二は、奇妙な東洋的心理のために私にはさっぱりわかりませんでした。彼女は勇敢にも作業を続け、私のほうも、理解できないにもかかわらず同じことをしました——すると、あちこちに何かの小さな閃光があったのです。彼女はまったく新しい症状のセットを呈するようになりました。[21]それは、彼女にとって非常に印象深かった夢からはじまります。彼女の性器から一頭の白い象が出てきた、というものです。私は完全に困惑してしまいました。そんなナンセンスは聞いたことがありませんでした——しかし、とても印象が強かったため、彼女は象牙にその象を彫りはじめたのです。それから、器質的な諸症状が現れてきました。子宮に潰瘍ができ、婦人科に紹介しなければなりませんでした。何カ月も経つのに、事態はよくなってきません。いっさいが明るみに出てこようとしていたのです。彼女が少々手に負えない夢を見ると、きまって事態は悪化しました。少なくとも五カ月の間、そんなような状態が続きました。そして、その後、別の症状のセットが登場しました。多尿が出現してきたのです。それは考えられないほど多量でした。彼女は膀胱に尿を貯めておくことがほとんどできないくらいでした。[22]それから、同じくらい多量の液体が大腸と小腸に見られるようになり、扉を開けていれば部屋の外にいても聞こえるような腹鳴を起こしました。まるで階段を小さな川が流れ下っているようで、しかもおよそ一〇分は続くのです。それとともに急に激しい下痢が起こりました——またもや、見たところ原因不明の洪水だったわけです。まさにそういうことが起こったのです。その頃、彼女はある男性を真剣に愛していましたが、彼との結婚などは考えることができませんでした。そして、そのとき、次のような考えが彼女の頭のなかに入ってきたのです。つまり、私が、あるいは状況が、彼女に結婚して赤ちゃんを生むよう迫っている、という観念です。しかし、そんなことはありえませんでした。まる一年、彼女はこの観念と闘っていましたが、ついにはまったく新しい症状が出てきました。あたかも頭頂部が軟らかくなったかのような、つまり――頭蓋が開いている子どものように――大泉門が開いたかのような感じがして、さらには、長い嘴を持つ鳥のようなものが上方から降りてきて、頭蓋を通って彼女のなかへ入り込み、下方から上がってきつつあった何かと出逢ったのです。これが起こったとき、すべての症状はきれいさっぱり消え去りました。そして彼女は結婚して、赤ちゃんを得たのです。これがその事例の症状でした。それこそが、私にものごとをよく見よと促したのです。私は東洋にその類いのものがあると考えました。それはアヴァロンの『蛇の力』が出版された直後でした。[23]私はそのなかに類例を見出したのです。おわかりのように、最初はムーラーダーラの象で、二番目はスヴァディシュターナ、水の領域です。それから情動のセンター、マニプーラです。その後は連続的には進みませんでした――何かが上方からやって来て、それが解決をもたらしたのです。はじめ私にはさっぱりわかりませんでした。何が起こったのか、理解できませんでした。しかし、その後、わかったのです。これは上方からの覚醒であり、そのとき彼女は異国風のジャングルの迷路から解放されたのだ、と。彼女はインド的な心理を客体化することができました。それは、あの乳母から飲んだ母乳とともに移され、また周囲の雰囲気を介して入ってきたものです。彼女はこの客体化によって解放され、ヨーロッパ的な生を受容できました。そして、まったく自然なことですが、彼女はみずからの成長のすべてを、いくつかのこの上なく美しいマンダラのなかに客体化したのです。さて、マンダラとはまさしくチャクラです。ただし、私たちの経験では、六つだけではなく無数のマンダラがあるのですが。それでも、それらは実際、チャクラのように配置されていなければなりません。ひとつの上にまた次のが、という具合に。はじめのうちは、ムーラーダーラと結びついているのが普通です。その後、しだいに上がっていき、アージュニャー・センターと似たもので終わりになります。もしくはサハスラーラ、最高位の第七のセンターにすら似たものになるのです――両者はある意味では、まさに等価です。

それ以来、私はたくさんの経験をしてきました。そして、それらのなかにある規則性を見出しました。つまり、あるひと揃いのマンダラないし心理状態は、ムーラーダーラの領域の心理、すなわち、そのなかで人がただ本能的に生きている一種の完全な無意識の心理に属している、ということがきわめて明瞭になったのです。それから、次は横隔膜の領域です。三番目は心臓なのです。ところで、私はニュー・メキシコのプエブロ・インディアンのひとりと友だちになったのですが、彼は宗教的儀式を取り仕切っている興味深い人でした。彼は私にこう告白しました。彼らは、アメリカ人はみんな気がちがっていると思っている。なぜなら、アメリカ人は頭で考えると言っているからだ。それにひきかえインディアンは、正常な状態というのは腹で考えることだと知っている、と。私は彼をじっと見つめました。そして、もちろん思い出しました。頭が精神の座であることの発見は、文明時代の比較的後のほうになってやっとなされたのだ、と。プエブロ・インディアンはすでに文明化されています――彼らは実はアステカ族の父祖の末裔で、なにがしかの文化を持っているのです。ホメロス時代のギリシア人は、みずからの思考を心臓の少し下、横隔膜に位置づけていました。横隔膜(diaphragm)を表す別の言葉に、phren、すなわち精神(mind)を意味するギリシア語があります。同じ語根は、schizophrenia[統合失調症(精神分裂病)]という精神疾患の名前のなかに入っています。これは精神のスプリッティング*14を意味します。ですから、ホメロスの時代には、精神の身体的局在は横隔膜の領域にありました。当時の人たちは、呼吸に影響を及ぼすならば心理的なものがあるのだ、と気づけるくらいには意識的でした。ある黒人たちは、情動と思考の座が腹部にあるとしています。腹部の腸機能に影響を与えるものがあると気づいているという場合にかぎって、彼らは意識的である、と言えるのです。不愉快な考えや感情を抱いていると、私たちの胃は調子がおかしくなります。激しい怒りを抑圧していると、今もなお黄疸を呈します。そして、ヒステリーは全例、消化器官にトラブルを抱えています。なぜなら、最も深くて重要な考えは、もともと下方のそういうところにあったからです。つまり、これらはいわば、今でも歴史的に跡づけうる、意識の三つの局在なのです。

　リンガとヨニの合一の欠如を特徴とする中間的なチャクラも、歴史的に跡づけることができます。たとえば、私は最近、ヴィシュッダをめぐっていくつかの知見を得ました。アナーハタ・チャクラはもちろん、空気のセンターです。これは、肺がそこにあるという事実に明らかに照応しています。そして、それは横隔膜の上にあるのですから、高次の意識状態に達したことを意味しています。心臓は感情や心と関連づけられるのが常です。それゆえ、私も臨床経験によって理解してきたように、アナーハタは意識のセンター、感情と思考のセンターということになるでしょう。感情と思考は、呼吸のなかに吹いて出すことができます。感情は呼吸のなかにも出てくるのですから。みなさんはそれを表現(express)できます――圧力を加える(press)と、感情は音というかたちになって姿を現してくる(out comes[=ex])のです。これは神々に呼びかける本来の方法でした。ミトラ教の祈禱書のなかに、そのことが描かれています。そこではこう述べられているのです。「両脇を抱えて力いっぱい押さえ、去勢牛のように叫べ」、神々が汝の言葉に耳を傾けてくれるように、と。[24] おわかりのように、意識的な感情と思考の表現の一種です。さて、これは非常に原始的なのですが、私たちの大部分は実はまだそのあたりにいるのです。私たちは感情と思考を、あたかも単に唾でも吐くかのように表出しています。自分が何をしているのかちっとも気づかないままに。ご存知のように、多くの人は、そのようにして思考や感情を吐き出すことで自分が他人に何を言っているのか、また何をしているのか、まるっきりわかっていません。私は四六時中、そういうことを目にしています。つまり、この段階での思考と感情の生は、まだあまり意識的ではないため、意識と呼ぶには値しません。自己がアナーハタ以降やっと目に見えるものになりはじめるのは、たぶんそれゆえでしょう。

　次の段階は、純化された状態です。ご存知のように、空気は大地に属しています。私たちはこのあたりを歩き回りますが、それは空気のなかですね。しかし、もっと上にはエーテル［空《くう》］の領域があります。それには手が届きません。そして、それは人間の言葉で表現された抽象的な観念です。エーテル的領域とは、人間の喉頭です。話すことは明らかに咽喉に由来しており、話とは言葉の生命力です。人から発せられた言葉は、意味を伝達します。作用を及ぼすのです。ひどく驚かされることが多いのですが、人々がかっとなって、ある人の言葉を誤解する――「それで、私がこう言ったら、彼女はこう言ったのよ」――と、誤解された人は、自分はまったく無実だと感じます。つまり、他意はなかったし、その後に起こったことはさっぱり理解できない、と。そこで、人は徐々に、言葉が実在であることを知るようになりました。それは、人を虚空に連れていって魔術的な効果を及ぼす、翼を持った存在であり、下位の諸領域の混ぜものから完全に純化された、抽象的な存在なのです。

　その次には、あの不思議なものがあります。アージュニャー、想像しうる最高のもの、翼を持った言葉をも超えるもの。そのさまざまな現れを、[*15] 私は見てきました。人はこう夢想してかまいません。ロゴスになったイエスのように、自分をひとつの言葉に詰め込むことができたらいいのに。ひとつの言葉になることができたらいいのに。イエスは創造者である神から離脱し、この世界へと飛び込んできて、ひとつの光のように輝いた。なろうと思えば、人は、もはや大地との接触がないような、信じ難いほど離脱したものになれる。球体ないしは卵のなかの黄金の翼を持つ存在[*16]と同じくらい創造的なものになる――完全に離脱したものになる――のだ、と。私は実際にそうした現れを見たことがあります。覚えておいでのように、アージュニャー・チャクラは二枚の花弁がついたマンダラです。ある種の木々の羽根つきの種のように見えます。このチャクラは大地的な混ざりものがまったくないよう、見事に純化されています。つまり、ほとんど実質がなく、まったく混じりけのない白い光なのです。ですから人は、ほんとうに翼を持つようになった何かなのだという印象を抱きます。私が思うには、翼のある卵の観念や、『ファウスト』第二部のホムンクルス[17]、つまりレトルト[18]のなかを飛び回る小さな人造人間の観念は、実はこのような可能性――昔の錬金術師がレトルトのなかで小人を作ったのと同じように自分を新しいかたちに創り直した人――の先取りなのです。私はそれもまたアージュニャー・センターの象徴だと考えています。

さて、これはもちろん、まったくもって経験的なアプローチです。西洋の象徴学のなかにあっては陳腐に、あるいは奇怪に聞こえます。特異な様式、特異な美を持つ東洋の絶対的な完全性、というふうにはまず聞こえません。私たちは今の段階では、大雑把な経験と生《なま》の日常的素材のなかにいます。つまり、およそ分化などというものからはほど遠いところにいるのです――自分もその種の象徴に近づくことはあるのだ、とようやく理解しはじめたところです。私たちも色彩象徴については多少知っていますね――たとえば、別の段階は別の色で象徴されるのが常だと知っています。赤いものはすべて、空気のない横隔膜以下に属している、ということがわかっています。そして、その赤が明るくなってくれば、横隔膜よりもやや上方です。さらに、赤が消えて、青が優勢になってきたら、氷のような超然たる意識の領域に近づきつつあるのです。私たちはまた、暗い色が不明瞭さ、悪、恐れ、重大問題を意味することを知っています。明るい色は常に、分化したもの、気楽でときに安っぽい、超然としたものを思わせます。つまり、私たちには、ほぼ典型的な意味を持つ一揃いの色があるのです。

東洋のチャクラが持つそのほかの特徴――文字、音、マントラ［真言］、分化した神々――はすべて、当然ながら、私たちの経験にはまったく欠けています。けれども、どのマンダラにも中心があって、そこには人が理解できない何かがある、ということについてはまったく同じです。つまり、理解しようとしても、この上なく曖昧なのです。ご存知のように、人は常に、すりぬけて逃げていってしまうものの存在を感じてきました。日常的なものではありません。それはいつでも悪魔的です。たとえば、ある動物がいつも逃れていくとき、どうしてもうまく捕獲できないとき、インディアンは言います。「やつはまともな動物じゃない。ドクター・アニマルだ。捕まえちゃならない」。ドクター・アニマルというのは、狼人間のようなものです。神的であるか悪魔的であるかです。つまり、私たちの心理においては、理解の及ばないものは、神のようなものと見なすのが普通です。マンダラの中心《センター》は、そのマンダラ全体を描く目的であるわけですが、そういうわけで、まさに逃げ去ってしまうものなのです。捕まえることができません。人はそれについてずっと思いちがいをし続けます。その中心には、見えない神がいるのです。

そのうえ、どのマンダラを見ても、男性的要素と女性的要素がはっきり示されていることが必然的にわかります。ここではデヴィー［女神］ないしシャクティに見られるように。みなさんはたとえば、パルシファル伝説[*19]に出てくるクンドリーにもシャクティと同じく牙があるとされていることを覚えておいででしょう[25]。私たちの心のなかの低い場所には、非常に恐ろしくて残忍なものがあります。そのレベルの情動は、いかなる理性によっても和らげられることがありません。人はそこでは情動を感じ、何でもずたずたに引き裂いてしまいます。というのは、自分自身がずたずたに引き裂かれるからです。女性はアニムスによって、男性はアニマによって。私たちは新しい種類のチャクラを考えなければなりません。女性の場合は、そこにアニムスを置くべきです。アニムスも牙を持っています。ここでは、これらの像がけっして中心にいるわけではなく、いつか中心に来るということもない、という類似点もあります。なにしろ、それらはすでに正体のわかっているもの――神々の幻影、すなわちマーヤー――なのですから。西洋人のマンダラの心理においては、神とは中心を最も遠く離れた自我の力、「私の」力です。ちょうど、ビンドゥ・デーヴァとシャクティが、普通は中心を離れたわきの方にいるように。それは「私の」力なのですが、中心にある見えない神の力によって動かされています。中心には大いなる者がおり、もうひとつのほうはもっと小さな者です。ファウストが言っているように、人間はこの世界の小さな神なのです。私はビンドゥ［点］にすぎませんが、ビージャ［種子］は、ほんとうのもののほうは、自己なのです。そして、私のなすことはすべて、ビージャ・デーヴァによって動かされたり、生じたりしています。だからこそ、人は東洋の象徴学の一部をただちに理解できるのです。私たちが神々とはどんなものであるか知らないために、私たちのマンダラにはビージャ・デーヴァがそうした姿では現れてこないにもかかわらず、です。私たちは神のことをまったくわかっていません。天上のキリスト教的な神としての最高善（summum bonum）という哲学的概念があるだけです。私たちはそれを正確に想像するということができませんし、それゆえに、私たちのマンダラに組み入れることもできません。さあ、以上が私の主として申し上げたかったことです。そうしようと思えば、これについてはもちろん二世紀にわたってでも語れるでしょうが、そうでない人たちはこのようにしなければなりません――私もそんなに長く生きてはいられませんし。

ハウエル教授　たいへん興味深く、きわめて啓発的でした――思うに、ほかならぬこの心的諸要素をとりあげていくのであれば、こうした諸経験が、新しいマンダラの創造に向かう私たちの長い歩みを助けてくれるかもしれません。必ずしもご説明のすべてに同意できるというわけではありませんが、まず生理的（physiological）な諸センターがあって、それから心的（psychic）なセンターへ、そしてさらに、という点は大いに納得がいきます。ユング先生のお話がもしも聴けるとしたら、インドのヨーガ行者にとってもすばらしいことだと思います。彼らがそうした諸チャクラを再び始動させる助けになるでしょう。彼らはそのようなチャクラに対して形而上的な［身体（物）を超えた］（metaphysical）濃縮を行なってきました。あまり見たり感じたりはしていません。ほかでもない、心的な側面ですね。心的な側面を持つことは非常に重要です。それなのに、申すまでもなく、その後のインドでの発展は反対で、形而上学（metaphysics）へと向かいました。心臓のマンダラが創出されるに至った原因はふたつあったと思います。ひとつは、心臓におけるある経験を通して、ということです。偉大な直観は思考を通しては得られませんでした。ウパニシャッドのなかで何千回もそう述べられています。彼らは、最も深い直観——それはインドの創造力を意味するのが常です——は心臓から来ると感じたのです。だとすれば、きっと、生理学的な面で呼吸がその成り立ちになにがしかの影響を与えたのでしょう。そして、ついには、心を超え身体［物］を超えたもの（the metapsychical and metaphysical）へと進んだのです。タントラ・ヨーガの象徴学の研究は、心を超え身体［物］を超えたものの方向へ私たちが押し進む助けになるだろうと思います。というのも、私の見るところ、どのセンターにも心的（psychic）な側面と身体［物理］的（physical）な側面があるとともに、身体［物］を超え心を超えた諸側面があるからです。それはあの文字のなかなどに示されています。種子のなかにもです。さらにまた、神々は心的なものであるとともに、心を超え身体［物］を超えたものでもあります。ですから、こう言いたいのです。私たちが別々の側から共同で作業をすれば、と申しますのはつまり、ヨーガ行者が上方から——。

ユング博士　そして、私が下方から。

ハウエル教授　そうすれば、すごいことが起こるかもしれません。あの娘さん、つまり先生の患者に起こったように、です。この両者が出逢うとき、子どもが生まれるでしょう。ですから私は、ここで私たちが行なった仕事から何かが現れてくることを期待しています。

付録4
六つのチャクラの説明
（Ṣaṭ-cakra-nirūpaṇa）

ジョン・ウッドラフ卿訳

序詩

では、ブラフマン成就の最初の萌芽（ヨーガの木の）について語ろう。これは、タントラに従い、六つのチャクラなどを正しい順序で使って達成しなければならない。

詩一

メル山[*1]［須弥山］（Meru）の外の空間の左右にふたつのシラー［流れ］（Sirās）、すなわちシャシ［月］（Śaśi）とミヒラ［太陽］（Mihira）がある。スシュムナー管（Suṣumnā）というナーディ［脈管、通路］（Nāḍī）は三種のグナ[*2]［特性、紐］（Gunas）をその実質としており、中央に位置している。彼女は月、太陽、火の姿をとる。彼女の体は、ドゥストゥーラ［曼陀羅華］（Dhustūra）の花綱であって、カンダ［すべてのナーディの根部］（Kanda）の中央から頭まで延びており、彼女の内側にあるヴァジュラー管[*3]（Vajrā）は輝きながら、メドゥラ［男根］（Medhra）から頭まで延びている。

詩二

彼女［ヴァジュラー］の内側には、チトリニー管[*4]（Citrinī）

がある。それはプラナヴァ［聖音オーム］(Pranava) の栄光に輝いており、行者はヨーガのなかで到達することができる。彼女（チトリニー）は蜘蛛の糸のように微細で、脊椎の内部にあるすべての蓮華を貫いており、清浄な知性である。彼女（チトリニー）は、その上に連なっているこうした蓮華ゆえに美しい。彼女（チトリニー）のなかには、ブラフマナーディ[5]［ブラフマンの脈管、通路］(Brahmanāḍi) がある。それはハラ［シヴァ、破壊者］(Hara) の口という開口部[6]から、上なる場所へと延びている。その上なる場所に、アーディ・デーヴァ[7]［原初の神］(Ādi-deva) がいる。

詩 三

彼女［チトリニー］は稲妻の鎖のように美しく、（蓮華の）線維のように繊細で、聖者の心のなかで輝いている。彼女はこの上なく微細。清浄な知識を目覚めさせる者。いっさいの至福の化身。その真の本質は清浄な意識である。ブラフマ・ドゥヴァーラ[8]［ブラフマンの門］(Brahma-dvāra) が彼女［ブラフマナーディ］の口のなかで輝く。この場所は、甘露が振りまかれている領野への入口であり、結節[9]と呼ばれる。またスシュムナーの口とも言う。

詩 四

次にアーダーラ［支え、基礎］(Ādhāra) の蓮華を説明しよう。それはスシュムナーの口にくっついており、性器の下方で肛門の上方に位置している。それには深紅の色調の四枚の花弁がある。その頭《こうべ》（口）は下向きに垂れている。花弁の上には Va から Sa までの四つの文字があり、輝ける黄金の色をしている。

詩 五

これ（蓮華）のなかには、四角形のプリティヴィー［大地］(Pṛthivī) の領域（チャクラ）があり、八本の輝く槍で囲まれている。それは輝く黄色をしていて、稲妻のように美しい。その内部にあるダラー［大地、子宮］(Dharā) を表すビージャ［種子］(Bīja) もまたそうであるように。

詩 六

彼［ダラーのビージャ[10]］は四臂で象の王に乗っており、膝に朝日のように輝く幼い創造者［ブラフマー神[11]］を抱えている。この創造者は輝く四本の腕を持っており、その豊かな蓮華の顔《かんばせ》は四面ある。

詩七

ここには、ダーキニー[*12]という名の女神が住まう。彼女の四臂は美しさに輝いており、彼女の目は光り輝く赤い色をしている。彼女はたくさんの太陽が同時に昇ってきたように輝いている。彼女は永遠に清浄な知性の啓示を運ぶ者である。

詩八

ヴァジュラーと呼ばれるナーディ［脈管、通路］の口の傍らで、そして（アーダーラ［支え、基礎］の蓮華の）果皮のなかで、美しく輝きかつ滑らかな、稲妻に似た三角形が不断に光を放っている。それはカーマルーパ［愛のかたち、ヨニ］（Kāmarūpa）であり、トライプラ（Traipura）という名で知られている。そこには、常に、遍く、カンダルパ［愛］（Kandarpa）と呼ばれるヴァーユ[*13]［風、空気］（Vāyu）があって、バンドゥジーヴァ（Bandhujīva）の花よりも深い赤色をしている。それは生きとし生けるものの主であり、一〇〇〇万の太陽のように輝く。

詩九

それ（三角形）の内部には、リンガの姿をしたスヴァヤンブ［自身によって生まれた者、シヴァ］（Svayaṁbhu）がある。融けた黄金のように美しく、頭を垂れている。彼は知識と瞑想によって明らかになるのであり、葉芽の姿と色をしている。稲妻や満月の冷たい光が魔法をかけるように、彼の美も魔法をかける。カーシー[*14]［カーシー国］（Kāśī）にいるかのようにここに幸せに住まいしている神は、渦巻きのような姿をしている。

詩一〇および一一

それ［スヴァヤンブ・リンガ］の上で、眠れるクンダリニーが輝いている。蓮華の茎の線維のように繊細である。彼女は世界を混乱に陥れる者。ブラフマ・ドヴァーラの口［ブラフマンの門、すなわちスヴァヤンブ・リンガ先端の開口部］を彼女自身の口でそっと塞いでいる。巻き貝の殻の螺旋のように、彼女の光り輝く蛇のような姿は、シヴァ神のまわりを三回半巻いている。そして、彼女の輝きは、若々しく激しい稲妻の強い閃光のそれのようである。彼女の甘い囁きは、愛に狂う蜂の大群の区別のつかない羽音に似ている。彼女は美しい調子の詩やバンダ［一定の形式の句］（Bandha）、そしてあらゆる散文、韻文の作品を、サンスクリット［洗練された言葉］（Saṁskṛta）、プラークリット［賤しい俗語］（Prākṛta）、そのほかの言語の順に、あるいはその逆の順に生み出す。世界中のいっさいの存在を吸気と呼気によって生かし続けているのは、そして輝く光の鎖のような根（ムーラ Mūla）の蓮華の洞のなかで光を放っているのは、ほかならぬ彼女である。

詩一二

それ［スヴァヤンブ・リンガ］の内部は、力あるパラー[*15]［至高者］(Parā)、シュリ・パラメシュヴァリー［聖なる至高の女主］(Śrī-Parameśvarī)、永遠の知識を目覚めさせる者が支配している。彼女は万能のカラー［分掌、月の食分、シャクティ］(Kalā)。創造がすばらしく巧みで、最も微細なものよりも微細である。彼女は、永遠の至福［ブラフマン］から出てくる、あの絶えることなき甘露の流れを汲む器である。この宇宙とこの大釜[*16]が遍く照らされているのは、ほかならぬ彼女からの放射によっている。

詩一三

ムーラ・チャクラ内で一〇〇〇万の太陽の輝きをもって光る彼女［クンダリニー］をこのように瞑想することにより、ひとりの男が言葉の主になり、また男たちの王となる。そして、あらゆる種類の学問の達人になる。彼はどんな病にもまったく罹らなくなり、彼の内奥の霊は大いなる喜びに満たされる。彼の深い音楽的な言葉はその質が清浄で、至高の神々［ブラフマー、ヴィシュヌ、シヴァら］のうちでも第一の者に仕える。

詩一四

もうひとつ別の蓮華が、スシュムナー内部の性器の根のところにあって、美しい朱色をしている。その六枚の花弁には、BaからPuraṁdaraまでの文字が、ビンドゥ［点］(Bindu)を付されて、輝く稲妻の色で記されている。

詩一五

それ［スヴァディシュターナ］の内部には、ヴァルナ神[*17]［水神］(Varuṇa)の、白くて輝きを放つ水の領域があり、半月のかたちをしている。そして、そのなかにはマカラ［海の怪物］(Makara)がいて、Vaṁのビージャ［種子］があり、秋の月のように曇りなく白い。

詩一六

ハリ［黄色い神、ヴィシュヌ］(Hari)はそのなかにいて、瑞々しい若さを誇っている。その体は目にも美しい輝く青で、黄色の衣をまとう。腕は四本で、シュリ・ヴァトサ［胸の卍形の旋毛］(Śrī-vatsa)があり、カウストゥバ[*18](Kaustubha)を身につけている。ハリが私たちをお守りくださいますように。

詩一七

ラーキニー女神（Lākinī）が住んでいるのは、まさにここである。彼女は青い蓮華の色をしている。彼女の体の美しさは、さまざまな武器を握って持ち上げた腕により、いっそうのものとなる。彼女は天上的な衣と飾りを身につけていて、心は甘露を飲むことによって高められている。

詩一八

スヴァディシュターナ（Svādhiṣṭhāna）という名のこの曇りなき蓮華を瞑想する者は、アハンカーラ［我執］（Ahaṃkāra）の失敗など、いっさいの敵からたちどころに自由になる。彼はヨーガ行者の主になり、無知という漆黒の闇を照らす太陽のようである。神酒《ネクター》のごとき彼の豊かな言葉が、熟考された話における散文と韻文に流れている。

詩一九

その上方の臍の根のところに、一〇弁の輝く蓮華があって［マニプーラ］、重く垂れ込める雨雲の色をしている。その内部にはDaからPhaまでの文字がある。それらは青く、ナーダ［神秘な鼻音を表す半月、半円］（Nāda）とビンドゥ［点］が上に付されている。そこでは、三角形をしていて昇る太陽のように輝く、火の領域を瞑想せよ。三角の外側には三つの卍の印があり、その内部にヴァーニ［火神、アグニ神］[*19]（Vahni）自身を表す種子がある。

詩二〇

牡羊に座り、四臂で、昇る太陽のように放射する、彼（火）を瞑想せよ。彼の膝の上には、いつもルドラ神[*20]［嵐の神］（Rudra）がいて、清浄な朱色の色調を見せている。彼（ルドラ）は灰を塗られているので、白い色をしている。古い時代の容貌をしており、目が三つある。彼の手は、恩恵を与え恐れを払いのける印を結ぶ。彼は創造を破壊する者である。

詩二一

ここには、いっさいの存在に恩恵を施す者、ラーキニー女神が住む。彼女は四臂で、放射する体を持ち、（肌は）浅黒く、黄色い衣をまとい、さまざまな飾りを身につけている。そして、甘露を飲むことで高められている。この臍の蓮華［マニプーラ］を瞑想する者は、（世界を）破壊し創造する力を得る。あらんかぎりの豊かな知識を備えたヴァーニー女神［弁舌の女神、サラスヴァティ[*21]］（Vāṇī）が、彼の面《おもて》の蓮華にずっととどまっている。

詩二二

その上方の、心臓には、愛らしい蓮華がある。輝くバンドゥーカ（Bandhūka）の花の色をしており、そのなかにKaからはじまる朱色の一二の文字がある。これはアナーハタ（Anāhata）という名で知られていて、天上の願いの木［カルパ樹[*22]、如意樹］に似ており、祈願者が望んだ以上のものまでも授けてくれる。美しく、六つの角があり、煙のような色をしたヴァーユ［風］の領域が、ここにはある。

詩二三

そのなかにあっては、甘美で優れたパヴァナ［風の神］（Pavana）のビージャ［種子］を瞑想せよ。ひとかたまりの煙[*23]のような灰色で、四つの腕を持ち、黒い羚羊《かもしか》の上に乗っている。そして、そのなかにあっては、慈悲の、曇りなき主の住処をも瞑想せよ。彼は太陽のように輝いており、そのふたつの手は、恩恵を与え三界［天、空、地］の恐れを払いのける印を結ぶ。

詩二四

ここにはカーキニー女神（Kākinī）が住んでいる。光ったばかりの稲妻に似た黄色をしており、陽気な吉兆の色である。目は三つあり、すべての存在に恩恵を施す。彼女はあらゆる種類の飾りを身につけて、四つの手に羂索と髑髏を持っており、祝福の印と恐怖を払いのける印を結ぶ。彼女の心は、神酒を飲むことによって柔和になっている。

詩二五

その柔らかい体が一〇〇〇万の稲妻の閃光のようであるシャクティ（Śakti）は、この蓮華の果皮のなかで三角形（トリコナ［三角形］Trikoṇa）の姿をしている。この三角の内部には、ヴァーナ（Vāṇa）という名で知られるシヴァーリンガ［シヴァの男根］（śiva-Liṅga）がある。このリンガは輝く黄金のようであり、それ［ヴァーナ・リンガ］の頭部には、［糸を通す細工を施した］宝石にあるような小さい開口部がある。彼はラクシュミー[*24]女神（Lakṣmī）の輝ける住処である。

詩二六

この心臓の蓮華を瞑想する者は、言葉の主（のよう）になる。そして、イーシュヴァラ神[*25]（Īśvara）（のように）、諸世界を守り破壊することができる。この蓮華は天上の願いの木［カルパ樹、如意樹］に似ており、シャルヴァ神［箭を放つ神、シヴァ］（Śarva）の住処であり座処である。ハンサ[*26]［ジーヴァートマー（生命の本体）、プルシャ］（Haṁsa）がそれを美しくしている。ハンサは、風のない場所にある燈火の、揺らぎのない尖った炎のようだ。その果皮を取り巻いて飾る花糸は、太陽の領域から照らされて、魅惑的である。

詩二七

彼は数多のヨーガ行者のなかでもいちばんで、女たちにとっては常に、最もだいじな人よりもだいじな存在である。彼は抜群に賢明で、気高い行為に満ちている。彼の五感は完全に制御されており、彼が強く集中すると、その精神はブラフマンの思惟のなかで広がっていく。彼の霊感に満ちた言葉は、（澄みきった）川のように流れる。彼はラクシュミー女神に愛されるデヴァタ［神々、諸天］（Devata）のようである。*27 彼はまた、相手の体に自在に入り込むことができる。

詩二八および二九

咽喉にはヴィシュッダ（Viśuddha）と呼ばれる蓮華がある。それは清浄なもので、くすんだ紫の色調をしている。その（一六枚の）花弁の上の（一六個の）輝く母音は、すべて真紅の色合いで、精神（ブッディ［智慧］Buddhi）が闡明されている者にははっきりと見える。この蓮華の果皮のなかには、空《エーテル》の領域がある。それは満月*28のように円く白い。雪のように白い象の上には、アンバラ［虚空］（Ambara）のビージャ［種子］が座しており、彼は白い色をしている。

彼の四本の腕のうち、二本は羂索と鉤*29を持っており、残りの二本は恩恵を与え恐れを払いのける印を結んでいる。これがいっそう彼の美しさを引き立てている。彼［アンバラのビージャ］の膝の上には、偉大な、雪のように白いデーヴァ［神］が常にいる。その神は、三眼、五面、一〇臂で、虎皮の衣をまとう。彼の体はギリジャ［山の王の娘、パールヴァティ女神*30］（Girija）のそれとひとつになっている。彼はその名、サダー・シヴァ［永遠の恩恵］（Sadā-Śiva）の意味するところをもって知られている。

詩三〇

この蓮華に坐すシャクティ・サーキニー女神（Śakti Sākinī）は、神酒の大洋よりも清浄である。彼女の衣は黄色で、その四つの蓮華の手には、弓、矢、羂索、鉤を携えている。兎の模様のない月*31の全領域が、この蓮華の果皮のなかにある。これ（この領域）は、ヨーガの恵みを望む、その五感が清浄で制御されている者にとって、大いなる解脱への門である。

詩三一

アートマー［アートマン］（Ātmā）（ブラフマン）に関する完全な知識を得た者は、この蓮華に不断にチッタ［心］（Citta）（精神）を集中することによって、偉大な聖者になる。雄弁かつ賢明で、邪魔されることのない安寧を楽しむ。彼は三つの時［過去、現在、未来］を目にして、いっさいの存在に恩恵を施す者になり、病や悲しみから解き放たれて長命を保ち、ハンサ［太陽、ヴィシュヌ］のように、絶えることなき危険を打ち破る者となる。

詩三一A[32]

この蓮華にいつも精神を集中しクンバカ［止息法］(Kumbhaka) で呼吸を制御しているヨーガ行者は、もしも怒れば三界すべてを動かすことができる。ブラフマー神 (Brahmā) もヴィシュヌ神 (Viṣṇu) も、ハリ－ハラ神［ヴィシュヌ神とシヴァ神がひとつになったもの］Hari-Hara もスーリヤ神[33] (Sūrya) もガナパ神[34]［ガネーシャ］(Gaṇapa) も、彼の力を制御できない（彼に抵抗できない）。

詩三二

アージュニャー (Ājñā) という名の蓮華は、月に似ている（美しい白）。その二枚の花弁には Ha および Kṣa の文字があるが、これらもやはり白くて[35]、蓮華の美しさを高めている。それはディヤーナ［禅定］(Dhyāna) の栄光に輝く。内部には、シャクティ・ハーキニー女神 (Śakti Hākinī) が坐し、その六面はたくさんの月のようである。彼女は六臂で、そのうちの一本は経典を携えており、二本は恐れを払いのけ恩恵を施す印を結んで挙上している。残りの腕には、髑髏、小さな太鼓、数珠を持っている。彼女の心は清浄である（シュッダ・チッタ［浄心］Śuddha-Cittā)。

詩三三

この蓮華の内には、微細な精神（マナス［意］Manas）が宿っている。よく知られていることだ。果皮のなかのヨニ［女陰］の内部には、イタラ (Itara) と呼ばれるシヴァがファルスの姿でいる。彼はそこで、稲妻のひと続きの閃光のように輝いている。ヴェーダ (Vedas) の最初のビージャ［すなわちオーム Om］は、最も優れたシャクティの住処であり、その輝きによってブラフマ・スートラ［ブラフマンの紐、ブラフマンの通路、ブラフマナーディ、チトリニー・ナーディ］(Brahma-sūtra) を目に見えるようにするのだが、それはここにもある。揺るぎない精神を持つサーダカ［修習者］(Sādhaka) は、これらを順序（定められている）に従って瞑想するべきである。

詩三四

優れたサーダカ［修習者］というのは、そのアートマー［アートマン］がこの蓮華の瞑想にほかならなくなっており、思いのまま、すばやく他人の体に入り込むことができる。そして、ムニ［修行者］(Munis) のなかでも最も優れた者、何でも知っており何でも見える者になる。彼はいっさいの存在に恩恵を与える者となり、あらゆるシャストラ［経論］（Śāstras）に通じるようになる。彼は自分がブラフマンと一体であることを悟り、すばらしい未知の力を得る。評判は高く、長命で、いつしか、三界を創造する者、破壊する者、維持する者となる。

詩三五

このチャクラの三角形の内部には、プラナヴァ［聖音オーム］（Praṇava）を形成する組み合わせ文字[36]がいつでもある。それは清浄な精神（ブッディ［智慧］Buddhi）としての内なるアートマー［アートマン］であり、放射するという点に関しては炎に似ている。その上方に半月（三日月）があり、さらにその上方には、再びMaの文字（Ma-kāra）があって、ビンドゥ［鼻音を表す点］の姿をとって輝いている。その上方にはナーダ[37]［神秘な鼻音を表す半月、半円］があって、その白さはバララーマ［クリシュナ神の兄］（Balarāma）のそれに匹敵し、月の光線を満ちわたらせる。

詩三六

ヨーガ行者が、支えなしに浮いている館[38]への出入り口を閉ざすとき[39]、つまりパラマ・グル［最高のグル］（Parama-guru）の助けで獲得した知識への出入り口を閉ざす［そのなかに籠もる］とき、そしてまたチェタス［意念］（Cetas）が、修行の繰り返しにより、不断の至福の在処であるこの場所で解消されてくるとき、（三角形の）中央と上方に火花がはっきりと輝くのが見える。

詩三七

彼はそれから、燃える燈火の姿をした光も目にする。それは清らかに照らす朝日のように光り、天と地[40]の間で照り輝く。バガヴァーン［尊者、シヴァ神］（Bhagavān）が力にみなぎって顕現するのは、まさにここ［アージュニャー・チャクラ］においてである。彼は衰えを知らず、いっさいを目にしており、火と月と太陽の領域［サハスラーラ・チャクラ］にいるのと同じようにここにいる。

詩三八

これがヴィシュヌ神［至高のシヴァ］の比類ない、そして歓喜に満ちた住処である。優れたヨーガ行者は、死に臨んで、自分の生命の息吹（プラーナ[41]［気息］Prāṇa）をここに喜んで置き、（死に至れば）あの至高の、終わりもはじまりもない太古の神、プルシャ（Puruṣa）へと帰入していく。プルシャは三界が現れる前から存在しており、ヴェーダーンタ[42]（Vedānta）によって知られている。

詩三九

ヨーガ行者の行為［修行］が、グルの蓮華の足に仕えたおかげで、あらゆる点でよいものになれば、それ（すなわちアージュニャー・チャクラ）の上方にマハーナーダ［大いなるナーダ（神秘な鼻音を表す半月、半円）］（Mahānāda）の姿を見るであろう。そして、みずからの手の蓮華のなかに言葉のシッディ［験力］（Siddhi）を常に有することになろう。ヴァーユ［風］が消え去る[*43]場所であるマハーナーダは、シヴァの片割れであって、鋤[*44]の姿のように穏やかで、恩恵を施し恐れを払いのけ、清浄な知性（ブッディ［智慧］）を顕現させる。

詩四〇

これらすべての上方、シャンキニー・ナーディ（Śaṅkhinī Nāḍī）がある空っぽの空間[*45]に、そしてヴィサルガ[*46]［出口、ブラフマンの穴、梵穴］（Visarga）の下方に、千弁の蓮華がある。この蓮華は輝いていて、満月よりも白く、頭を垂れている。それは魅了する。その房をなす花糸は、わずかに朝の太陽の色を帯びている。その本体はAからはじまる諸々の文字で輝いており、それは絶対的な至福である。

詩四一

それ（サハスラーラ Sahasrāra）の内部には満月があるが、兎の模様はなく、澄みきった空にあるときのように輝いている。それは豊かに光を放ち、神酒のようにしっとりしていながら爽やかである。それ（チャンドラ・マンダラ［月のマンダラ］Chandra-maṇḍala）のなかには三角形があって、不断に稲妻のように輝いており、さらにそのなかには、すべてのスラ［神々］（Suras）が密か[*47]に仕える大いなる空が輝いている。

詩四二

あの微細なビンドゥ（シューニャ［空《くう》］Śūnya）は、巧みに隠されていて、非常な努力なくしては到達できない。それは解脱の主たる基盤となっており、純粋なニルヴァーナ・カラー［涅槃の月の食分］（Nirvāṇa-kalā）をアマー・カラー［新月の食分］（Amā-kalā）とともに顕現させる[*48]。ここには、誰もがパラマ・シヴァ［至高のシヴァ］（Parama-Śiva）という名で知っている神がいる。彼はブラフマンであり、いっさいの存在のアートマー［アートマン］である。彼のなかでは、ラサ［至高の至福の経験、解脱］（Rasa）とヴィラサ［合一の結果としての至福］（Virasa）の両方がひとつになっている。そして彼は、無知と妄想の闇を破壊する太陽である。

詩四三

ヤティ［苦行者］(Yati) は知識によって、ジーヴァートマー［生命の本体］(Jīvātmā) とパラマートマー［至高のアートマン］(Paramātmā) がひとつであることを悟るのだが、バガヴァーン［尊者、シヴァ神*49］は神酒のような精髄を不断かつ豊かに流し出すことによって、その知識のなかにある清浄な精神について彼に教えるのである。彼はあらゆるものに、それらの主人として浸透する。この主人というのは、絶えることなく広がり続ける、ありとあらゆる至福の流れであり、ハンサ・パラマ*50［至高のハンサ］(Haṁsah Parama)（パラマハンサ Paramahaṁsah）の名で知られている。

詩四四

シャイヴァ［シヴァ神の信者］(Śaivas) は、それをシヴァの住処と呼ぶ。ヴァイシュナヴァ［ヴィシュヌ神の信者］(Vaiṣṇavas) は、パラマ・プルシャ［至高のプルシャ、ヴィシュヌ］(Parama Puruṣa) と呼ぶ。ほかの者たちも、ハリ・ハラ［ひとつになったシヴァとヴィシュヌ］の場所と呼ぶ。デヴィー［女神、シャクティ］の蓮華の足に対する熱情でいっぱいの者たちは、それをデヴィーのすばらしい住処と呼ぶ。そして、ほかの偉大な聖者たち（ムニ［知者、修行者］たち）は、プラクリティ―プルシャ*51［根本原質―プルシャ］(Prakṛti-Puruṣa) と呼ぶ。

詩四五

心を制御し続けていて、この場所のことを知っている、最も優れた者は、二度と彷徨のなかに生まれてくる*52ことはない。彼を縛りつけるものは三界にないからである。心は制御され、目標は達成されているので、彼は、何でも望みどおりにできて意に反することは起こらないようにする、完全な力［シャクティ*53］を持っている。彼は常にブラフマンに向かって動いている。彼の言葉は、散文であろうと韻文であろうと、いつでも清浄かつ甘美である。

詩四六

ここには、すばらしい（至高の）一六番目の月のカラー［アマー・カラー］(Kalā) が存在する。彼女［チット・シャクティ］は清浄で、（色が）朝の太陽に似ている。彼女は、蓮華の茎にある一本の線維の一〇〇分の一くらい細い。彼女は一〇〇〇万の稲妻の閃光のように、輝いていて柔らかく、下を向いている。彼女はブラフマンを源としており、神酒が絶えることなく豊かに流れ出す（もしくは、彼女は、パラ［至高、ビンドゥ、シヴァ］(Para) とパラー［絶対、プラクリティ、シャクティ］(Parā) の至福の合一に発する極上の神酒の流れを受ける器である）。

詩四七

それ（アマー・カラー［新月の食分］）のなかには、*54 ニルヴァーナ・カラー［涅槃の月の食分］が存在する。すばらしい上にもすばらしい。彼女は一本の頭髪の先の一〇〇〇分の一くらい微細で、［アマー・カラーと同じように］三日月の姿をしている。彼女は常在のバガヴァティ［尊者、ラクシュミー女神］（Bhagavatī）で、いっさいの存在に浸透しているデヴァター［神格］である。彼女は神聖な知識を授け、すべての太陽が同時に照らす光と同じくらいに輝く。

詩四八

そのまんなかの空間（すなわち、ニルヴァーナ・カラー［涅槃の月の食分］のまんなか［三日月の輪郭の曲線に抱えられた状態］）で、至高の、そして根源的なニルヴァーナ・シャクティ（Nirvāṇa-Śakti）が光を放っている。彼女は一〇〇〇万の太陽のように輝いており、三界の母である。彼女はこの上なく微細で、一本の毛髪の先の一〇〇〇万分の一と比べられる。彼女は自身のうちに、不断に流れる喜びの川を擁しており、いっさいの存在の生命である。彼女は真理（タットヴァ）の知識を聖者の精神に慈悲深く伝える。

詩四九

彼女［ニルヴァーナ・シャクティ］の内には、シヴァの住処と呼ばれる不朽の場所がある。そこはマーヤー［幻影］（Māyā）を免れていて、ヨーガ行者しか到達できず、ニチャーナンダ［不滅の至福］（Nityānanda）という名で知られている。それはあらゆるかたちの至福に満ちており、清浄な知識そのものである。それをブラフマンと呼ぶ者もあり、ハンサと呼ぶ者もある。賢者はそれをヴィシュヌの住処であると述べ、有徳の士はアートマー［アートマン］の知識の聖所、ないしは解脱の場所と言う。

詩五〇

その本性がヤマ［大きな戒］（Yama）とニヤマ［小さな戒］（Niyama）、そしてそれに類することによって浄化されている者は、グルの言葉を聞いて、大いなる解脱の発見への道を開く過程を学ぶ。その全存在がブラフマンに浸されている彼は、そのとき、Hum の文字（Hūṁ-kāra）によってデヴィー［女神］を覚醒させ、リンガの中心、すなわち閉じられているために見えないその開口部を貫き、（彼の内部にある）大気と火を用いて彼女をブラフマドヴァーラ［ブラフマンの門］のなかに至らせる。

詩五一

シュッダ・サットヴァ［清浄尊者］（Śuddha-sattvā）であるデヴィー［女神、クンダリニー］は、三つのリンガを貫く。そして、ブラフマ・ナーディ［ブラフマンの通路、チトリニー］の蓮華という名で知られているすべての蓮華に到達すると、そこで輝きのかぎりをつくして光を放つ。それから彼女は、微細な状態で、つまり稲妻のようにまぶしく蓮華の線維のように繊細な状態で、かすかに光る炎のごときシヴァのもとへ、最高の至福へと向かう。そして、突然に解脱の至福を生み出す。

詩五二

法悦［悟り、三昧］に没頭しグルの蓮華の足に忠実である、賢明かつ優秀なヨーガ行者は、クラ・クンダリー［居場所（チトリニー・ナーディ）のなかのクンダリニー］（Kula-Kuṇḍalī）をジーヴァ［（心臓にある）生命の本体］（Jīva）とともに、清浄な蓮華の内の解脱の在処に坐す彼女の主、パラ・シヴァ［至高のシヴァ神］（Para-śiva）のもとへと導くべきである。そして、チャイタニャ・ルーパー・バガヴァティ［すべてのかたちあるものの意識である女神］（Caitanya-rūpā-Bhagavatī）としていっさいの望みを叶えてくれる彼女を瞑想すべきである。こうしてクラ・クンダリニーを導くとき、彼はいっさいを彼女のなかに吸収させるべきである。

詩五三

美しいクンダリーは、パラ・シヴァ［至高のシヴァ神］から発する極上の赤い神酒を飲み、永遠の超越的至福が最大限に輝いているその場から、クラ［居場所、チトリニー・ナーディ］（Kula）の道に沿って帰っていく。そして、再びムーラーダーラに入る。揺らぐことのない精神を得たヨーガ行者は、イシュタ・デヴァター［好ましき神々］（Iṣṭa-devatā）と六つのセンター（チャクラ）のデヴァター［神々］、すなわちダーキニーらに捧げ物をする。捧げ物とは、ブラフマーンダ［ブラフマーの卵、宇宙、世界］（Brahmāṇḍa）という器［クンダリニー］に入った天上に流れる神酒であり、彼がグルの伝える伝統を通してそこから得た知識である。

詩五四

ヤマ［大きな戒］とニヤマ［小さな戒］、そしてそれに類する修行をした後、不断の喜びの源である、めでたいディークシャー・グル［浄身のグル、イニシエーションを授けてくれたグル］（Dīkṣā-guru）のふたつの蓮華の足からこの優れた方法を学び、その精神（マナス［意］）を制御しているヨーガ行者は、二度とこの世界に生まれてくること（サンサーラ［輪廻］Saṃsāra）

がない。彼にとって、最終的な消滅のときでさえ、消滅することがない。永遠の至福［ブラフマン］の源泉となるものが不断に実現されることに喜びを感じて、彼は安寧でいっぱいになり、すべてのヨーガ行者のうちの第一人者となる。

詩五五

以上の詩は、解脱の知識の至高の源泉であって、欠点がなく、純粋で、深く秘されている。グルの蓮華の足に忠実であるヨーガ行者が、心を平静にし精神を集中してこれを読むならば、彼の精神は必ずやイシュタ・デヴァター［好ましき神々］(Iṣṭa-devatā) の足もとで踊るであろう。

原　注

◆第一講◆

1　ここでの用語について、ハウエルは次のように述べてセミナーをはじめた。「クンダリニー・ヨーガのことを、私はたいていタントラ・ヨーガと呼んでいます。タントラという語は、クンダリニー・ヨーガの注釈をする文献を指す名前です」(*HS*, 1)。

2　付録1を見よ。チャクラについてウッドラフはこう述べている。「ヒンドゥーの教義によれば、これらのチャクラは、各々異なった意識と生命力とタットヴァ的エネルギーの中枢《センター》である」。Arthur Avalon (Sir John Woodroffe の筆名), *The Serpent Power*, London, 1919, 16 より。ハウエルはチャクラを以下のように定義していた。「生の経験を表す象徴です。チャクラはそうした経験の内的な意味を示し、その結果、みなさんが自分の生きてきたものを精神的に理解し解釈する助けになってくれます」(*HS*, 58)。

3　このヴィジョンは次のようなものであった。「私は地面の上にふたつの黄金の輪があるのを見た。ひとつは小さいもので、もっと大きい輪に囲まれていた。小さな輪のなかには、男の子が、あたかも子宮に（すなわち中心に）いるかのような姿で横になっていた。それ［子ども］は羊水に包まれていた。私は、こちらに向かって腕を伸ばしている子どものところまで行きたかったが、外側の輪を踏み越せそうになかった」。これに対してユングは、次のようにコメントした。「ここでマンダラの心理学がはじまります」。*Interpretation of Visions* vol.6, 29 June 1932, 127-28.

4　ハウエルはクレシャ［煩悩］を次のように定義している。「無意識のなかにある根はクレシャと呼ばれており……私はクレシャを『苦悩、または苦悩を引き起こす力』と訳しています」(*HS*, 37)。彼はクレシャ・ドヴェサ［憎の煩悩］(kleśa dveṣa) を「二になりたいという願望。すなわち、自身の存在、自身の人格を相手のそれと対立させること。それは自分自身になる力です」(ibid., 38) と定義し、クレシャ・アスミター［我見の煩悩］(kleśa asmitā) については「自我であるということのしるしです。それをもとに、『私が』思っている、『私が』感じている、『私が』経験している、というのが、私たちのなかのアスミターと呼ばれる働きです」(ibid., 40) と定義した。ダスグプタはクレシャを悩みの種と定義している。Surendranath Dasgupta, *Yoga as Philosophy and Religion*, London, 1924, 104. ツィンマーはクレシャを、「何であれ、人間の本性につきもので、人の真正の本質が発現するのを制限したり損なったりするもの」と定義している。Heinrich Zimmer, *Philosophies of India*, edited by Joseph Campbell, London, Bollingen Series XXVI, 1953, 294. クレシャ・アスミターについては、『私は私である。我思うゆえに我あり。明白な自我が私の経験を支えており、私の存在の真の本質および基盤になっている』という感覚および未熟な観念」としている（Zimmer, *Philosophies of India*, 295）。クレシャ・ドヴェサについては、「嫌気、不愉快、嫌悪、反感、憎悪」の感情と定義した（Zimmer, *Philosophies of India*）。フォイエルシュタインは以下のように述べている。「クレシャは現象的意識のダイナミックな枠組みを提供する。それは有機体が、突然に活動し、感じ、考え、欲するように駆り立てる。それは基本的な情緒的、動機的要因として、あらゆる不幸の根に存在している。……こうして、人間の普通の状態というのは、認知の誤りの産物として性格づけることができる。……そのための治療薬がひとつある。人間の真のアイデンティティとしての自己の回復である」。*The Philosophy of Classical Yoga*, Manchester, 1980, 65-66.

5 ユングはパタンジャリ（Patanjali）の『ヨーガ・スートラ』（*Yoga Sutras*）に対する注解のなかで、次のように述べた。クレシャは「本能的な衝動と衝迫です。それは人間存在の基盤にある強迫的なメカニズムです。……私たちが自身の真のあり方を知らないということが、その他いっさいのクレシャの基礎になっています」。*Modern Psychology* 3, 16.

6 注4を見よ。

7 ハウエルは以下のように説明している。「クレシャ［煩悩］はチッタ［心］にふたつの形態ないし側面を持って存在します。ストゥーラな、すなわち大雑把で粗大（coarse）な側面……そしてスークシュマな、つまり微細（subtle）な側面です」（*HS*, 37）。「ドヴェサ［憎］の微細な、つまりスークシュマな側面とは、独自の、分離した人格になる力のことです。それは人格というものを創り出す、あるいは可能ならしめる、心を超えた（metapsychic）力です。しかし、ストゥーラな側面というのは、私たちが普段の生活のなかで経験するもののことであり、憎悪とないまぜになっています」（ibid., 38）。

8 ハウエルは、タントラ・ヨーガにもとづいて、現実《リアリティ》には三つの側面——ストゥーラ、スークシュマ、パラー（parā）——があると述べた。「ストゥーラ［粗大］な側面とは、私たちの五感に立ち現れているままの現実を意味します。……その背後に——すなわちこのストゥーラな側面に活動力として作用している——スークシュマ［微細］な側面があります。これは文字どおりに訳すと、目に見えない（subtle）細かい側面を意味します」（ibid., 26）。彼はパラー［超越的、至高、最勝］な側面については以下のように定義している。「あの諸々のエネルギー・センターの原因であり本体のことです。微細（subtle）という類いの活動力を超えているので……そこには、もはや宇宙的エネルギーという抽象概念では考えることのできない力があるのです。……私たちはここで宗教的な領域に達します。この領域は神と、その内に秘めた本質のままの神と結びついています」(ibid., 26-27)。

9　これはユングが折りにふれて言及した類例である。以下を参照せよ。*GW* 7, § 47 および *Nietzsche's "Zarathustra": Notes of the Seminar Given in 1934-1939*, edited by James Jarrett, Princeton, Bollingen Series XCIX, and London, 1988, vol.1, 226. ユングの書簡集の編集者たちは、以下のような注をつけている。「ドイツ民話で人気の高い登場人物で、抜け目のない農民が町の住人や商人に優ることを擬人化したもの。彼の冗談やひどい悪戯をはじめて集めた本は、一五一五年に出版された。ある話のなかで、ティル・オイレンシュピーゲルは、仲間たちとちがって、上り坂を歩いているときに下りになることを見越してうれしがっている」。*C. G. Jung: Letters*, vol.2, 603.［ドイツ語版にはこの注はない。］

10　ハウエルはタットヴァ［本質、真理、原理、実在性］(tattva) を次のように訳している。「文字どおりには、『そのようであること』(Dasheit) となります。そのようであることとは、何かを創り出したり、特異なやり方で――あれやこれやを――動かしたりしようとする、宇宙に隠された力を意味します」(*HS*, 31)。

11　ハウエルはサンスカーラ［行］(saṃskāra) を、「諸々のものごとを、現実のなかに、活動のつながり、活動する全体となるように作り出すもの」と訳している (*HS*, 41)。そして、次のように注釈している。「今、この瞬間、私たちが何を考え、どのように腰かけ、どう話しているかということは、すべてサンスカーラによって決まります。もしも、今、自分は自由に話していると考えたり、持ち合わせている意識のなかのものとしてそれを経験したりするならば……それは幻想です」(ibid., 42)。

12　Immanuel Kant, *Kritik der reinen Vernunft*, Werke III. (*Immanuel Kants Werke*, herausgegeben von Ernst Cassirer, Berlin 1912 ff.)

13　ユングは一八九八年にツォフィンギア学生組合で行なった「思弁的探求の本質と価値についての考察」"Gedanken über Wesen und Wert spekulativer Forschung" という講演のなかで、カントの物自体 (Ding an sich) という概念を批判し、カントが可知的な現象体 (phenoumenal) 領域と不可知的な現象体領域を厳格に区別していることに異議を唱え、科学は可想的なもの (the noumenal) を次第に既知のものにすると論じた。*Die Zofingia-Vorträge*, Zürich und Düsseldorf: Walter 1997, §§ 195-9. 彼はまた「自我と無意識の関係」"Die Beziehungen zwischen dem Ich und dem Unbewußten," *GW* 7, § 260, Anm. 7 でも、カントの『心理学講義』(*Vorlesungen über Psychologie*, Leipzig, 1889) についてコメントしている。

14 ハウエルはこう述べている。「チャクラは輪を意味しますが、パドマ (padma) とも呼ばれます。蓮華のことです」(*HS*, 61)。

15 ハウエルは、ムーラーダーラ・チャクラを説明するなかで、「地の四角形ないしはマンダラ」ということに言及した (*HS*, 71)。

16 〔一九三二年版の注 『黄金の華の秘密』の口絵を見よ。〕Jung / Wilhelm, *Das Geheimnis der Goldenen Blüte*, München 1929. この絵は、ユングの以下の論文にも収録されている。"Über Mandalasymbolik," *GW* 9, Bild 1) und *Psychologie und Alchemie*, *GW* 12, Bild 43).

17 ツィンマーはこう述べている。「造形的な聖なるイメージ (プラティマー〔図像〕pratimā)〔彼はマンダラもこれに含めている〕は、さまざまな種類がある具象的な聖なるイメージ (ヤントラ〔神秘的図像〕yantras) の一員にすぎない」。*Artistic Form and Yoga in the Sacred Images of India*, translated by G. Chapple and J. Lawson, Princeton, 1984, 29.

18 この文献は、実際には Kazi Dawa-Samdap 編訳の *Shrichakra-sambhara: A Buddhist Tantra, Tantrik Texts*, vol. 7, London, 1919 であった。このシリーズはウッドラフが全体の編集に携わっており、この巻には序文を寄せている。ユングの蔵書のなかには、このシリーズのうち、一九一四年から一九二四年にかけて出版された六巻があった。ユングは連邦工科大学で一九三八年と三九年に行なった講義のなかで、この文献に関するさらなるコメントを述べている。*Modern Psychology* 3, 42-120.

19 ハウエルは第二のチャクラ、スヴァディシュターナについて、次のように述べた。「私たちが勝手気ままに考えもなく生きている生。自分を生の流れにただ放り込んで運ばれるに任せ、何であれ近づいてくるもののほうへと漂っていく、そういう生のことです」(*HS*, 75)。

20 「六つのチャクラの説明」におけるクンダリニーの呼び名。付録4を見よ。

21 ハウエルはムーラーダーラ (mulĀdhĀra) についてこう述べた。「ものごとの根本を支えているチャクラ。それは大地の領域、創造的な男と女の力の領域で……世界の基盤です」(*HS*, 68)。

22 スヴァディシュターナ・チャクラの図像には、水の上にマカラの姿が見える。神話的な海の怪物である。図3を見よ。

23 ハウエルは諸チャクラについて「生の経験の象徴」と述べている (*HS*, 58)。

24 〔一九三二年版の注 『黄金の華の秘密』の図5を見よ。〕*GW* 13, Tafel A5. この絵は以下にも収載されている。"Über Mandalasymbolik," *GW* 9/I, Tafel 25. しかしながら、この記述については、ユングが一九三二年二月二五日に論じたクリスティアナ・モーガンのヴィジョンのほうが、いっそう符合するように思われる。以下を見よ。*The Visions Seminar*, vol. 2, 77.

25 ハウエルはこのチャクラの図像について、以下のように述べた。「内側には輪、果皮があり、それは白い蓮華－マンダラを包んでいます。……半月があって、やはり白です」(*HS*, 74)。

26　ハウエルが「スヴァディシュターナのなかの半月はシヴァを表しています」と述べたことに対して、ソウヤー夫人が「半月は普通、女性的な象徴ではないでしょうか」と質問した。ハウエルは「インドではちがいます。かの地では、半月は常にシヴァのしるしです」と答えた（*HS*, 84）。

27　ユングはこのときの経験について *ETG*, 288ff. で説明している。そこには次のように述べてある。すなわち、彼がラヴェンナに行く予定の知人にその絵を入手してきてくれないかと頼んだが、この知人はそのようなモザイク画が存在しないことを発見した、というのである。アニエラ・ヤッフェは、このことに対するユングの説明は次のようだったと記している。それは「無意識による瞬間的な創作であって、イニシエーションに関する［ユング自身の］元型的な観念と関係がある」。「この具象化の直接の原因は、アニマをガルラ・プラチディアに結びつけていたことと、それによって引っ張り出される情動とにあった」（Ebd., 290）。このモザイク画をめぐる *ETG* でのユングの回想は、ここで語られていることとは、幾分異なっている。以下の論文は、そのちがいに注目したもの。Dan Noel, "A Viewpoint on Jung's Ravenna Vision," *Harvest: Journal for Jungian Studies* 39 (1993): 159-63. この論文は、このエピソード全体の再評価をなしている。

28　ユングは以下においてアッティス神話の解釈を述べている。*Symbole der Wandlung, GW* 5, §§ 659-62.

29　ハウエルはマニプーラ・チャクラを次のように定義している。「マニ（Maṇi）は真珠もしくは宝珠を意味し、プーラ（Pūra）は充満していること、豊富であること、を意味します。マニプーラについては、真珠の宝物、宝珠の宝物と解せばよいでしょう」（*HS*, 68）。

30　ハウエルはアージュニャー・チャクラを次のように定義している。「『命令』ということ、つまり、自分がするべきだとわかっている何かです。それは認識を伴ってなさなければなりません。……それは自分自身に対する命令もしくは確認です。あることが使命だ、と告げるのです」（*HS*, 69）。

31　ハウエルはアージュニャー・チャクラについて次のように述べている。「ヨニとリンガムが、女性的な力と男性的な力が、結びつけられます。それらはばらばらではなくなります」（*HS*, 90）。

32　ハウエルはムーラーダーラ・チャクラについて次のように述べている。「ここには、やはりヨニとリンガムがあります。そして、ここでクンダリニーは眠っています。このヨニは赤く、リンガムは暗い茶色です。これは完全に満たされたエロス的な生の象徴です。心臓［アージュニャー［アナーハタの誤りか］］のセンターにおける赤とはまったくちがう赤です。アージュニャーにおいては、高い意味でのエロス的なものが生きており、一方、ムーラーダーラでは現実的で俗な意味でのそれなのです」（*HS*, 92）。

33　ユングは "Visionen des Zosimos" (1937) のなかで、次のように記

している。「アッティスはキリストと近い関係にある。古い伝説によると、キリスト誕生の地、ベツレヘムは、かつてアッティスの聖域であった。この伝承は、最近の発掘によって正しいことが確認された」。*GW 13*, § 92, Anm. 39.

34 付録3の注5を見よ。

35 ユングは "Visionen des Zosimos" のなかで、クラテールについて次のように書いている。「クラテールというのは明らかに、驚異の器、洗礼盤のことであり、そのなかで浸礼が行なわれる。それを通して霊的な存在への変容が生じるのである」。*GW 13*, § 97.

36 ユングは草稿 "Die Beschreibung der beiden Centren Shat-chakra-Nirūpana" のなかで、次のように書いている。「ムーラーダーラにクンダリニーは眠っている。それは潜在的に活動しており、外にも現れてくる。人はそれによってこの見かけの世界に縛りつけられ、自我が自己と同一だと信じ込む。クンダリニーは隠されたチット（意識）なのであって、目覚めるとみずからの主のもとへ戻っていく。それは、チヴ・アートマー (civ-atma)＝個人の意識とは対照的な、『世界－意識』である」(2)。

37 ハウエルはクンダリニーを次のように定義している。「ここで考えられているクンダリニーは、いかなる意味においても男性のエロス的な力ではなく、女性的な力の一形態なのでして、純粋な知識にほかなりません。女性的な力のなかには、ある認識力があるのです。エロス的なものとは何ら関係のない力です。それは解き放たれて、その発達の頂点において、男性的な力のなかの認識力と結びつけられなければなりません」(*HS*, 97)。

38 ハウエルはブッディ［智慧］について次のように述べている。「ブッディとは、純粋なサットヴァ［本質、真理、原理］からなる直観の器官を意味します。つまり、認識と知識と洞察の基礎を形成する、あの光の世界の実体のことなのです」(*HS*, 96)。エリアーデは、ブッディとは知性を意味するサーンキャ・ヨーガの言葉だと述べている。Mircea Eliade, *Yoga: Immortality and Freedom*, translated by Willard R. Trask (Bollingen Series LVI; reprint, London, 1989), 18.

39 *Liebestraum des Poliphilo*, Linda Fierz-David, Zürich: Rhein-Verlag, 1947. ユングはこの本の序文を書いている。それは以下でも読むことができる。*GW 18/II*, §§ 1749-52.

40 Rider Haggard の『洞窟の女王』(*She*, London, 1887) に関するユングの論究については、*Analytical Psychology*, 136-44 を見よ。

41 クンダリニーをアニマと見るユングの解釈は、一部、*The Serpent Power* における以下のような記述からヒントを得たものかもしれない。「彼女は……『内なる女性』である。次のような言葉が発せられたときには、そういう彼女のことが述べられていたのである。『外なる女性たちに対して私がどんな欲望を持っているというのか。私には、自分自身のなかに内なる女性があるのだ』」(1st ed., 272)。この一節は、ユングによるこの本の写しのなかで、強くマークが付されている。すなわち、この一節全体が、"Die Beschreibung der beiden Centren Shat-chakra-Nirūpana"(2)に引用されているし、最後の「私には、自分自身のなかに内なる女性があるのだ」という部分は、草稿"Avalon Serpent"(1)にも引用されている。"Über Mandalasymbolik"(1950)において、ユングは、ある若い女性の描いた、とぐろを巻く蛇のマンダラについて注釈するなかで、蛇をめぐってこう述べている。「彼女は外に出ていきたがっている。これはクンダリニーの目覚めなのだ。大地的な性質が活動的になってきたということである。……臨床的には、これは、本能的な性質の意識化を意味している」。*GW 9/I*, § 667.

◆第二講◆

1　ユングは一九二六年にカイロを訪れている。その旅に関する話が、*ETG*, 257-77にある。そこには、この逸話は入っていない。

2　ヴィジョンに関するセミナーが一一月二日に再開されたとき、ユングはこの言葉を以下のように繰り返した。「私たちの患者の私生活については語りたくありません。語っても何にもならないからです。もしも彼女のことをひとりの人間として考えはじめると、みなさんは道に迷ってしまうでしょう。これらのヴィジョンは、個人的な角度から理解すべきではありません。そんなことをすれば、ヴィジョンはひとりの人間の主観の愚かさ以外の何ものでもなくなるでしょう」。*The Visions Seminar*, vol. 7, 7. クンダリニー・ヨーガの心理学に寄り道をしたことには、明らかに、この点を納得させようとする教育的な意図があった。

3　「『黄金の華の秘密』への注解」"Kommentar zu Das *Geheimnis der Goldenen Blüte*"(1929)のなかで、ユングはこう書いている。「神々は病に姿を変えた。ゼウスはもはやオリンポスではなく太陽神経叢を治めており、医師の面接時間のために奇妙な症例を生み出している」(*GW 13*, § 54)。このしばしば引用される考えの再評価については、以下を見よ。Wolfgang Giegerich, "Tötungen," in *Gewalt - Warum?*, herausgegeben von Peter M. Pflüger, Olten: Walter, 1992, 218f.

4　Lucius Apuleius, *The Golden Ass*, translated by Robert Graves (London, 1950), 286.

5　ハウエルの解釈法と対比している。

6　以下を見よ。*The Visions Seminar*, vol. 5, 9 March 1932, 114.

7　この言葉は、フロイトの精神分析とアードラーの個人心理学に言及したもの。

8　ハウエルはアナーハタ・チャクラについて以下のように述べている。「心臓の蓮華。これは、傷ついていない、あるいは傷つくことのないそれを意味します」(*HS*, 69)。

9　ユングは草稿"Die Beschreibung der beiden Centren Shat-chakra-Nirūpana"のなかで、マニプーラについて「肉体的な人間、肉を喰らう者のセンター」と述べている。

10　ユングは『リビドーの変容と象徴』(*Wandlungen und Symbole der Libido*, 1912)のなかで、弟子のヨハン・ホーネッガー(Johann

Honegger) が見出したある患者の幻覚を引用した。「その患者は太陽のなかに、いわゆる『ぴんと立った尻尾』（すなわち、勃起したペニスにそっくりなもの）を見ている。患者が自分の頭を前後に動かすと、太陽のペニスも前後に動き、そこから風が起こる。この奇妙な妄想的観念は、私がミトラ教の祈禱書にあるヴィジョンを知るに及ぶまで、長い間意味不明のままであった」。*Wandlungen und Symbole der Libido*, 3. Aufl., Leipzig und Wien: Deuticke, 1938, 94. 一九二七年、ユングは次のようなことを述べた。この観察は一九〇六年になされたものであり、一九一〇年になってアルブレヒト・ディートリッヒ (Albrecht Dietrich) の書いた *Eine Mithrasliturgie*（『ミトラ祈禱書』）, Leipzig, 1903 に出逢った。これで、この妄想的観念が潜在記憶（忘却された記憶の復活）やテレパシーである可能性が排除でき、したがって、集合的無意識が存在する証拠になっている、と。*GW* の編者らは、ユングが後に、ディートリッヒの著書の一九一〇年版は第二版であって、初版は実は一九〇三年に出版されていたことを知った、と記している。編者らは、この患者が一九〇三年より前に病院に収容されていたことも付け加えている。*GW* 8, § 318f., Anm. 5.

11 ウッドラフは、プルシャを次のように定義している。「限定された意識の中心《センター》――この限定は、関連するプラクリティ［根本原質］(prakṛti) およびその産物である心と物質によるもの。一般には、プルシャは、身体と諸感覚を備えた感覚力ある生き物――すなわち有機生命体――を意味する」。Arthur Avalon (pseud. Sir John Woodroffe), *The Serpent Power* (London, 1919), 49. スレンドラナート・ダスグプタはプルシャを精神《スピリット》と定義し（*Yoga as Philosophy and Religion* [London, 1924], 3)、また「意識そのもの」とも定義している (ibid., 173)。

12 ユングはパタンジャリの『ヨーガ・スートラ』に関する注解のなかで、プルシャという語の訳をめぐって、次のように述べている。「ドイセン (Deussen) は［それを］『いっさいの客体的なものから解放された知の主体』と呼んでいます。この定義は疑わしいと思います――これは論理的すぎます。東洋は論理的ではありません。観察力が鋭く、直観的です。ですから、プルシャのことは、太古の人、あるいは光り輝く人、と言うほうがよいのです」。*Modern Psychology* 3, 121.

13 *Katha Upanisad* 2. 20-21. これは以下にも引用されていて、そこではプルシャは「セルフ」と訳されている。*GW* 6, § 329.

14 ユングは、一九二五年から二六年にかけてケニアでエルゴン族と行なった取り引きについて語っている。それはここでの彼の言葉と重なるものだ。以下を見よ。*ETG*, 268ff.

15 パウル・サラシン (Paul Sarasin) とフリッツ・サラシン (Fritz Sarasin) は、自分たちの人類学的調査の様子を出版している。*Reisen in Celebes ausgeführt in den Jahren 1893-1896 und 1902-1903*, 2 Bände, Wiesbaden, 1905.

◆第三講◆

1　ハウエルはヴィシュッダ・チャクラについて、「浄められた、あるいは浄めるチャクラ」と述べている（*HS*, 69）。

2　Ibid., 75.

3　ハウエルはアナーハタ・チャクラについてこう述べている。「この心臓の蓮華は、生に対する根本的な洞察のチャクラです。それは、私たちが最高の意味における創造的な生と呼ぶものです」（*HS*, 90-91）。

4　ユングは、『自然現象と心の構造』（*Naturerklärung und Psyche*, Zürich: Rascher, 1952）において物理学者ヴォルフガング・パウリ（Wolfgang Pauli）と共同研究を行ない、そのような橋を見出そうと試みた。この問題については、特に以下を見よ。*Wolfgang Pauli und C. G. Jung: Ein Briefwechsel*, herausgegeben von C.A.Meier, Berlin, 1992.

5　アウグスト・ピカール（Auguste Piccard）はスイス人で、ブリュッセル大学の物理学教授であった。一九三一年五月二七日、彼は科学観測用の特殊な気球で、はじめて成層圏に達した。二回目の飛行は、一九三二年八月一八日に、チューリッヒ近郊のデューベンドルフ飛行場から行なわれた。彼の二冊の著書を見よ。*Au dessus des nuages*（『雲の上で』）（Paris, 1933), *Zwischen Himmel und Erde*, Lausanne, 1946.

6　ハウエルはサハスラーラ・チャクラについて、「千の輻を、あるいは千の花弁を持つチャクラです」と述べた（*HS*, 69）。エリアーデは次のように記している。「シヴァとシャクティの最終的な合一（ウンマニー［興奮、失神］unmani）が、つまりタントラのサーダナ［成就法］の最終目標が実現されるのは、ほかならぬここにおいてである。クンダリニーは、六つのチャクラを通過した後、ここでその旅を終えるのだ。サハスラーラがもはや身体という地平に属してはいないことに注意するべきである。それはすでに超越の地平を示す――著述家たちがたいてい『六つの』チャクラのことしか語っていないのは、そのためである」。Mircea Eliade, *Yoga: Immortality and Freedom*, translated by Willard R. Trask (Bollingen Series LVI; reprint, London, 1989), 243.

7　ユングは以下において、一角獣の象徴的意味に関してさらなる注釈を加えている。*Psychologie und Alchemy*, *GW* 12, §§ 518-54.

8　Friedrich Theodor Vischer, *Auch Einer*, Stuttgart und Leipzig, 1884.

9　Plato, *The Republic*, book 7, translated by D. Lee (London, 1955), 514ff.

10　アージュニャー・チャクラについてハウエルは次のように述べている。「神、つまり男性の力は、この段階では消えてしまっています。しかし、分化した女性の力はなおも活動しており、最後のチャクラに至ってはじめて姿を消します。心理学の上でこれに類することが見出せるかどうか、私にはよくわかりません」（*HS*, 90）。

11　ヴォータンに関するユングの分析は、以下を見よ。"Wotan" (1936), *GW 10*. ただし、そのなかでは、特にこのモチーフだけを扱っているわけではない。

◆第四講◆

1　〔一九三二年版の注：この講義は、ドイツ語セミナーの内容を伝えるためにヴォルフ嬢が手配したもので、ユング博士はドイツ語セミナーにはなかったマテリアルも加えている。ベインズ夫人による訳である［本書では、ドイツ語版から和訳している］。〕

2　以下を見よ。Kurt Koffka, *Principles of Gestalt Psychology*, New York, 1935.

3　ヴィジョンをめぐってのセミナーは、同日の早くに再開されていた。ムーラーダーラに関するユングのコメントについては、以下を見よ。*The Visions Seminar* vol. 7, 10.

4　ユングは以下に、ブラフマンに関するさらなる注解を述べている。*Psychologische Typen, GW 6*, §§ 326-47.

5　〔一九三二年版の注：英語セミナーの図27。〕ユングはこのイメージについて、同日の早くにコメントをしていた。

6　ハウエルは、物［身体］を超えたもの［形而上的なもの］(die Metaphysischen, the metaphysical) という概念を次のように定義している。「私は、彼らの神々に対する見方、神々の表し方を意味する……タントラ・ヨーガの神学と、その神学の哲学的側面である形而上学 Metaphysik, metaphysics とを区別しています」(*HS*, 25-6)。彼はそのなかに、ストゥーラな側面、スークシュマな側面、パラーな側面の区別を含めている。

7　永遠の少年については、以下を見よ。Marie-Louise von Franz, *Der Ewige Jüngling*, München: Kösel, 1987; *Puer Papers*, edited by James Hillman, Dallas, 1979.

8　ウッドラフはこう述べている。「特別な意味におけるチッタとは、それによって心 (Mind) が、そのことについてはかつてアヌバヴァ［知覚］(Anubhava) あるいはプラティアクシャ・ジュニャーナ［眼前で知ること］(pratyaṣka Jñāna) が——すなわち直接の認知が——あった、という記憶（スマラナ［憶念］Smaraṇa）をはじめて呼び戻す能力（ヴリッティ［機能、作業、活動］Vṛtti）である」。Arthur Avalon (pseud. Sir John Woodroffe), *The Serpent Power* (London, 1919), 64. ハウエルの場合は、以下のようである。「チッタとは、私たちの内的世界に存在する、とにかくいっさいのものです。……いっさいのものはチッタの力のもとにあるのであり、それゆえチッタとは、それが完全に内的な宇宙を形成しているという意味において、『心』(soul) です。……ユング博士の心理学を充分に深く理解していれば、彼の心の概念がこのチッタの概念に由来する何かを含んでいる、ということを感じ取れます」(*HS*, 33)。ツィンマーはチッタを「何であれ、精神 (mind) を通して経験されるか演じられるかするもの」と定義している。Heinrich Zimmer, *Philosophies of*

India, edited by Joseph Campbell (London, Bollingen Series XXVI, 1953), 321. スレンドラナート・ダスグプタは次のように述べている。「チッタの状態あるいはヴリッティ［機能、作業、活動］は、五種に分けて述べられている。⑴正しい認知、⑵幻想としての知識、⑶想像、⑷睡眠、⑸記憶である」。Dasgupta, *Yoga Philosophy in Relation to Other Systems of Indian Thought* (Calcutta, 1930), 273. フォイエルシュタインは次のように言う。「チッタ(citta)という語は、動詞語根 cit の完全受動分詞である。この語根は、『認識する、観察する、知覚する』を意味し、また『明るい、輝く』をも意味する」。これは、意識の活動と結びついた心理精神現象が姿を見せるところなら、どこにでも適用される。*The Philosophy of Classical Yoga* (Manchester, 1980), 58. この言葉の翻訳の難しさに関する注釈としては、以下を見よ。Feuerstein, *The Philosophy of Classical Yoga*; Agehananda Bharati, *The Tantric Tradition* (London, 1992), 44-47.

9　ユングはパタンジャリの『ヨーガ・スートラ』に関する注解のなかで、チッタを意識と訳している。*Modern Psychology* 3, 122.

◆付録1◆

1　この講義の由来については、「英語版まえがき」一ページを見よ。“Tantrism” そして “Chakras” と題されたユングの草稿は、このセミナーの内容に非常によく一致している。はじめのほうの草稿の最初のページは、ウッドラフの著作リスト、ツィンマーの *Artistic Form and Yoga in the Sacred Images of India*, translated by G. Chapple and J. Lawson (Princeton, 1984) の参考文献と同書よりの引用（p.26-62）から成っている。これは、これらの著作が、タントラ・ヨーガに関してユングの持っていた全般的概念の主要な源泉となっていたことを示唆している。二ページ目および三ページ目は、このセミナーの冒頭部分と非常に近い。このセミナーにおける術語については、いくつかの箇所で、すでに紹介したセミナー［本書の第一講～第四講］のそれと一致するようにしておいた。

2　ヤントラについてツィンマーは次のように述べている。「この言葉はきわめて広く、ある特異な課題を遂行するために使う、手段や道具、作り物や仕掛けを意味する。聖なるイメージは、魔術的な働きと儀式的な働きの両方を期待して用いられる、きわめて有効な構築装置である」（*Artistic Form and Yoga in the Sacred Images of India*, 28）。

3　リチャード・ホリングデイル (Richard Hollingdale) はこの一節を次のように訳している。「喜びはあらゆるものの永遠を欲し、深い、深い、深い永遠を欲する」。Friedrich Nietzsche, *Thus Spake Zarathustra*, London, 1985, 332.

4　〔一九三二年版の注：一九一〇年の時点で、およそ三〇〇万人の信者がいた。とりわけ南インドに多かった。〕

5　〔一九三二年版の注：並外れた精神性もそのままの性も、洞察的なマーヤー、見せかけに至る。ブッダはそれゆえ、存在していたふたつの道を語ることで説法をはじめる。俗なるそれと苦行のそれである。しかし、どちらもまちがっている。中道がほんものである。すなわち、正しい思考と正しい行為に関する八つの道［八正道］である。しかし、個々の場合に何が「正しい」のか、彼は語らない。というのも、それは各々の状況のなかからしか出てこないからである。〕

6 〔一九三二年版の注：ローテ・クライス（Rothe-Kreis）の子どもの絵に見られる投影を参照せよ。これについては、シグ－ツォリコン夫人が講義を行なっている。〕

7 〔一九三二年版の注：オルフェウス教の秘儀と比較せよ。世界蛇は卵を取り巻いている。〕

8 〔オリジナルは英語。〕ユングは、蔵書にあったアーサー・アヴァロン（ジョン・ウッドラフ卿）著 *The Serpent Power*, London, 1919 の、「デヴィ・クンダリー……世界を混乱に陥れる者」（37）という一節にマークを付している。

9 ユングは蔵書にあった *The Serpent Power* のなかの、次のような一節にマークを付している。「クンダリー・シャクティは、力としてのその創造的な側面においては、チット、ないしは意識である。シャクティとしての彼女について言うなら、世界とそのなかのすべての人間が存在しているのは、他ならぬ彼女の活動を通してである」（254）。

10 〔一九三二年版の注：エジプトには、下方にとぐろを巻いた蛇がいて、上方には光の冠を戴くイシス（という表現がある）。〕

11 〔一九三二年版の注：**(a)**ペルシアのスーフィーによると、三つのチャクラが区別されている。(1)脳髄の母、あるいは球形の心臓、(2)杉の心臓、(3)百合の心臓、である。**(b)**メキシコの説話集 *Popol Vuh* を参照せよ。〕

12 ユングはナーディ［脈管、通路］のことを言っている。これをめぐる論議に関しては、以下を見よ。Mircea Eliade, *Yoga: Immortality and Freedom*, translated by Willard R. Trask (Bollingen Series LVI; reprint, London, 1989), 236-41; Georg Feuerstein, *Yoga: The Technology of Estasy* (Wellingborough, 1990), 259-62.

13 *Bericht über das Deutsche Seminar von Dr. C. G. Jung 6.-11. Oktober 1930 in Küsnacht-Zürich*, Stuttgart, 1931, Abb. 30. 先立つセミナーにおいてユングは、クリスティアナ・モーガンのヴィジョンについて述べていた。問題の絵（*The Visions Seminar* には収録されていない）では、裸の女性が、三日月の光の流れの下、両腕を広げて稜線上に立っている。一本の垂直な黒線が、彼女の性器から体のてっぺんまで走っているのが見られる。ユングは「この線は蛇の道、クンダリニーの道を描いたものです」とコメントした（92）。

14 〔一九三二年版の注：件の患者の奇跡劇においては、インディアンが火と水の間に無傷で立っている。〕以下を見よ。*Interpretation of Visions*, vol. 1, 8 December 1930, 147.

15 〔一九三二年版の注：「心を制御下に置いているヨーガ行者は、月をそれ本来の場所に押しとどめ、太陽についても同じようにする。つまり、月と太陽は閉じこめられた状態になる。したがって、月はその神酒《ネクター》をあふれさせることができず、太陽もそれを乾かすことができない。……すると、クンダリは食べ物を求めて目を覚まし、蛇のようにシューッと言って不満をあらわにする。それから、三つの結節を突破してサハスラーラまで行き、月に咬みつく。その月はサハスラーラの中央にかかっている」。〕

16 〔一九三二年版の注：チャクラ・マンダラの図（図2〜7）を参照せよ。ユング博士がある若いイスラーム教徒にコーランの知識を問うたところ、彼はハディール（Chidr）〔訳注：アラーの第一天使。善の象徴〕の三つの現れ方をあげた。⑴人間として現れる。⑵白い光として現れる。⑶あなたを取り巻くいっさいのもの、あなたが触れるいっさいのものとして現れる――石のなかに、森のなかに、そしてここにも、と。そこで、この地元民は、芽生えつつある植物を指し示した。〕

17 Woodroffe, *The Serpent Power*, 119.

18 〔一九三二年版の注：「汝の至福に満ちた姿が、おお、女王よ、アナーハタにおいて顕現し、神に祝福された者たちの内向する心によって経験される。彼らの髪は逆立ち、彼らの目には喜びの涙があふれる」。〕

19 〔一九三二年版の注：人智学で言うアーカーシャ年代記（*Ākāsha-Chronik*）〔アカシック・レコード akashic records〕という表現は、誤解を招く。なぜなら、それは、ある一回限りの経験の伝達ではなく、そのような経験をする心的な可能性の継承に関することだからである。〕

20 〔一九三二年版の注：件の患者のヴィジョンを参照せよ。また、以下も参照せよ。*Das Geheimnis der Goldenen Blüte* von C. G. Jung und Richard Wilhelm.〕問題のヴィジョンにおいては、光線がひとりの子どもの額に当たって、星のしるしを残す。以下を見よ。*The Visions Seminar*, vol. 1, 9 December 1930, 151.

21 〔一九三二年版の注：あるヨーガ行者のヴィジョン：脳に立ち昇ってきて燃え上がる白い火であり、上方では頭の両側にその翼を広げる炎となっている。〕

22 オリジナルは英語。

23 オリジナルは英語。

◆付録2◆

1 〔一九三二年版の注：以下を見よ。Jung, *Psychologische Typen*, 2. Aufl., 78ff.〕（*GW* 6, überarbeitete Auflage 1994, §§ 82ff.）

2 *GW* 6, 1994 (Anm. 36 zu § 82) においては、この一節は以下から引用されている。"Life of St. Anthony," in *The Paradise or Garden of the Holy Fathers*, compiled by Athanasius, archbishop of Alexandria, et al., translated by E. A. W. Budge, London, 1904, 24ff. ここでは、この一節は、直接ドイツ語から訳してある。

3 一九三九年から四〇年にかけて、ユングは、チューリッヒ連邦工科大学でのセミナーでイグナティオ・デ・ロヨラの霊操に対する注解を行なった。これは東洋の諸文献に対する注解に続くものであった。以下を見よ。*Modern Psychology 4*.

4 この発言は、ヨーガにおける意識の発達プロセスをめぐって行なわれた議論をふまえてのものである。*Tantra Yoga*, 50-51.

5 以下を参照せよ。*The Rig Veda: An Anthology*, translated by Wendy Doniger O'Flaherty, London, 1981, 78. この本のなかでは、同じ一節がややちがうかたちに訳されている。

6 ハウエルとグスタフ・ハイエル (Gustav Heyer) は、木々が主役を演じる夢について解説していた。*Tantra Yoga*, 52.

7 ツィンマーはヨーガの修行を自己変容のプロセスとして説明している。*Tantra Yoga*, 97-100.

8 Leo Frobenius, *Erythräa: Länder und Zeiten des heiligen Königsmordes*, Berlin, 1931.

9 そのときハウエルは、ユングの心理生理的な諸センターという説明は正しいが身体［物］を超えた［形而上的］(metaphysisch) 側面が置き去りにされている、と述べた。*Tantra Yoga*, 103.

◆付録3◆

1 ハウエルはこう述べていた。「彼女〔クンダリニー〕がいつ覚醒させられるべきであるかという問題につきましては、私見では、西洋の注解者のみならず東洋の注解者も文献を誤解しています。彼らはみんな、彼女がはじめからずっと、いつでも覚醒していられるかのように言うのです。しかし、そうではありません。ヨーガ行者がヨーガの全支を、すなわちヨーガの八支または八段階をマスターし、サマーディ［三昧、悟り］(Samādhi) に達してはじめて、クンダリニーは目覚めることができるのです。彼が全課程を終え、ヨーガで生じるとされる内的な変容をすべて成就してはじめて、クンダリニーを覚醒させることができます」(*HS*, 96)。

2 この言葉は、パタンジャリの『ヨーガ・スートラ』を指している。ハウエルはこれを以下の自著のなかで翻訳している。*Der Yoga als Heilweg*（『救済の道としてのヨーガ』）, Stuttgart, 1932.

3 D. T. Suzuki, *Essays in Zen Buddhism* (first series), London, 1980, 376.

4 ハウエルは、アートマンとプルシャは両方とも自己と訳しうる語であり、前者はウパニシャッドとタントラ・ヨーガで用いられ、後者は古典ヨーガで使われる、と述べた。「古典ヨーガにおけるプルシャは、それだけでは、たったひとつの実体を意味しているにすぎません。つまり、世界にはそうしたプルシャが無数にあって、神性を持つ自我はそれらのひとつにすぎないのです。……一方、タントラ・ヨーガでは、その側面はいくぶん異なっています。つまり、アートマンのなかには絶対者の一部があるのであり、アートマンとは、全体のなかの一点における絶対者の現れなのです」(*HS*, 43-44)。

5 ハウエルは次のように述べていた。「こうした人生の流れに従っていけば、みなさんはこの海の怪物、マカラに遭遇します。つまり、みなさんはどこかで途方もない危機に直面し、それはやりすごすことができません。その怪物は、このチャクラの図のなかに、半月の幅すべてを覆うものとして描かれています（スヴァディシュターナの半月はシヴァを表すものです）。そして、怪物の口は開いています。さて、みなさんが右側から近寄っていくならば、この怪物を背後から攻撃してもよいでしょう。その口のなかには落ちませんし、取っ組み合いをしても大丈夫かもしれません。ところが、左側から近づいていくと、怪物の食道へと落ちてしまいます。正しいやり方かどうか、という問題です」（*HS*, 84）。

6　以下を参照せよ。Jung, *Analytical Psychology*, 98-99.

7　アフリカを訪れたときにユングが感じた「黒化すること」への恐れについては、*ETG*, 265, 276 を見よ。

8　ショウ博士の「先生はクンダリニーを覚醒させたことのある者はいないとお考えなのですか」との質問に、ハウエルは次のように答えた。「西洋には誰もいないと考えますが、わかりません。……実は、中世ドイツの神秘家、ズーゾーはこの種の経験をしたのではないか、と思います」（*HS*, 99）。

9　"Westliche Parallelen zu den Tantrischen Symbolen", in *Tantra Yoga*. ユングはこうしたマンダラの多くを以下で紹介していた。"Kommentar zum *Geheimnis der Goldenen Blüte*," *GW 13*.

10　ユングはある女性の描いたマンダラを見せたようである。中心の円からたくさんの魚が放射されて飛び出してきているもので、以下に収載されている（ドイツ語版にはない）。"Commentary on *The Secret of the Golden Flower*," in *CW*, vol. 13, figure A2. なお、以下に見られるマンダラ表現は、この女性患者の言葉に符合している。"Über Mandalasymbolik", Bild 19, *GW 9/I*. ここでバウマンが引用している内容については、*Tantra Yoga* におけるユングの講義の報告には含まれていない。

11　Anatole France, *Penguin Island*, translated by E. W. Evans (London, 1948).

12　この夢に関する説明は、*ETG*, 201 にある。そこでは一九二七年のものとされている。*ETG* での説明にもとづく詳細は、以下の注に記すとおりである。

13　「私の感じでは、私たちは海、港からやって来たところであり、本来の町は実はずっと上のほうの崖の上にある気がした。私たちはそこまで登った。私はバーゼルを思い出した。バーゼルでは市場が低いところにあり、トーテンゲースヒェン（「死者の小径」）を通って上がると、上は高台になっている。つまり、ペータースプラッツ（聖ペテロ広場）と大きなペータースキルヒェ（聖ペテロ教会）に着くのである」（*ETG*, 201）。

14　「この夢のなかのある部分については、補足的な注釈を加えておかなければならない。この町の各地区は、それ自体が中心点のまわりに放射状に配置されていた。この中心点は、小さな四角い広場になっていて、大きな街灯に照らされていた。そして、その島の小さな写しになっていた。私は、あの『別のスイス人』がこうした第二の諸中心のひとつの近くに住んでいることを知っていた」（*ETG*, 202）。

15 “Metapsychique”［心を超えたもの］というのは、現在の英語圏で超心理学として知られている学問領域を表すため、シャルル・リシェ (Charles Richet) が提唱した術語であった。以下の著書を見よ。*Traité de Metapsychique*, Paris, 1922.

16 ハウエルはビージャを以下のように定義している。「ビージャとは、チャクラの胚種です。ビージャという言葉は胚種を意味します」(*HS*, 80)。

17 ハウエルはこう述べていた。「私は、ビージャ・デーヴァ［種子神］とビンドゥ・デーヴァ［ビンドゥの神］を区別しています。(これらの表現は、チャクラに関する私なりの理解にもとづいて、私自身が作ったものです。) ビンドゥ・デーヴァは、いつでも、心的かつ精神的な活動力です。……ビンドゥ・デーヴァとは、そうした力を支配している神格のことです」(*HS*, 81)。

18 『道徳経』(*Tao Tê Ching*) 冒頭の訳。リヒャルト・ヴィルヘルムは最初の数行を次のように訳している。「言い表すことのできる意味は、不滅の意味ではない。呼ぶことのできる名前は、不滅の名前ではない」。Laotse, *Tao Te King*, Aus dem Chinesischen übertragen und erläutert von Richard Wilhelm, München: Diederichs, 1996. (タオ Tao は「意味」と訳されることがある。) アーサー・ウェイリー (Arthur Waley) は、以下のように訳している。「語ることのできる道は、変わらない道ではない。名づけることのできる名前は、変わらない名前ではない」。*The Way and Its Power: A Study of the Tao Tê Ching and Its Place in Chinese Thought*, London, 1934, 141. ユングはこの英訳書を持っていた。

19 ユングはこの事例に関するさらなるコメントを「心理療法の臨床の実際」(“Die Wirklichkeit der psychotherapeutischen Praxis”) と題する講演のなかで述べている。この講演は、一九三七年五月二八日にベルンで開催された心理療法学会で行なわれた (ETH-Archiv 所蔵のタイプ稿。この講演は「現代の心理療法の実際」(“The Realities of Modern Psychotherapy”) というタイトルで *CW 16* の第二版に付録として付け加えられた。英語版のみ。) 彼女の描いたいくつかの絵は以下の論文に収載されて、コメントが付されている。“Über Mandalasymbolik” (1950), *GW 9/I*, Bild 7-9, §§ 656-9. 以下の注には、いくつかの重要な注釈を付加しておいた。

20 ユングは“Die Wirklichkeit der psychotherapeutischen Praxis”でこう述べている。「この患者は、なるほど純粋なヨーロッパ人ですが、ジャワ生まれです。……彼女の夢のなかには、インド的なモチーフが、しばしばそこはかとなく感じられました」(9)。また“Über Mandalasymbolik”では、次のように述べている。「この患者はオランダ領インドで生まれた。彼女はそこで現地人乳母から、乳といっしょに、土地独特の鬼神観を吸収した。……インドで六歳まで育てられた後、彼女は伝統的なヨーロッパの環境のなかで暮らすことになった。このことが、彼女の花のごとき東洋的精神に破壊的な影響を及ぼし、長期間にわたって続く心的外傷をもたらした」(§ 656f.)。ユングは“Die

Wirklichkeit der psychotherapeutischen Praxis”のなかで、彼女がはじめて彼のもとに来たときには二五歳で、ほかにも次のごとき諸症状があった、と述べている。彼女は「激しい情動、過敏性、ヒステリー性の発熱のために困っていました。……彼女はとても音楽が好きでした。ピアノを弾くと、強い情動に捕らえられてすぐに体温が上がって、一〇分もすれば摂氏三八度、そしてそれ以上になってしまいます。さらに彼女は、卓越した知性を持ちながら、強迫的な議論好きと耐えがたい細事への哲学的拘泥という点でも苦しんでいました」(5)。

21　“Die Wirklichkeit der psychotherapeutischen Praxis”のなかで、ユングは、「ことは会陰領域における説明しがたい興奮状態ではじまりました」と述べている(8)。

22　ユングは“Die Wirklichkeit der psychotherapeutischen Praxis”のなかで次のように説明している。「心理学的に見れば、この症状は、何かが『外へ押し出される［表出される］』(auszudrücken) 必要があることを意味しています。そこで私は彼女に、あなたの手が表出したがるものを絵に描いてみるように、という課題を出しました。彼女はそれまで描画をしたことがなく、ひどく逡巡し躊躇しながら、その作業にとりかかりました。すると、彼女の手は、対称的な花々を、強い筆致、鮮やかな色彩、象徴的な配置で描き出したのです。彼女はそうした絵の数々を、たいへんな細心さと、敬虔なとしか言いようのない集中力をもって描きました」(8)。

23　*The Serpent Power*は一九一九年に出版された。ユングの蔵書にあったのは初版である。“Die Wirklichkeit der psychotherapeutischen Praxis”のなかで、ユングは次のように述べている。「おわかりのように、患者がこの本をあらかじめ知っていたということはまったくありえません。しかし、あの乳母からうまい具合に少々失敬してきたという可能性についてはどうでしょうか。それもありそうにないと思います。なぜなら、タントリズム、とりわけクンダリニー・ヨーガは、地域的に南インドに限定された哲学的カルトで、信者が比較的少ないからです。しかも、それは、入信するか、少なくともこの領域を特別に勉強するかしていなければ理解できない、複雑きわまりない象徴体系なのです」(10)。ユングはクンダリニー・ヨーガの秘匿性を高く見積もりすぎていた――たとえば、すでにスワミ・ヴィヴェカーナンダが、以下の著書のなかで、チャクラとクンダリニーを覚醒させる方法を説明していた。ただし、聖画学には詳しく立ち入っていないのだが。*Yoga Philosophy: Lectures Delivered in New York, Winter of 1895–1896*, 5th ed. (New York, 1899).

24　以下を参照せよ。Albrecht Dietrich, *Eine Mithrasliturgie*, Leipzig, 1903.

25　ユングにとってのパルシファル伝説の意義に関しては、以下を見よ。John Haule, “Jung's Amfortas Wound,” *Spring: A Journal of Archetype and Culture* 53 (1992): 95-112.

訳注

◆英語版まえがき◆

＊1　一九一三年以来、ユングと彼に近い分析家、アナリザンドらが組織していた分析心理学研究のための集まり。当初はチューリッヒの某レストランで細々と開催されていたが、ロックフェラー家の後押しなどもあって、一九一六年、規模を拡大して正式に発足した。

＊2　トニー・ヴォルフ（Antonia Wolff）はスイスのユング派分析家。一九〇九年、父親の死後、抑うつ状態に陥り、一九一〇年からおよそ三年間、ユングの分析を受ける。以後、ユングとは四〇年以上にわたって親密な関係にあり、彼の個性化のプロセスを私的な面で支えた。

＊3　「訳者あとがき」にも記したように、本訳書では重訳を避けるため、原則として、各講義の際に用いられた言語から直接、日本語に翻訳してある。具体的には、序（編者による）、第一講〜第三講、付録3〜付録4が英語テクストからの訳、第一講、付録1〜付録2がドイツ語からの訳となっている。

＊4　ここに述べられているように、英語版では、第四講がキャリー・ベインズ（Cary Baynes）、付録1がミヒャエル・ミュンヒョウ（Michael Münchow）、付録2がカテリナ・ローウォルド（Katherina Rowold）による英訳となっているが、本訳書においては、訳注2に記したように、ドイツ語原典からの和訳がしてある。

＊5　序・原注31を見よ。

◆ドイツ語版まえがき◆

＊1　本訳書におけるサンスクリットの表記は、翻訳の底本となっている版の表記を踏襲した。そのため、同じ言葉でも各々の箇所で表記が異なっている場合がある。

序

＊1　一九三〇年、ガンディは重い塩税への反対組織を作り、政府の塩独占に対する抵抗を象徴的に示そうと、塩の採取を叫んで海岸に向かう大行進を先導した。彼はまた、インド産の綿から人の手で糸を紡ぐ糸車を、非暴力、自主独立のしるしとした。

*2　中国の道教の瞑想書、『黄金の華の秘密』の独訳者（一八七三～一九三〇）で、ユングに心理学的立場からの注解を依頼した。ヴィルヘルムはキリスト教の宣教師として中国に赴いたが、長い伝統を持つ中国文化を尊び、かの地でまったく洗礼を施さなかったことを誇りにしていたという。彼が実際に体験したという雨乞い師《レインメーカー》の逸話は、ユングのアクティヴ・イマジネーションにおける治療原理を表すものとされている。帰国後はフランクフルト大学教授として中国を研究した。ユングが東洋のマンダラを知ったのは、ヴィルヘルムを通してだったとされる。

*3　ミトラ教は、紀元前後から四世紀頃にかけて、ヨーロッパにおける初期キリスト教の最大のライバルであった多神教。ペルシア起源とされている。牡牛の供儀で有名。ユングはみずからのイマジネーションのなかで、ミトラ教の神、デウス・レオントケファルス（ライオンの頭の神）と化した経験があったし、本セミナーと同時期に催されていた『ヴィジョン・セミナー』においても、それと似通ったイメージについてしばしば論じられている。ミトラ教のイニシエーションには七つの段階があった。すなわち、下位から順に、コラックス（大鴉）、ニンフス（胎児）、ミレス（兵士）、レオ（ライオン）、ペルセス（ペルシア人の意？）、ヘリオドロームス（太陽の御者）、パーテル（父）である。このなかでレオ以上の位は、正式にイニシエートされた段階と見なされていた。デウス・レオントケファルスは、レオの位と関係が深いと考えられる。

*4　一九六〇年代にアメリカ西海岸を中心として盛んになったカウンター・カルチャー運動の流れを受けて、一九七〇年代に発展した思想運動。要素主義、分析主義の科学を批判して、全体論的な世界観を掲げ、科学と宗教の統合、東洋思想や神秘主義の再評価などを基本に科学の新たな可能性を模索した。

*5　バラモン教の祭祀儀礼にまつわる聖典であるヴェーダ（「知識」の意）の終わりの部分。ヴェーダの儀礼中心主義から、より哲学的な指向性をもって紀元前八～七世紀頃から独立してきたのが、このウパニシャッド（「近くに座る」、「秘密の教え」の意）であり、インドの伝統によれば一〇八あると言われている。ウパニシャッドの中心的命題は、ブラフマン（宇宙我、梵、宇宙の本質的原理）とアートマン（個我、我、個人の本質的原理）の関係であり、一般に「梵我一如」と説明される。チャーンドーギヤ・ウパニシャッドで繰り返される“Tat tvam asi”「それは汝なり」は、このことを簡潔に表現する言葉だとされている。すなわち、「そ」はブラフマン、「汝」はアートマンを指す。

*6　バラモン教の聖典。儀礼で用いられる祝詞の集成のうち、紀元前一三世紀頃を中心にまとまった最古のもの。一〇巻。インドラ、アグニなどに捧げる讃歌が大部分をなす。その基礎となっているのは、バラモンが神との交渉を実際に行なうなかで経験したヴィジョン。

＊7 ヨーガは一般に、古典ヨーガと後期ヨーガに分けられる。古典ヨーガは、心のとりとめない動きを制御することに重きを置くもので、紀元前二世紀頃のパタンジャリ編著『ヨーガ・スートラ』が唯一残っている経典。この古典ヨーガをもとにしてさまざまに発展してきたのが、後期ヨーガで、ラジャ・ヨーガ（古典ヨーガ系で、心理的作業が中心）、バクティ・ヨーガ（人格神への献身が中心）、カルマ・ヨーガ（社会での活動を通じての解脱を目指す）、ジュニャーナ・ヨーガ（哲学的思索が中心）、マントラ・ヨーガ（真言を唱える儀礼が中心）、ハタ・ヨーガ（肉体的、生理的な制御が中心）などが重要である。

＊8 ヘルマン・カイザーリング伯爵は、一九二〇年、ダルムシュタットに「英知の学舎」を創設した。ユングはカイザーリングに招かれて講演などを行なっており、リヒャルト・ヴィルヘルムと出逢ったのも、そこにおいてであった。「英知の学舎」のメンバーは、その後、多くが、スイスのアスコナでのユングを中心とする碩学の集い、「エラノス会議」に参加している。

＊9 ユングと親交の深かったインド学者（一八九〇〜一九四三）で、ハイデルベルグ大学でヨーガの瞑想における経験を中心にインドを研究。エラノス会議にも参加。第二次大戦中にアメリカに亡命し、コロンビア大学で教鞭を取った。ユングが観無量寿経を論じた「浄土の瞑想」（"Zur Psychologie östlicher Meditation"）の冒頭に、亡くなったツィンマーへの哀悼の言葉がある。

＊10 ユングと親交の深かったアメリカ生まれ（一九〇七年）の人類学者で、インドに渡ってジョン・ウッドラフの薫陶を受けた。それからセイロンやヒマラヤなどをめぐった後、多くのチベット文献を英訳している。とりわけ、『チベットの死者の書』『チベットの大いなる解脱の書』は重要。ユングは彼の依頼を受けて、これらに関する心理学的注解を書いた。

＊11 臨済禅の老師（一八七〇〜一九六六）。その堪能な語学力を生かして禅仏教をはじめて本格的に西洋に紹介した功績は大きい。本書でハウエルも述べているように、十牛図を紹介したのも、もちろん大拙である。エラノス会議などでユングとも数回会談した。英語で書いた『禅仏教入門』が独訳された際には、出版社からの依頼でユングが序文「禅の瞑想」（"Geleitwort zu D. T. Suzuki: Die große Befreiung"）を書いている。

＊12 作家にして、ユングの弟子。ユングにヘルマン・カイザーリングを紹介したのは、ほかならぬ、このオスカー・シュミッツであった。ユングは一九二三年五月二六日、シュミッツに、ヨーガへの傾倒を諫める書簡を送っている。

＊13 一九〇七年、ルーマニア生まれの宗教学者。ブカレスト大学卒業後、一九二八年から一九三三年までインドに留学し、ヨーガをテーマとして学位論文を書いている。指導教官は、カルカッタ大学の、とりわけ古典ヨーガに造詣の深いスレンド

ラナート・ダスグプタ教授であった。論文のなかでは、クンダリニー・ヨーガにも言及があり、もちろん「六つのチャクラの説明」などもとりあげられている。その後、パリ、シカゴなどで教鞭を執った。

*14 紀元一世紀頃から、バラモン哲学の体系化が進み、いわゆる六派哲学が成立した。サーンキャ、ヨーガ、ヴェーダーンタ、ミーマーンサ、ニヤーヤ、ヴァイシェーシカの六派である。サーンキャ哲学は、ヨーガの経験から生まれ、その哲学的基礎を提供した。サーンキャ哲学は二元論で、物質原理（不滅の原物質）としてのプラクリティ（根本原質）、および精神原理（純粋な意識）としてのプルシャ（霊我、神我）の存在を仮定する。プラクリティは、サットヴァ（純質）、ラジャス（激質）、タマス（暗質）という三つのグナ（特性）から構成されており、次々と転変、発展しては、またもとのプラクリティに戻ることを繰り返す。プルシャは転変することなく、プラクリティの活動を観照するのみ。プルシャがプラクリティから離れて独存となることを解脱という。また、プルシャは、神話的には、宇宙のはじめに存在した原人間（アントロポス）をも意味し、ユングの体系では自己（セルフ）の象徴。付録4・訳注2を見よ。

*15 ヴェーダーンタ学派は六派哲学のひとつで、最も有力。ヴェーダーンタは「ヴェーダの終わりの部分」の意で、ウパニシャッドを指す。ウパニシャッドにもとづき、『ブラフマスートラ』を根本聖典とする。この学派は、ウパニシャッドに対する他派の解釈の迷妄を指摘して、正統な解釈を求め、ブラフマンの本質を悟ることによって解脱を図ろうとする。

*16 序・訳注13を見よ。

*17 第二講を参照せよ。また、序・訳注14を見よ。

*18 ヒンドゥー教の主神は、シヴァ（破壊の神）、ヴィシュヌ（維持の神）、ブラフマー（創造の神）である。ヒンドゥー教は崇拝の対象のちがいから、シヴァ派、ヴィシュヌ派、シャクティ派に分けられる。タントラとは元来、このシャクティ派の経典を指し、シヴァの妃であるシャクティ、すなわちシヴァの活動力、性力の崇拝をタントリズムと称する。そして、そのなかでは、「性力」の解釈によって左道と右道が区別される。前者は、経典における性的な描写を文字どおりに捉えて実践する一派、後者は、それを象徴的表現として理解する一派である。ときには、タントリズム全体を左道と見る場合もある。付録1・訳注2も見よ。

*19 クンダリニー・ヨーガの体系では、肉体と重なって存在する微細身を経験すること、現実のものとすることが重視される。肉体は目に見えるとおりの身体で、これを粗大身（グロス・ボディ、ストゥーラ・シャリーラ）と呼ぶ。これに対して、微細身（サトル・ボディ、スークシュマ・シャリーラ）は不可視の身体で、それゆえに朽ちることがなく、解脱の象徴となっている。この微細身の構造として、チャクラおよびナー

ディがある。主なチャクラは脊髄に沿って六つから七つあるとされる。いちばん下のチャクラには、クンダリニーと呼ばれる蛇、すなわちシャクティ（シヴァの妃、シヴァの性力）が眠っている。これが覚醒すると、スシュムナーという最も太いナーディ（脈管）のなかを、次々と上位のチャクラを開花させながら昇っていき、ついにはシヴァと合一する。このとき解脱が成就される。主要なナーディには、他にイダーとピンガラーがある。

＊20 第一講を見よ。

＊21 序・訳注19を見よ。

＊22 いわゆるＳＳＲＩ（serotonin selective re-uptake inhibitor）の一種。この系統の薬物は、新しい抗うつ剤として爆発的な成功をおさめ、アメリカでは「ハッピー・ドラッグ」などとも呼ばれる。わが国でも、何年か前から使われるようになった。

＊23 ロナルド・デイヴィッド・レインは英国の精神科医、精神分析家（一九二七〜八九）。ドナルド・ウィニコットの教育分析を受け、分析家となる。グレゴリー・ベイトソンの二重拘束論の影響を強く受け、統合失調症（精神分裂病）を家族や社会からの特異な圧力に対する反応として理解した。狂気を従来の精神医学的な疾病観から解放しようとした反精神医学の旗頭。

＊24 ユングの初期のアナリザンドのひとりにエディス・ロックフェラーがいた（後に分析家になっている）。彼女はロックフェラー財閥の総帥、ジョン・ロックフェラーの娘で、マコーミック財閥のハロルド・マコーミックと結婚した。ふたりの間に生まれた子どものひとりが、ファウラー・マコーミック（一八九八年生まれ）である。エディスはファウラーにもフランツ・リクリンらの分析を受けさせた。ファウラーはユングを尊敬しており、またユングのお気に入りでもあった。ユングの息子が嫉妬するほどだったという。ちなみに、エディスとハロルドは、心理学クラブの正式発足に経済面で多大な貢献をしている。

＊25 カーリーはもともとはベンガル地方の、大女神ドゥルガーに仕える女神であったが、今日では全インドで広く崇拝されている。生首を手にし人頭をつないだネックレスをつけていることからもわかるように、血や死を大いに好む。主として叙事詩とプラーナ以降に力を得た女神であり、これは、ヒンドゥー教にタントリズムが定着して、血や骨が重要になったためである。後には、シヴァの妃と見なされるようになった。

＊26 ユングの提唱した概念である個性化とは、生涯にわたる心の成長、発達のプロセスであり、自我を中心とする意識的なものと自己（セルフ）を中心とする無意識的なものとが調和のとれたひとつの全体になることを目指す。一言でいえば、意識の拡大ということになるが、この場合、単にこの世の現実における意識のみならず、それを超えた次元の意識をも含む。序・訳注27、第一講・訳注21も見よ。

＊27　ユング心理学（分析心理学）では、心の構造として、意識、個人的無意識、集合的無意識の三層を考える。個人的無意識の内容はその人の経験にもとづくものだが、集合的無意識はさまざまな種類の元型から成っており、個人のそれまでの経験とは無関係な、万人に共通の内容を蔵している。元型とは、普遍的な心の動きのパターンである。神話、昔話、民俗、宗教などは、一般にこの元型的なものの顕れと考えてよい。序・訳注26、第一講・訳注21も見よ。

＊28　序・訳注27を見よ。

＊29　ラーマクリシュナは本名をガダーダル・チャッテルジー（Gadadhar Chatterjee）といい、ヒンドゥー教の導師（一八三六～八六）。正式な教育はあまり受けなかったが、カルカッタ近郊のカーリーを祀る神殿の神官となった。日々の生活と崇拝のなかに神を実現していく境地に至り、ヒンドゥーの教えのみにこだわらない万教同根の思想を説いた。

＊30　スワミ・ヴィヴェカーナンダは本名をナレンドラナート・ダッタ（Narendranath Datta）といい、カルカッタ生まれの哲学者（一八六二～一九〇二）。若い頃は西洋的な考えを身につけ社会改革を目指したが、ラーマクリシュナに出逢い、熱心な弟子となる。後にカルカッタ近郊、ベルール・マトにラーマクリシュナ教団の基礎を築く。西洋とインドの思想を結びつけようと試みた。

＊31　カール・マイアー（Carl A. Meier）は、一九〇五年生まれのスイスのユング派分析家。ユングの高弟で、一九四八年に創設されたチューリッヒ・ユング研究所の生みの親。初代所長を務める。その後、一九五七年には国際分析心理学会も発足させた。

＊32　バーバラ・ハナー（Barbara Hannah）は、一八九一年、イギリス生まれのユング派分析家。一九二九年以来、スイスで臨床や研究を続け、分析心理学の発展に寄与した。一九八六年没。

＊33　エマ・ユング（Emma Jung）は、カール・ユングの妻。ユングは、彼女にはじめて逢ったとき、結婚することになると直観したという。結婚後、エマ自身もユングの分析を受け、すぐれた分析家になった。

＊34　ユングの言う「ヴィジョン」は、アクティヴ・イマジネーションを指す。アクティヴ・イマジネーションとは、自我と無意識由来のイメージの間で直接的なやりとりを行なう技法で、全体性の実現を図るためのユング派最強のツールと呼ばれている。

＊35　序・訳注7を見よ。

＊36　ハンス・トリューブはユングの弟子だったが、キリスト教に対する見方のちがいなどもあって、後には距離を置くようになる。マルティン・ブーバーの『我と汝』の思想を基盤とする治療関係の実践に力を注いだ。

＊37　マルティン・ブーバーはユダヤ系の宗教哲学者（一八七八～一九六五）。ウィーン生まれ。若い頃、ハシディズムの感化

を受け、ドイツの大学でユダヤ哲学を研究。後、パレスチナに移住。ヘブライ大学で社会哲学を教えた。一九二三年の代表的な著作、『我と汝』は、西欧合理主義が対象との全存在的な「我―汝」関係をともすれば忘れ、都合よく利用するための「我―それ」関係にしてしまうことの危険性を説いている。

*38 アートマンは個我と訳されることが多い。個人としての人間の本質のことであり、ユングの術語で言うなら、自己(セルフ)にきわめて近い。一方、宇宙ないし世界の本質はブラフマンと呼ばれ、人格化されるとブラフマー神と呼ばれる。ウパニシャッドの神髄は、一般に「それは汝なり」(tat tvam asi)に集約されると言われるが、これはブラフマンがアートマンに等しいこと(梵我一如)を意味する。プルシャについては、第二講および序・訳注14を見よ。

*39 ドイツ(ゲルマン)信仰運動はヴィルヘルム・ハウエルが創始したもので、ゲルマン民族の遺伝的基盤から国家の宗教的復興を図っていこうとする運動。当時のナチスおよび国家社会主義の台頭と相俟って、危険なアーリア人種至上主義を招く可能性を常にはらんでいた。

*40 ヴォータンはゲルマン神話の最高神で、北欧神話のオーディンに同じ。スレイプニルという八本脚の馬を操る嵐の神、戦争の神、死者の神である。帽子でその隻眼を隠した、青いマントの来訪者として人々の戸口に立つ、とされる。しばしばユングが述べているように、ヴォータンの隻眼は知恵の泉ミミルの水を飲むために捧げられ、そのときヴォータンも、ヴォータン自身への生け贄として、槍に貫かれて九夜、吊されていた。その結果、ヴォータンはルーンの神秘に開眼する。このゲルマンの主神は、ヨーロッパにキリスト教が広まるにつれて無意識の片隅に追いやられ眠りに就いたのだが、その抑圧の極端さゆえに反動で再び目覚めて嵐と戦争を呼びつつある、とユングは主張した。

*41 ゲルハルト・ゲルショム・ショーレム(Gerhard Gershom Scholem)はベルリン生まれのユダヤ人で、シオニストとしてエルサレムに移り、ヘブライ大学で講じた。カバラー、ハシディズムなど、広範囲に及ぶユダヤ神秘主義の研究で知られる。アラブとの融和にも尽力。

*42 元型については、序・訳注27を見よ。

*43 サーダナについては、付録1・訳注2を見よ。

*44 全質変化とは、聖餐のパンと葡萄酒をキリストの肉と血に変容させること。

*45 マイスター・エックハルトは中世ドイツの神秘家(一二六〇頃～一三二八)。ドミニコ会士。一三〇二年、パリ大学神学部教授となり、以後「マイスター」と呼ばれる。スコラ哲学と新プラトン主義的神秘主義が結びついた彼の信仰と信念は、晩年、異端の嫌疑をかけられ、死後、断罪されることとなった。その思想、「魂の根底における神の子の誕生」は、ドイツ神秘主義の代表。「魂の火花」と呼ばれる「魂の根底」が

＊46　被造物の諸像から離脱できていれば、人間の霊魂はそこで神に触れることができ、「神の子の誕生」が起こるとされる。

＊47　イマジナル (imaginal) というのは「想像的、想像上の」を意味するアンリ・コルバンの造語で、元型的心理学派でよく用いられる語。従来、「想像的、想像上の」は、imaginary という言葉で表されてきたのだが、これには、非現実的なものというような否定的ニュアンスがあるため、イメージの世界にもこの世の現実と同等（以上）の重みを認めて尊重するという立場から、イマジナルと表現されるようになった。

ユングは錬金術に深い関心を持っていたが、それは錬金術における物質の変容のプロセスに、錬金術師の心の変容のプロセスが投影されているからであった。錬金術は実際に物質に化学反応を起こさせることもあるが、イマジネーションの世界でもあることは錬金術師自身も認めている。黄金ないしは、その前段階である賢者の石の製造は、しばしば王と女王の結合としてイメージされており、これは個性化のプロセスにおける全体性の実現に相当する。

＊48　ゴーピ・クリシュナは一九〇三年、インドのカシミール生まれ。敬虔なヒンドゥー教徒で瞑想を日課としていたが、一九三七年、不意にクンダリニーが覚醒し、心身にさまざまな変調をきたす。一九五〇年までは役人をしていたが、束縛を嫌って辞職。以後は、新たに設立されたクンダリニー研究財団での研究や詩作などに力を注いだ。

◆図版◆

＊1　序・原注31を見よ。

◆第一講◆

＊1　ユングは『ヴィジョン・セミナー』において、足かけ五年間にわたり、ある若い女性患者のヴィジョン（アクティヴ・イマジネーション）を論じた。この患者はクリスティアナ・モーガンというアメリカ人で、ヘンリー・マレイとともに主題統覚検査（ＴＡＴ）を開発した臨床家であった。

＊2　マンダラはユングが東洋から取り入れた術語で、四角形や円を基本とする対称な幾何学図形を指す。これは自己（セルフ）の象徴であり、心の最も深い領域における秩序を表す。分析や治療の大きな転換点にイメージとして出現することが多い。ユング自身、深刻な心理的危機を迎えたとき、そうとは知らずに多くのマンダラを描き続けていたという。序・訳注2、第一講・訳注21を見よ。

＊3　無意識の発見者にして精神分析の創始者、ジークムント・フロイトは、心を駆動する「リビドー」というエネルギーについて、性的な性質を持つものとし、それが向かう対象、それと自我との関係などを考察した。しかしユングはこれに異を唱え、広く生のエネルギーとした。それまでよい関係にあったフロイトとユングは、この見解の相違から袂を分かつ。そ

の契機となったのが、ユングの『リビドーの変容と象徴』(後に改訂、改題され、『変容の象徴』となる)である。そこでユングは、リビドーが性的な内容に限定されずにいかにさまざまな姿をとりうるかを詳細に論じている。

＊4 エンテレケイアはアリストテレスの術語。ものごとの存在と形成には四つの原因、すなわち、形相因、質料因、動力因、目的因がある。このとき、ものごとは、目的とする形相に向かって成長していくが、それが実現された状態をエンテレケイアと呼ぶ。

＊5 人類学者、ルシアン・レヴィ＝ブリュール (Lucian Lévi-Brühl) は、未開の人々における自他未分化な心理状態を「神秘的融即(神秘的関与)」と名づけた。たとえば、この状態であるがゆえに呪術は力を発揮し、呪いをかけられた人は呪いをかけた側の心理に同一化して、実際に大きな危機状態に陥る。心理学用語で言えば、投影同一視および取り入れ同一視に近い概念。しかし、ユングはこれを拡大解釈して、現代人にも広く見られる心理、すなわち、一体感を求めるがゆえに集合性に支配される心性を表す言葉として用いている。

＊6 一般には、アナリザンド(被分析家)が過去に経験していた重要な人物への無意識的な感情や葛藤が、分析家を相手として移しかえられ再現されてくること。ただし、これは個人的な水準での転移である。ユングはさらに元型的な転移という概念を提唱した。個人的無意識にもとづく転移ではなく、集合的無意識内の諸元型に由来するそれの謂いである。

＊7 印、印相、手印などともいう。両手の指を特殊なかたちに組み合わせ、また腕や脚なども組み合わせること。調息法や坐法などと並ぶヨーガの基本的行法の一部で、タントリズムでは特に重視され、口伝で継承されている。印契によって自在力(超自然的な力)が発揮できるとされ、クンダリニーを覚醒させるためにも欠かせない。

＊8 序・訳注5を見よ。

＊9 10 ものごとのストゥーラ(粗大)な側面とは、私たちが実際に見たり触れたりして知覚している(ごく当たり前の)世界の様相を指し、スークシュマ(微細)な側面とは、この粗大な側面と重なるようにしてある五感を超えた世界の様相を意味する。たとえば、私たちの肉体は粗大身であるが、それと重なるようにして、もうひとつの不可視の身体が存在するとされる。それが微細身である。チャクラやナーディは微細身に備わった不可視の構造物である。

＊11 第四講・原注6を見よ。

＊12 13 プラトンは、知覚される個々の経験的世界の背後にあって、その知覚のもとになっている永遠不滅の見えない対象を、エイドス(もしくはイデア)と呼んだ。「原像」と訳される。エイドス (eidos) という語は「見る」(eido) に由来し、「見られるもの」が原意。ユング自身が述べているように、元型の概念の先駆である。このエイドスからエイドロン (eidolon) と

呼ばれる不可視の物質様のものが発せられ、それを感覚器官が受け取ることによって、知覚は生じる。

＊14　西洋諸国での言い伝えによると、うっかり自慢話をすると応報の女神であるネメシスの怒りに触れ、その報いを受けなければならなくなる。しかし、すぐにテーブルや柱などの木製品に触ると、その怒りを鎮めることができるとされている。

＊15　16　カントの超越論的観念論では、感覚的表象は、外的対象からの刺激が主観的な思考形式のカテゴリーによって構成し直されて生じるとされる。したがって、感覚的表象は必ず主観が混じっており、純粋な外的対象が認識されることはけっしてない。しかし、表象に先立つこの純粋な（超越的な）外的対象を「物自体」と呼んでいる。また、この「物自体」を「可想体」、認識された外的対象を「現象体」と称することもある。

＊17　第一講・訳注28を見よ。

＊18　第一講・訳注3を見よ。

＊19　旧約聖書に登場する巨大な海の怪物。地上のビヒモス（ベヘモット）と並んで、神の創った恐ろしい生き物の代表格。ヨブ記においては、口から火を吐き、どんな武器も通用せず、地上に彼を支配できる者はいない、と語られている。

＊20　ユングは、太陽神話をめぐって、しばしば「夜の航海」について語る。レオ・フロベニウスが報告した太陽神話にある、英雄ヨナの冒険が代表的。ヨナは西の海で船から海に投げ落とされ、鯨－竜に呑み込まれる。しかし、その腹のなかで、心臓を切り取ったり、火を焚いたり、髪を失ったりといったエピソードを経て、東の陸地に怪物が上がったところで内部から腹を割いて、再びこの世に現れる。呑み込まれていた多くの人たちをも解放する。これは、西に沈んだ太陽が東から昇ってくる、死と再生の英雄神話である。

＊21　ユングは、意識の中心を自我、無意識も含めた心全体の中心を自己（セルフ）と呼ぶ。自己は心全体の統合の中心であり、自我から見れば超越的な存在である。個性化のプロセスは、確立された自我がその優位を自己に譲って相対化されること、とも言える。自己は、神仏などの姿に投影されて経験されることが多い。序・訳注26、27、第一講・訳注2、付録3も見よ。

＊22　第一講・訳注20を見よ。

＊23　月と愛の女神、キュベレは両性具有で生まれたが、ファルスを除いて女神とされた。捨てられたファルスから樅の木が生え、この木によって妊娠した娘からアッティスは生まれた。若い羊飼いアッティスはキュベレに愛されたが、彼女を裏切ったために正気を奪われ、自己去勢させられたという。

＊24　序・訳注3を見よ。

＊25　ゾシモス（Zosimos）は三世紀頃のエジプトの著名な錬金術師で、ギリシア、パノポリスの出身。いわゆる「ゾシモスのヴィジョン」で知られており、ユングもそれに関する論文を書いている。このヴィジョンのなかでは、人間がさまざまな試練と苦難を経て肉体から霊的な存在へと浄化され、変容して

＊26　いく過程が描かれている。

＊27　ヘラクレスは、ゼウスとアルクメネの子。ゼウスはこの息子が並外れた英雄になって、人間として過ごしてこの世に関する知識を獲得し、後に神々の相談相手になれるように取り計らった。ゼウスの妻、ヘラには憎まれ、結果的に一二の功業と呼ばれる困難な試練を課せられたが、すべてを見事にやりとげた。死後、オリンポスに加えられ、不死とされた。

＊28　ライダー・ハガードの『洞窟の女王』*She*は、主人公レオと後見人ホリーが、アフリカ奥地の未知の国の不老不死の女王に逢う冒険小説。レオは、女王のかつての恋人、カリクラテスの生まれ変わり。女王は彼に、ともに不老不死になって王国を拡大しようと誘い、不老不死を可能にする秘密の火柱を見せる。ユングはしばしば、アニマの説明をするためにこの話を用いた。

アニマ／アニムスは重要な元型のひとつ。アニマは男性の無意識内にある女性性、女性原理であり、アニムスは女性の無意識内にある男性性、男性原理である。アニマは男性の気分を操り、アニムスは女性に一面的な価値観を吹き込むという否定的側面を持っているが、そうした性質が克服されると、自我を導く者として肯定的な働きをする。

◆第二講◆

＊1　「自我肥大」と訳されることが多い。自我が何らかの元型に触れたことで同一化を起こし、元型が持つ自我を超える力を自身のものと錯覚してしまうこと。誇大な状態。高い空に急速に飛び上がるようなものなので、遅かれ早かれ、次には墜落して大きな痛手を負うことになる。

＊2　キリスト教の異端ともされるグノーシス派の創造神話では、世界のはじめの光で混沌とした状態をプレローマという。これは「充満」を意味し、そこからいっさいのものが流れ出す母胎となっている。

＊3　イニシエーションは「参入儀礼」、「通過儀礼」の意。すなわち、人が本質的な変容を経験して、ある状態から別の状態へと移行するための試練を指す。洗礼や成人式など、儀式化されている場合も多いが、ユングは心理療法も一種のイニシエーションと見なす。

＊4　オシリスとイシスは、古代エジプトの偉大なる神々。両者は兄妹であるが、夫婦でもある。オシリスは冥界の王であり、作物の豊穣を司る神。王が死ぬとオシリスになるとされた。イシスは豊穣のグレート・マザーであり、また死者を守る女神でもある。オシリスは反抗を企てる弟セトに殺され、体をばらばらにされるが、イシスはそれらを集めて再生させた。オシリスとイシスの息子が、王権の守護神、ホルス。現世の王はホルスの化身と考えられた。ホルスが父親の宿敵セトと闘うために自身の左目を犠牲にする神話を、ユングはしばしば引く。

＊5　ルキウス・アプレイウス（Lucius Apleius）は古代ローマのプラトン主義者（一二三〜一七〇以降）。主著『黄金のろば』には、有名な「アモールとプシケ」の物語のほか、大母神イシスのカルトのイニシエーション儀礼への言及がある。ただし、参入者は厳格な守秘義務を課せられていたため、おぼろげな示唆にとどめているところが多い。

＊6　ヘリオスはヒュペリオンとテイアの息子で、月の女神セレネと曙の女神エオスの兄。ヘリオスは太陽の神、あるいはアポロンの命令により日輪の車を大空に駆る御者。第二講・訳注14を見よ。

＊7　ラーはヘリオポリスで崇拝されていた太陽神だったが、古王国時代には国家神とされ、王はラーの息子ということになった。ほかの有力な神々との習合や同一視もさかんに行なわれ、新王国時代にはテーベのアメン神と習合して、アメン・ラーとなった。太陽の船で天空を行くと考えられた。

＊8　影は重要な元型のひとつ。主として、その人が可能性として持ちながら、実際には生きてこなかった諸側面。個人的無意識に相当する、個人レベルに近いものから、個人的経験とは無関係な純粋に元型的な影まで、さまざまな層のものがある。影は普通、夢では同性で同年代の人物の姿をとることが多い。自我によるこうした影の発見と同化は、個性化のプロセスのスタートと見なすことができる。

＊9　ヴィルヘルム街、ダウニング街、ケー・ドルセーは、各々、ドイツ、イギリス、フランスの政治の中心地。

＊10　古代ギリシアの哲学者、ヘラクレイトスの言葉。逆転、反転、逆流を意味する。ちょうど易の宇宙観において、陽が極まれば陰になり、陰が極まれば陽になるのと同じく、一方への偏りが不意に他方の優勢へと転じる補償的現象。ユング派でこの語を用いる場合には、意識的なものと無意識的なものの反転などが含意されていることが多い。

＊11　太陽神経叢とは、主として腸の運動や知覚を司る神経細胞の集まったもので、ちょうど太陽が周囲に光と炎を発している姿と似ているところから、こう呼ばれる。

＊12　釈迦は成道後はじめての説法（初転法輪）をカーシー国（中インドの古国、首都はベナレス）の鹿野苑で行ない、その後、ウルヴェーラを経て、ガヤーシーサー山で、「一切燃焼」という有名な説法をした。いっさいのものは、貪欲、嫌悪、迷いの火のために燃えているのだ、と。

＊13　英語の spirit、あるいはドイツ語の Geist は、「精神」、「霊」、「精」など、さまざまに訳されているが、本来、非物質的であること、かたちがないこと、を意味する言葉である。

＊14

15　メムノンはエオス（アウロラ、曙の女神）とティトノスの息子。子ども時代は、母神とともにいつも太陽神（ヘリオス）の傍らに侍して、太陽の戦車で空をめぐっていた。長じてはエチオピアの王となり、トロイア戦争で多大な武勲を立てたが、アキレウスとの一騎打ちに敗れた。第二講・訳注6

も見よ。

◆第三講◆

*1 古代ギリシアで物質の根源を構成すると考えられた、土、水、火、風（空気）。

*2 エーテルは真空を満たしていると考えられた観念上の、もしくは微細（サトル）な物質で、土、水、火、風に続く第五の元素。ここでは空（アーカーシャ）の訳語として使われている。この元素は、生命と音の担い手。人智学では、あらゆるできごとが時空を超えた記録としてアーカーシャ（虚空、虚空蔵）に残っていると考える。これを「アーカーシャ年代記《クロニクル》」あるいは「アカシック・レコード」と呼び、たとえば、ある個人の霊が繰り返してきた輪廻のなかの数々の前世を読み取れるという。

*3 序・訳注14を見よ。

*4 まんじ（卍）は太陽の象徴で、四本の輻が炎を後方にたなびかせながら（普通は右向きに）回転している図像だが、トリスケロスはこの輻が三本で、実際に脚のかたちをしている。

*5 マグナ・グラエキアは、イタリア南部にあった古代ギリシアの植民都市群。

*6 ユング派の夢解釈には、客体水準の解釈と主体水準の解釈がある。たとえば、ある実在の人物が夢に登場してきたとき、客体水準の解釈では、夢が現実のその人物に関することを語っていると考える。一方、主体水準の解釈になると、その人物は、その人物の姿を借りて表すのが最もふさわしい、夢見手の心のなかの一要素である、と考える。つまり、夢は客観的な世界とは実際には関係がなく、あくまでも主体の世界、主観の世界を語っているということになる。

*7 四肢（あるいは指）が切断されても、その失われた部分が実在しているかのように、痛みなどの感覚が経験されることがある。幻影肢と呼ばれる現象である。残っている神経の断端が何らかの刺激を受けると、それが電気信号に変換されて脳の特定部位に伝えられるが、脳は以前と同じように、その神経の（実際にはもう存在しない）本来の末端で「痛み」刺激があったものと認識するために、こうした現象が起こる。

*8 アグニは火の神、ないしは火そのもので、太陽の火、雷の火、祭祀の火などは、すべてアグニの顕現と見なされた。とりわけヴェーダの時代には力があり、インドでもゾロアスター教と共通する火の崇拝がさかんであった。なぜなら、祭火としてのアグニは、人間と神々をつなぐ存在と考えられたからである。しかし、ヒンドゥー教の時代になると、一守護神の地位へと零落した。赤い身体をしており、しばしば二面七臂三脚で、牡羊に乗っている。口からは火を吐いている。

*9 伝説の動物、一角獣は、キリストないしは聖霊と同一視され、その角は万能の霊薬（elixir）として追い求められた。しかし、一角獣はけっして飼い馴らされることがなく、乙女の言葉に

しか従わないと言われている。

＊10　瞑想における超越者との一体化。

＊11　第二講・訳注4を見よ。

＊12　序・訳注40を見よ。

＊13　ヤコブ・ベーメは近世の神秘家（一五七五～一六二四）。主著のひとつ『曙光』は、二五歳時の神秘体験を一二年後に綴ったもので、教会から異端とされた。神と人間の関わりや歴史を「無」の自己顕現運動という立場から見直し、神における愛と怒りの内在をもとに霊の成長を「永遠の自然の七つの梯子」として論じた。

＊14　序・訳注5を見よ。

◆第四講◆

＊1　ここで言う母たちの領域は、大地の女神、地母の支配圏を意味しているのであろうが、あるいは、ユングがしばしば引用する『ファウスト』の「母たちの国」を指すものか。いずれにせよ、グレート・マザーの領域であることにちがいはない。

＊2　「ゲシュタルト」という語は形態、形式を意味する。ゲシュタルト理論は、二〇世紀初頭に有力であったヴントの要素主義的、分析主義的な心理学に対して、ヴェルトハイマーらが主張した反要素主義的、反分析主義的な知覚心理学。そのスローガンは、「所与の全体特性は部分の総和に還元できない何かである」という言葉に要約される。広義には、要素論に対抗する全体論を指す。

＊3　第三講を見よ。

＊4　「古きアダム」は錬金術のテクストなどにしばしば見られる言葉で、ユング自身が『結合の神秘』で論じているように、堕落したまま救われていないアダムと、それ以前の原人間（アントロポス）としてのアダム・カドモンとの両方を同時に意味しうる。

＊5　神智学は本来、世界の構造と人間の存在を神の意志が成就される過程と見なし、それを神秘主義的な観照によって捉えようとする学問。一八七五年、ブラヴァツキーとオルコットの設立した神智学協会が、人間の霊性の革新運動として新しい角度からとりあげた。人間存在の核心である自我は、肉体からの離脱（死による）と再受肉を繰り返しながら、俗世でさまざまな経験を積む修行をして進化していくのだという。一方、ルドルフ・シュタイナー（一八六一～一九二五）の人智学(Anthroposophie)は、自然科学に対する精神科学を意味しており、神智学の思想を深化、発展させたものだが、神智学がインドに傾倒したのに対して、霊視能力にもとづいた独自のキリスト教解釈を発展させている。また、教育学、医学、農業など、あらゆる生の領域に浸透した活動を展開した。

＊6　救済者としての蛇は、グノーシス派などに見られる観念。エデンの園の蛇は、アダムとイヴに禁断の知恵の木の実を食べるよう唆したため、伝統的なキリスト教では悪魔とされるが、

異端とされたグノーシス派においては、人間に意識という新たな可能性を与えてくれた存在と見なす。蛇の両義性には著しいものがあるが、癒し手、救い手、神の力としての蛇の姿は、たとえば、同じ旧約聖書のアロンの杖のエピソード、ギリシア神話のアスクレピオスの物語など、広範囲に見ることができる。

＊7 「永遠の少年」は、通常、思春期に活性化される元型のひとつ。この元型とあまりに強く同一化した自我の病理については、母子関係を軸として考える立場と父子関係を軸として見る立場がある。前者の立場では、強大な母なる大地の重力から脱出しようとして飛翔しては墜落することを繰り返す自我ということになる。一方、後者の立場で見ると、元型的な老人（senex）に対立する若者であって、冷たく抑制的で陰鬱な規範を破って高みのスピリットの世界（極端な理想など）へ飛翔しようとする姿である。

◆付録1◆

＊1 序・訳注18を見よ。

＊2 ヴァジュラヤーナ（金剛乗）とはタントラ仏教のことで、いっさいが金剛薩埵であるとする。右道では、万人のなかに存在する金剛（神秘的な力、知力）をヨーガや儀礼によって実現することを目指す。左道では、一般に説かれる仏の三身——法身（原理としての非人格、非肉体的な仏）、報身（非肉体的だが人格的な諸仏のイメージ）、応身（人格的で肉体を備えた仏としての釈迦）の他に、第四身（大楽身）を仮定し、金剛薩埵はこの第四身において妃を抱擁し、永遠の如来として仏性を成就する。この場合の金剛は男根である。一方、サーダナ（成就法）もやはりタントラ経典にもとづくもので、シッダ〔悉達、大師、超能力者〕（siddha）となる方法を指す。マントラを唱え、印契を結び、観想して、主尊との一体化を目指すもので、呪術に近い面がある。序・訳注18も見よ。

＊3 付録1・訳注2を見よ。

＊4 序・訳注14を見よ。

＊5 ビンドゥを精液と解する立場もある。

＊6 人間の心臓には、周知のように、二心房、二心室の四室がある。ここは、四が完全数であり、マンダラと関係の深い数であることとの符合を表現したもの。

＊7 ヨーガで経験される微細身には、三つの主要なナーディとして、スシュムナー、イダー、ピンガラーがある。

＊8 一般に三角形は、上向きなら男性的なものを、下向き（いわゆる逆三角形）なら女性的なものを象徴するとされる。両者が合わさった、いわゆるダヴィデの星（六芒星）の形態になると、両性具有を表すことになる。

＊9 第三講・訳注2を見よ。

＊10 聖音。神聖な音、A、U、Mからできている。「然り」の意。

＊11 道教の瞑想において獲得される微細身（サトル・ボディ）。

＊12　オルフェウス教は個人の魂の救済を掲げた古代ギリシアの宗教で、教典を有していたり菜食主義を採用したりと、当時としてはかなり珍しい志向性があった。始祖オルフェウスは、善神ディオニュソス（ザグレウス）の顕現と見なされていた。ゼウスはディオニュソスに世界を支配させようとしたが、ガイアから生まれたティタン族によって引き裂かれた。ゼウスがティタン族を焼き滅ぼした際、人間はその煤から生まれた。

＊13　オルフェウス教の世界卵は、生の神秘、創造、復活の象徴で、ウロボロスの蛇が巻きついている。ヒンドゥー教の宇宙卵は、聖鳥が原初の海に産んだもの。やがてふたつに分かれ、天と地になった。

◆付録2◆

＊1　第一講・訳注2を見よ。

＊2　イグナティオ・デ・ロヨラはスペインの修道者（一四九一頃～一五五六）で、一五四〇年に、積極的な布教活動で知られるイエズス会を創立。また、みずからの体験にもとづいて「霊操」と呼ばれる修道法を編み出した。これは、通常、四週間にわたって進める観想のプログラムで、規定に従い、聖書の解釈、黙想と祈り、生活の見直しなどを行なう。

＊3　betrachten は「凝視する」ということだが、ほかにも、「孕ませる」という意味がある。ユングはアクティヴ・イマジネーションの方法としての凝視をめぐって、このことを述べている。凝視することはリビドー（生のエネルギー）を注ぐことであり、すなわち生命を与えることなのである。ユング自身、子ども時代、見つめていた肖像が動き出すという経験をしていた。

＊4　ケツァルコアトルは緑色の羽根の生えた蛇神で、マヤ、インカをはじめ中米を中心に篤く信仰された太陽神、ないしは雨雲と水の守り神。ケツァルコアトルは十字架に磔になり、無限の未来に戻ってきて人々の罪を贖うと約束していたという。

＊5　ディオニュソスはキリスト神話の古代異教的形態のひとつだという見方がある。たとえばディオニュソスは一二月二五日に処女から生まれ、水を葡萄酒に変えるなど、人類のために多くの奇跡を行ない、後にティタン族によって処刑されるが、三月二五日に土のなかから復活し、救世主と呼ばれたという。

＊6　序・訳注26を見よ。

＊7　序・訳注14、付録4・訳注2を見よ。

＊8　樹木は古くから、洋の東西を問わず、生命の源として崇拝されてきた。厳しい乾燥や寒冷のなかで生きながらえ、常緑を保つがゆえである。エデンの園の中央に知恵の樹とともに立つ生命樹、イスラームの楽園にあるシドラ、北欧神話のユグドラジルなどが有名。

＊9　たとえば、新約聖書に次のような一節がある。「兄弟たち、あなたがたに勧めます。あなたがたの学んだ教えに反して、不和やつまずきをもたらす人々を警戒しなさい。彼らから遠

ざかりなさい。こういう人々は、わたしたちの主であるキリストに仕えないで、自分の腹に仕えている」。(「ローマの信徒への手紙」一六章一七〜一八節、新共同訳)

＊10 第一講・訳注20を見よ。

＊11 抽象作用のセンターとは、すなわち、アージュニャー・チャクラのこと。

＊12 とぐろを巻いて円になった蛇は、古来、永遠と黄道一二宮を表すとされてきた。黄道は天球上における太陽の一年間の軌跡のことだが、獣帯 zodiac とも呼ばれ、生命の進む道を意味する。この曲線運行の軌跡が、太陽の蛇と見なされる。

＊13 第二講・訳注5を見よ。

＊14 タントリズムで言う種子《しゅうじ》とは、諸神それぞれの記号となっている梵字のことで、マントラなどとともに観想や儀礼のなかで重要な役割をはたしている。付録3・原注16も見よ。

＊15 ダイモニオンとは内なる声のようなもので、導きの精霊。ソクラテスが常に内的な対話を行なっていたダイモニオンが有名。

◆付録3◆

＊1 ヴィヤーサはインドの伝説上の人物で、聖仙と呼ばれる。大叙事詩マハーバーラタは彼の作とされ、一気に行なったその膨大な口述をガナパティ(ガネーシャ)神が筆録したと伝えられる。第五のヴェーダとも称されるプラーナ文献には、ヴィヤーサの手になると言われるものがたくさん含まれている。

＊2 序・訳注11を見よ。

＊3 十牛図は禅の悟りの過程を描いた一〇枚の絵。一枚ごとに簡潔な説明がつけられている。図は、牧人が見失った牛(自己)を探す「尋牛」にはじまり、見つけた牛との一体の境地に至って、さらには周囲(社会)に好影響を及ぼすさま(「入鄽垂手」)を表している。一二世紀、北宋の廓庵禅師のものがよく知られている。

＊4 『ヴィジョン・セミナー』におけるクリスティアナ・モーガンのヴィジョン。第一講・訳注1を見よ。

＊5 トーテムはその部族の祖先と考えられている鳥獣で、聖なる神としてだいじにされ、祀られる。また、一方で、その力を取り入れるために食されることもある。

＊6 夢幻時はドリームタイム(dreamtime)とも言い、アボリジニーの神話的概念。神聖な祖先が万物を創造した原初の時を指す。また、そうした祖先の魂は今も生きているとされている。

＊7 ツァラトゥストラとは、ペルシアのゾロアスター教(マズダ教、拝火教)の教祖、ゾロアスターのドイツ語名。紀元前六六〇年の生まれ。光の善神アフラ・マズダと闇の悪神アーリマンの、人類を巻き込んだ一万二千年にわたる闘争と、最終的な善神の勝利を説く。ユングは『クンダリニー・ヨーガ・セミナー』と並行して行なっていた『ヴィジョン・セミナー』を諸般の事情から一九三四年に中止し、続いて『ニーチェの

ツァラトゥストラ』と題するセミナーをヴィジョン（アクティヴ・イマジネーション）的観点から行なう。ニーチェの『ツァラトゥストラはかく語りき』は、長年、籠もって孤高を保っていた賢者ツァラトゥストラが、山を降り人々に啓示を与える、という筋立て。

*8 序・訳注3を見よ。

*9 ソドムとゴモラは、住人たちの罪深い行為のために神により滅ぼされた、旧約聖書の町の名前。

*10 ユングは『ヴィジョン・セミナー』のなかで、たとえば、アニマ／アニムスがアフリカで黒くなる（黒化）という現象について語っている。誰でも、数年、異国で暮らすと、土の影響を受けて、その土地への土着性を備えたアニマ／アニムスを持ちはじめ、夢など無意識由来のマテリアルに現れるのはもちろんのこと、気分や行動の面でも顕著に観察されるようになるという。

*11 ヘンリクス・ズーゾー（Henricus Suso）はラテン名で、本名はハインリッヒ・ゾイゼ（Heinrich Seuse）（一二九五頃～一三六六）。ドイツのドミニコ会士、神秘主義者。異端として断罪された師、マイスター・エックハルトを支持したため修道院長職を追われた。しかし、師の無の思想を深め、観想によって神秘的合一を目指し続けた。

*12 因果的還元論とは、たとえばフロイト派的な夢の解釈の仕方を指す。過去のある経験があったためにこの夢を見た、という見方。これに対して、ユング派による解釈は一般に目的論的であり、未来に向けての何らかの目的のためにこの夢を見た、と考える。

*13 『道徳経』（もしくは『老子』）は、老子の唯一の著作とされているもの。しばしばユングは、タオ（道）の概念を、個性化のプロセスの目標である「全体性」とほぼ同義に用いている。ユングの説明によると、タオ（道）という字は、頭部を示す「首」と、行くこと、進むことを示す「辶」からできており、「意識して進むこと」を意味する。それが個性化だと言うのである。

*14 分裂、分割。

*15 ロゴスは、言葉、概念、法則など、多くの意味に用いられるギリシア語で、ギリシア哲学では、雑多なものや変化するもののなかの統一性、規範性を指していた。ロゴスを神の言葉だとして、創造と救済に関わる超越性をはっきりと認めたのは、言うまでもなくキリスト教であった。一般に、男性原理の本質を表すとされている。

*16 付録3・訳注17を見よ。

*17 錬金術の行なわれる容器、すなわちレトルトは、哲学者の卵とも呼ばれる。錬金術の目的は普通、賢者の石の製造と言われるが、小さな人造人間ホムンクルスの創造と表現される場合もあった。レトルト内部で成長するホムンクルスは、捉えがたい究極の錬金術の秘密、メルクリウスでもあり、しばし

ば翼を持っている。この卵そのものも、精神化（霊化）されることの象徴として、しばしば鳥の群などとともに描かれている。また錬金術における卵は、内部に世界霊魂（アニマ・ムンディ）が閉じこめられている第一質料であり、そのなかから原人間（アントロポス）に相当する鳥が解き放たれて現れてくる。

＊18 付録3・訳注17を見よ。

＊19 パルシファル伝説は、アーサー王伝説と密接なつながりのある、いわゆる聖杯探求譚の一部。この伝説は男性の個性化のプロセスを表すものとして理解されることが多い。主人公である騎士パルシファルは、聖杯の城の王アムフォルタスを傷つけた聖槍を探さなければならない。それのみが王の癒えることなき傷を癒せるからである。敵であるクリングゾールが聖槍を奪い王を傷つけるのに手を貸した妖女がクンドリー。パルシファルは槍を奪還し、クンドリーを愛によって救う。

◆付録4◆

＊1 ここでは、脊椎を意味する。

＊2 グナはふたつの意味に解釈しうる。すなわち、特性という意味のグナと紐という意味のグナである。ここでは、後者のほうである可能性が高い。ちなみに、三つのグナ〔特性〕とは、サットヴァ（純質）、ラジャス（激質）、タマス（暗質）。ラジャスはエネルギー、激情であり、あらゆる活動と変化を引き起こす。タマスは暗闇、無知、受動性であり、活動と変化に抵抗する。サットヴァは実在であり、光、喜びとして現れる。序・訳注14を見よ。

＊3 スシュムナー管（中央の最も太いナーディ）には、ヴァジュラーおよびチトリニーという層がある。

＊4 チトリニーはスシュムナー管の最も内側の層。

＊5 ブラフマナーディはスシュムナー管のなかの通路の部分。つまり、チトリニーのこと。ここを覚醒したクンダリニーが上昇していく。

＊6 ハラ（すなわちシヴァ）の口とは、ここにあるスヴァヤンブ・リンガ（詩九を見よ）の先端にある開口部のこと。

＊7 アーディ・デーヴァは原初の神を意味し、ここではクンダリニーの目的地であるパラマ・ビンドゥ、すなわちサハスラーラ・チャクラの至高のシヴァを指す。

＊8 クンダリニーがシヴァのもとへ向かう通路の入口。

＊9 スシュムナーとカンダの合一点。

＊10 この一節における「ダラーのビージャ」とはインドラ神のことであり、アイラーヴァタという象に乗っている。インドラはヴェーダ時代に有力だった英雄神で、ヴァジュラ（雷、金剛杵）を武器に悪竜ヴリトラを退治して水を解放した。

＊11 ブラフマー神は、ブラフマンが人格化された創造神。わが国では梵天として知られる。

＊12 ダーキニーはカーリーに仕えており、人の死を半年前に知り、

その心臓を食べるとされる。また、その法を修する者に通力を与えるという。わが国では荼吉尼天《だきにてん》、稲荷。ここでは、ヨーガ行者にタットヴァをもたらすのが役目。なお、各チャクラに見られるダーキニーと同クラスのシャクティたち（ラーキニー、カーキニー、ハーキニーなど）は、その領域を治める「女王」であり、「門番」と呼ばれることもある。

＊13　プラーナ（生命の息吹）の現れ。

＊14　ベナレス。シヴァにとっての聖域であり、お気に入りの住処。

＊15　クンダリニーのなかのパラー・シャクティ。シャブダ（言葉）の至高状態。

＊16　ブラフマーの卵（宇宙卵）、すなわち宇宙の下半分のこと。付録1・訳注13を見よ。

＊17　ヴァルナは本来、天空神で、天体の運行など自然の理法を司る神々の王であり、ゾロアスター教の最高神、アフラ・マズダに相当する。なかでも水を支配する点が強調されて、マカラに乗っている姿で表現されたりしていた。しかし、ヒンドゥー時代以降は力を失い、まさに水の神という属性のみに限定されるようになる。仏教では水天。

＊18　ヴィシュヌの大洋攪拌によって生じた宝石。霊魂を象徴するという。

＊19　第三講・訳注8を見よ。

＊20　ルドラはヴェーダ文献における暴風雨神群の父であり、後のヒンドゥー教時代のシヴァの原型になったとされる。すなわち、ヴェーダの時代のシヴァは、ルドラの別名にすぎなかったが、叙事詩以降は、破壊神として三主神の一角を占めるようになった。

＊21　サラスヴァティとは「水を持つ者」を意味し、もともとは川の名前であったが、ブラーフマナ文献においては言葉と同一視され、ヴェーダ時代以降は、叡知や音楽の女神となり、ブラフマー神の妃とされた。わが国では弁財天と呼ばれる。二臂ないし多臂で、本、数珠、縄、琵琶、水瓶などを持つ。

＊22　カルパ－タルはインドラの楽園にあって、どんな願いでも叶える木だが、解脱に導くという意味で、願った以上のものを与えてくれるとされる。

＊23　この煙は、炎の姿をとったジーヴァートマー［生命の本体］(Jīvātmā)から発するもの。

＊24　ラクシュミーはシュリーとも呼ばれ、叙事詩の時代以後、ヴィシュヌの妃とされている。その名の通り、繁栄と幸福の女神である。ヴィシュヌは多くの化身を持つが、ラクシュミーもそれに合わせてさまざまな姿で現れる。ヴィシュヌがラーマ王子となれば美しいシーター姫になり、ヴィシュヌが牧童クリシュナとなれば、牧童女ラーダーになる、といった具合に。わが国では吉祥天の名で知られる。

＊25　イーシュヴァラは最高神。ヨーガの理論的基盤であるサーンキャ哲学はその存在を認めないが、叙事詩時代以降のヨーガはこれを認める。この神は、煩悩や業を離れた特別なプルシ

ャであり、時間によって制約されない。この神を象徴するのは、聖音オーム。わが国では自在天として知られている。

＊26 ハンサは、ヴィシュヌが乗る鵞鳥、ヴィシュヌ自身、神の息吹、世界霊魂、太陽、プルシャ、ジーヴァートマー［生命の本体］など、多彩な意味に用いられるが、いずれにせよ至上の存在を指すことに変わりはない。

＊27 ラクシュミーに愛されるとは、すなわち、繁栄と幸福を手にするということ。

＊28 空《くう》はしばしば満月のような円相で表現される。

＊29 象を飼い馴らし調教するための鉤で、アンクシャ (Ankusha) と呼ばれるもの。

＊30 パールヴァティは「山に住む女神」、「山に属する者」の意で、シヴァの妃。シヴァの妃は多いが、パールヴァティはそのなかでも特に優美さが強調される女神であり、時代とともに恐ろしい大女神としての性質を備えるようになってからも、ほかの妃たちのように夫を迫害することがなかった。

＊31 まったく汚れのない月。ここでのシャクティ・サーキニーは月の光そのもの。

＊32 詩三一Aは、カーリーチャラナ (Kalicharana) やシャンカラ (Shankara) のテクストではとりあげられていないが、バラ・デーヴァ (Bala-deva) のテクストにあるもの。

＊33 天空の宝石を意味するスーリャは太陽神で、ヴェーダ時代には七頭立ての馬車を御し天空を駆ける美青年と考えられていたが、プラーナの時代には小人の姿となり、暁を表す御者アルナを従えるようになった。

＊34 ガナパないしガナパティは、象頭の神ガネーシャに同じ。シヴァとパールヴァティの息子。パールヴァティの入浴中、彼は戸口で見張りをしていたが、そのとき、やって来たシヴァを閉め出したため、シヴァの怒りにふれ頭を切り落とされた。パールヴァティの懇願により、シヴァは最初に近寄ってくる動物の頭をかわりにくっつけることにした。たまたま象がやって来たため、ガネーシャの頭は、以来象になったとされている。知恵、学問の神。

＊35 この箇所は次のようにも読めるという。アージュニャー・チャクラには、月の甘露の光線に似た冷たい光線があり、月のように美しい白色をしている。

＊36 プラナヴァ、すなわち聖音オーム Om (aum) を形成する、a および u のこと。これに鼻音 m が加わって aum となる。

＊37 バララーマはクリシュナ神の兄で、バラ、バラ・デーヴァなどとも呼ばれる。バララーマはヴィシュヌのただ一本の白髪から生まれた神で、白髪を有している。

＊38 俗世への執着を断ち、無限なるもの（神々）を成就してきた、ということを意味する。

＊39 ここは、次のようなヨニ・ムドラーと呼ばれる印契の実践を指す。すなわち、坐して左踵を肛門に当て、右踵は左足の上に置く。背筋を伸ばし、頸と頭が一直線になるようにする。

唇を烏の嘴のようにして空気を吸い、腹に貯める。次に、両耳孔を親指で、両眼を人差し指で、両鼻孔を中指で、口を残りの指で塞ぐ。呼吸を止め、制御された五感をもってマントラを観想する。これにより、マナス（精神、心）が俗界から離脱して浄化され、プラーナ（生命の気息）とマナスの合一が得られる。

＊40　天とは、シャンキニー・ナーディの上の虚空のこと（詩四〇を見よ）。地はムーラーダーラにおけるダラーの領域を指す。つまり、この光は、ムーラーダーラからサハスラーラまで遍く照らしている。

＊41　ここでは、永遠を意味する。

＊42　序・訳注15を見よ。

＊43　風はその発生源である虚空へと解消されていく。

＊44　シヴァはHaのビージャで表されるが、その下半分はインドの鋤のかたちに似ている。

＊45　ここはパラマ・ヴィヨーマ［至高のエーテル］(Parama-vyoma)と呼ばれる最高天。スシュムナーの上端（終点）よりも上にあり、もはやナーディはない。

＊46　ヴィサルガはブラフマ・ランドラ（梵穴）の上方部分。

＊47　ヨーガは基本的に、食事、排泄、性行為と同じく、隠れてなすべきこととされている。

＊48　月のカラーは全部で一七あるとされているが、神酒を滴らせるアマー・カラーとニルヴァーナ・カラーはこの段階でのみ出現する。

＊49　この箇所には、四通りの訳し方があげられている。

＊50　ハンサとパラマを別々の単語と見るか、ひと続きの語と見るかで、多少意味がちがってくるが、この神は詩四九でハンサと呼ばれているので、ここでは後者と考えておく。

＊51　序・訳注14を見よ。

＊52　輪廻。すなわち、業ゆえに強いられる生の繰り返し。

＊53　ここのサンスクリット原文は、「彼は天空を行くことができる」とも訳しうるという。

＊54　アマー・カラー（新月）の輪郭を示す曲線のなかにニルヴァーナ・カラー（涅槃の月）が抱えられているという意味。しかし、ニルヴァーナ・カラーの在処は、アマー・カラーのなかではなく、チャンドラ・マンダラ（月のマンダラ、月の領域）のなかである、と表現する場合もある（一七番目のカラーと見る場合）。

訳者あとがき

本書はC. G. Jung, *Die Psychologie des Kundalini-Yoga: Nach Aufzeichnungen des Seminars 1932*, herausgegeben von Sonu Shamdasani, Walter Verlag, 1998 の全訳である。ただし、適宜、その英語版である、C. G. Jung, *The Psychology of Kundalini Yoga: Notes of the Seminar Given in 1932 by C. G. Jung*, edited by Sonu Shamdasani, Princeton University Press, 1996 も、翻訳の底本として用いた。

この二冊の原書の出版年からもわかるように、本セミナーがはじめて単行本のかたちで公刊されたのは、英語版によってである。そこで、翻訳は当初、英語版から行なう予定にしていたのだが、版権者の意向により、基本的にはドイツ語版からということになった。しかしながら、本書の内容のうち、ドイツ語がオリジナルと考えられるのは、第四講、付録1、付録2のみであって、編者による序、第一講、第二講、第三講、付録3、付録4は、もともと英語によるものである。日本語で読む貴重なセミナーの記録が重訳となってしまうことはどうしても避けたかったので、これら英語の講義については、ドイツ語版を基本としつつも、英語版を大いに参考にした。それゆえ、事実上、重訳ではないとお考えいただいてかまわない。

編者ソーヌ・シャムダサーニによる原注は、もちろん英語版のものがオリジナルだが、ドイツ語版では、一部、大幅に加筆修正されている箇所がある。それが同じ編者の手になるものであるかどうかは不明だが、本訳書においては、いずれの版の情報も細大漏らさず訳出したつもりである。とりわけ加筆修正が目立つのは、付録3の原注である。これは、ユングのあるドイツ語講義が、『ユング著作集』の英語版には収録されているのにドイツ語版には入っていないという不整合のためで、致し方ない。本訳書では、こういった場合も、オリジナルのテクスト(ここではドイツ語)を尊重するという方針を堅持している。

訳注は原則として、本文の肩に番号を振り、後にまとめて記しているが、一部、本文のなかに［　］というかたちで挿入している箇所もある。（ちなみに、〔　〕となっているのは、原注とお考えいただきたい。）［　］による訳注は、主として付録4において用いられている。ここは細かい訳注が必要で、後のほうにまとめると読者には不便だと思われたため、このようなかたちにした。なお、付録4の訳注のほとんどは、いちいち断っていないけれども、Arthur Avalon, *The Serpent Power*, 3rd ed., 1931, Ganesh & Co. にもとづくものである。訳者はなにぶん、サンスクリットに関してはまったくの素人なので、とんでもない勘違いがあるかもしれない。お気づきの点はご教示いただければ幸いである。

本訳書の出版は、多くの方々からいただいた有形無形のお力添えのおかげで可能になった。かつて三回にわたって雑誌『プシケー』に掲載された旧訳（阿内正弘、白浜好明、湯浅泰雄訳）は、第一講から第四講までのダイジェスト版であったが、そこに付されていた丁寧な解説や訳注は、このセミナーの全体像を理解するための資料として、私には貴重であった。三人の先生方のお仕事に対して尊敬と感謝の意を表したい。ほかにも、本書の訳出にあたっては、さまざまな資料が必要となったが、大阪大学の谷川愛里さんは、多忙ななかでそれらの入手や整理に力を貸してくださった。そのスピーディな仕事ぶりには、ただただ脱帽するのみである。また、当時の大学院生、小川修司さん、隈元みちるさん、藤澤佳澄さんからは、原書の研究会を通して多くの新鮮な刺激を与えられた。勉強不足の訳者には貴重な叱咤であり激励でもあったと思う。そして、創元社編集部の渡辺明美さんには、今回もまた、本書の学術的価値ということを盾に、あれこれと無理をきいていただいた（しかも、締め切りは守らなかった）。衷心よりお礼とお詫びを申し上げたい。

二〇〇四年三月

訳者　識

著者紹介

カール・グスタフ・ユング（Carl Gustav Jung）

一八七五年、スイス生まれの精神科医。ジークムント・フロイトと並ぶ深層心理学の開拓者。ユング自身はみずからの体系を分析心理学と称し、集合的無意識、元型といった概念を提唱して、単なる一個人の枠のなかにとどまらない壮大な心の見取り図を示した。

一九六一年、没。従来の約二〇巻におよぶ『著作集』の他に、最近では、長らく門外不出の扱いだった貴重なセミナーの記録が次々と公刊されつつある。

編者紹介

ソーヌ・シャムダサーニ（Sonu Shamdasani）

ロンドン・ウェルカム医学史研究所の心理学史研究者。

編著書に以下のものがある。テオドル・フルールノワ『インドから火星へ——想像上の諸言語で語った多重人格の一例』、マイケル・フォーダム『分析家——患者インタラクション』、ミヒャエル・ミュンヒョウとの共編『フロイト以後の思索——精神分析、哲学、文化』。

訳者紹介

老松克博（おいまつ　かつひろ）

大阪大学大学院人間科学研究科教授。ユング派分析家。臨床心理士。精神科医。

著書『アクティヴ・イマジネーションの理論と実践』（トランスビュー）、『人格系と発達系』（講談社）、『武術家、身・心・霊を行ず』（遠見書房）、『心と身体のあいだ』（大阪大学出版会）、『夢の臨床的ポテンシャル』（誠信書房）、他。

訳書ユング『ヴィジョン・セミナー』（共監訳）、アスパー『自己愛障害の臨床』、ハナー『アクティブ・イマジネーションの世界』（共訳）（以上、創元社）、ユング『ゾシモスのヴィジョン』（竜王文庫）、他。

クンダリニー・ヨーガの心理学

2004年10月20日第1版第1刷 発行
2022年5月20日第1版第2刷 発行

著者 C・G・ユング
編者 S・シャムダサーニ
訳者 老松克博

発行者 矢部敬一
発行所 株式会社 創元社
https://www.sogensha.co.jp/
本社 〒541-0047 大阪市中央区淡路町4-3-6 Tel.06-6231-9010 Fax.06-6233-3111
東京支店 〒101-0051 東京都千代田区神田神保町1-2 田辺ビル Tel.03-6811-0662
装幀 濱崎実幸
印刷所 株式会社 太洋社

 ISBN978-4-422-11322-7

エセンシャル・ユング

ユングが語るユング心理学

A・ストー［編著］
山中康裕［監修］
菅野信夫・皆藤章・濱野清志・川嵜克哲［訳］

ユングの膨大な著作を碩学ストーがじっくりと読み込んで、ユング思想のエッセンスとなる論文を初心者にもわかるように精選し、理解を助けるための的確な解説を付して編集した貴重な一冊。巻末にはユングの生涯と業績年表、ユング心理学独特の用語解説、ユングの全著作目録を付す。

四六判　五〇四頁　税抜価格三八〇〇円

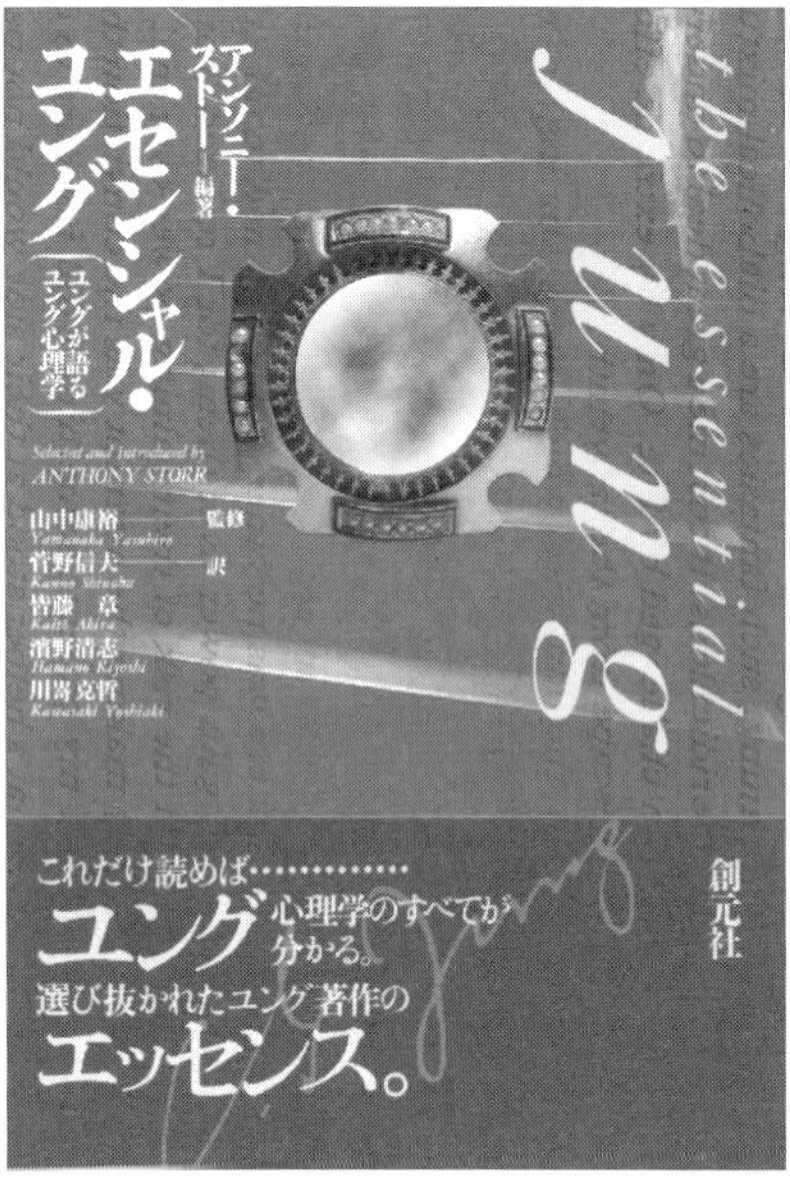

東洋的瞑想の心理学

C・G・ユング［著］
湯浅泰雄・黒木幹夫［訳］

ユングが東洋思想について書いた論文のなかから主要なものを厳選し、理解を助けるために可能なかぎりの注を付して編集した書。古典思想を文献学的に研究するのではなく、常にそのなかに現代人の魂に関わる問題を見出そうした、いかにもユングらしい内容。「チベットの死者の書の心理学」「禅の瞑想」「インドの聖者」など。

B6判　三五〇頁　税抜価格三二〇〇円

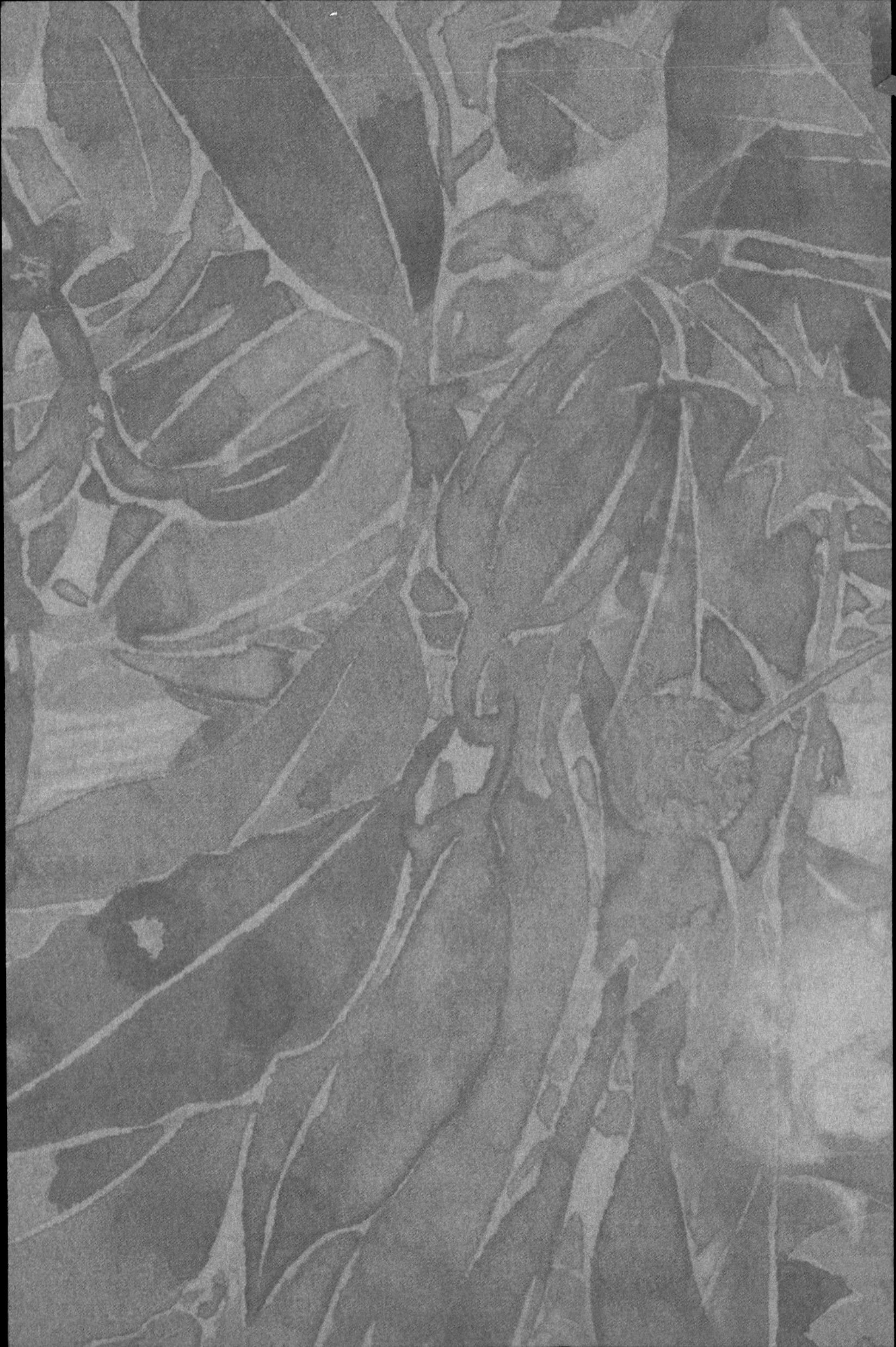